元素の世界へ
ようこそ!

表

原子番号　元素記号　元素名

- 金属元素
- 非金属元素（金属じゃない元素のこと）
- 性質が分かっていない元素

元素は、遷移元素
があるよ）、そして
素。
、2族はアルカリ
8族が貴ガスだよ。

10族	11族	12族	13族	14族	15族	16族	17族	18族
								2 He ヘリウム
			5 B ホウ素	6 C 炭素	7 N 窒素	8 O 酸素	9 F フッ素	10 Ne ネオン
			13 Al アルミニウム	14 Si ケイ素	15 P リン	16 S 硫黄	17 Cl 塩素	18 Ar アルゴン
28 Ni ニッケル	29 Cu 銅	30 Zn 亜鉛	31 Ga ガリウム	32 Ge ゲルマニウム	33 As ヒ素	34 Se セレン	35 Br 臭素	36 Kr クリプトン
46 Pd パラジウム	47 Ag 銀	48 Cd カドミウム	49 In インジウム	50 Sn スズ	51 Sb アンチモン	52 Te テルル	53 I ヨウ素	54 Xe キセノン
78 Pt 白金	79 Au 金	80 Hg 水銀	81 Tl タリウム	82 Pb 鉛	83 Bi ビスマス	84 Po ポロニウム	85 At アスタチン	86 Rn ラドン
110 Ds ダームスタチウム	111 Rg レントゲニウム	112 Cn コペルニシウム	113 Nh ニホニウム	114 Fl フレロビウム	115 Mc モスコビウム	116 Lv リバモリウム	117 Ts テネシン	118 Og オガネソン

64 Gd ガドリニウム	65 Tb テルビウム	66 Dy ジスプロシウム	67 Ho ホルミウム	68 Er エルビウム	69 Tm ツリウム	70 Yb イッテルビウム	71 Lu ルテチウム
96 Cm キュリウム	97 Bk バークリウム	98 Cf カリホルニウム	99 Es アインスタイニウム	100 Fm フェルミウム	101 Md メンデレビウム	102 No ノーベリウム	103 Lr ローレンシウム

元素周期

3〜12族は遷移元素（12族
に含める場合と含めない場合
1〜2族、13〜18族は典型元
Li以下の1族はアルカリ金属
土類金属、17族はハロゲン、1

	1族	2族	3族	4族	5族	6族	7族	8族	9族
1周期	1 H 水素								
2周期	3 Li リチウム	4 Be ベリリウム							
3周期	11 Na ナトリウム	12 Mg マグネシウム							
4周期	19 K カリウム	20 Ca カルシウム	21 Sc スカンジウム	22 Ti チタン	23 V バナジウム	24 Cr クロム	25 Mn マンガン	26 Fe 鉄	27 Co コバルト
5周期	37 Rb ルビジウム	38 Sr ストロンチウム	39 Y イットリウム	40 Zr ジルコニウム	41 Nb ニオブ	42 Mo モリブデン	43 Tc テクネチウム	44 Ru ルテニウム	45 Rh ロジウム
6周期	55 Cs セシウム	56 Ba バリウム	57~71 ランタノイド	72 Hf ハフニウム	73 Ta タンタル	74 W タングステン	75 Re レニウム	76 Os オスミウム	77 Ir イリジウム
7周期	87 Fr フランシウム	88 Ra ラジウム	89~103 アクチノイド	104 Rf ラザホージウム	105 Db ドブニウム	106 Sg シーボーギウム	107 Bh ボーリウム	108 Hs ハッシウム	109 Mt マイトネリウ

ランタノイド	57 La ランタン	58 Ce セリウム	59 Pr プラセオジム	60 Nd ネオジム	61 Pm プロメチウム	62 Sm サマリウム	63 Eu ユウロピウ
アクチノイド	89 Ac アクチニウム	90 Th トリウム	91 Pa プロトアクチニウム	92 U ウラン	93 Np ネプツニウム	94 Pu プルトニウム	95 Am アメリシウ

1日1ページで
小学生から頭がよくなる！

元素のふしぎ366

左巻健男 編著

きずな出版

みなさん、元素の世界へようこそ！

まず、一つの元素を紹介しましょう。
周期表を最初につくったメンデレーエフは、周期表にいくつか空白を設け、「ここに入る元素はこんな性質だ」と予言しました。その予言どおりに見つかった最初の元素が、ガリウムです。

ガリウムの単体は、銀白色の金属で、常温ではかちんかちんの固体です。しかし、30 ℃以上のお湯に入れると、水銀のような液体になってしまいます。これは、ガリウムの融点（固体が融ける温度）が29.8 ℃と低いためで、体温でも融けるほどです。
そんなガリウムの化合物は、もっと高温になるLED電球の発光体や蛍光体に使われています。

ガリウムは非常に身近にある元素なのに、学校ではほとんど学びません。それはとてももったいないことです。
本書では、一つひとつの元素について、発見や命名のいきさつ、性質や用途などをメインにしながらも、元素をよりよく知るために必要な原子の基礎知識も説明しています。

特に、**「私たちは星の子」「私たちは星くずからできている」**というイメージを伝えたいという願いから、

元素が宇宙でどのように
つくられてきたのかを取り上げています。

太陽系の第3惑星の地球は約46億年前に誕生しましたが、その材料となった元素は、少なくとも一度はどこかの恒星の中に存在していたものです。

私たちの体をつくっている酸素、炭素、窒素などの元素は、地殻、大気、海水に含まれる主な元素と共通しています。

酸素、炭素、窒素などの元素の起源は、ビッグバンではなく、恒星内部での核融合です。どこかの恒星でつくられた元素が、宇宙に散らばった後に集まって、私たちや地球を構成しているのです。

元素には、意外と知られていないこと、おもしろいこと、ふしぎなことがたくさんあります。

最後に、苦労の多い編集作業をして本書をつくり上げた、きずな出版編集部の大場元気さんに感謝申し上げます。

編著者 **左巻健男**

この本のつかい方

カテゴリーとその週のテーマだよ!

読んだ日を書きこもう!

サクッとわかるまとめ!

3つのポイントでわかりやすく説明!

知っていると楽しいマメ知識も!

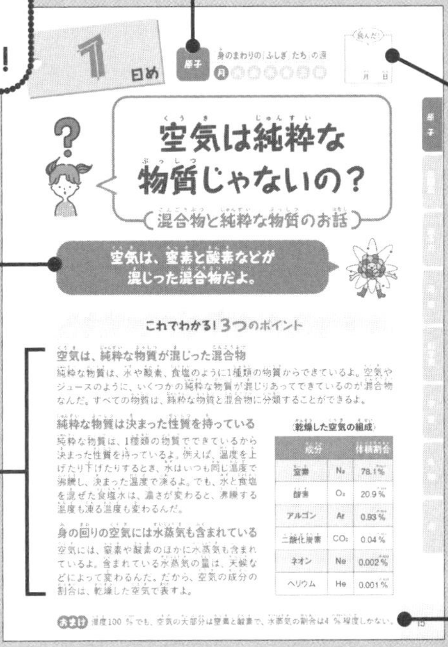

原子

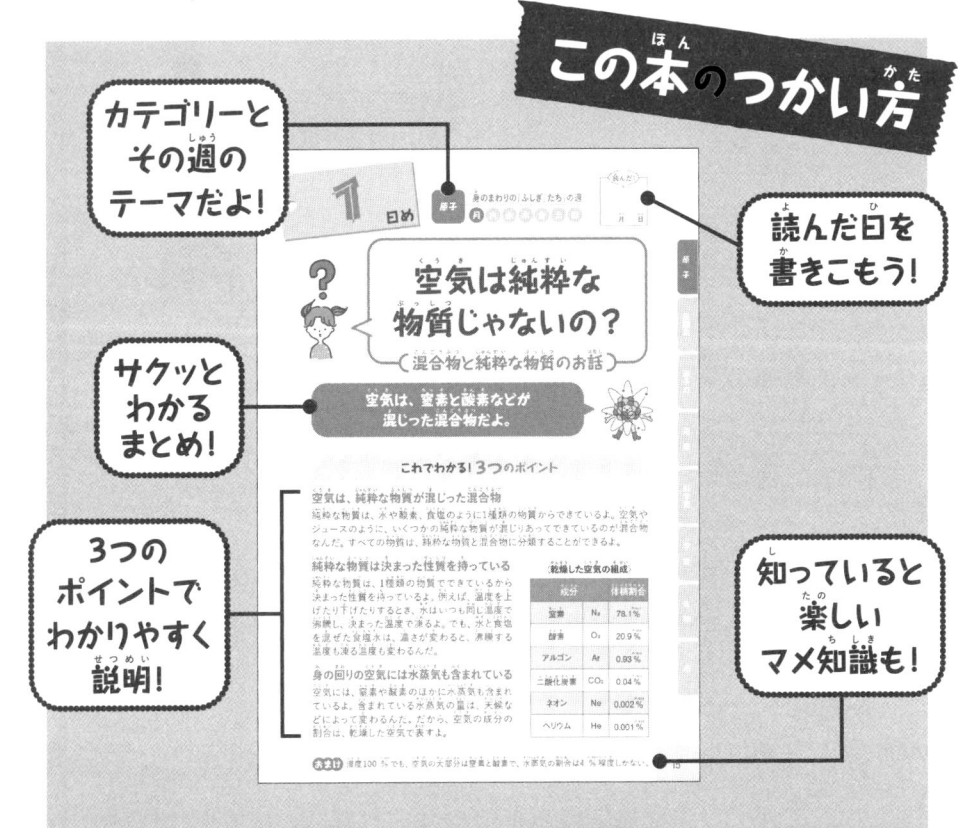

目に見えなくても確かにある原子のふしぎを解明!

周期表

仲間わけすると1つの表になる原子のふしぎを解明!

原子力

X線や放射能の危険性、核分裂のしくみのふしぎを解明!

元素

これまでに見つかっている元素のふしぎを解明!

科学史

哲学者たちから現在の化学者たちまでの研究のふしぎを解明!

宇宙

宇宙のはじまりと地球の成り立ちのふしぎを解明!

生物

人の体や植物をつくっている元素のふしぎを解明!

光

きらきらきれいな色のふしぎを解明!

もくじ

もくじ

元素 原子番号3〜5

元素 原子番号6

元素 原子番号7

元素 原子番号8

元素 原子番号9

元素 原子番号10〜12

もくじ

もくじ

もくじ

もくじ

ブックデザイン　金井久幸［TwoThree］
図版制作・DTP　土谷英一朗［Studio BOZZ］
髙橋祐美
カバー、メインイラスト　力石ありか
校正　宮崎守正

■写真・イラスト ※数字はページ数を表す

門松清香：18、20、25、27、35、39、58、63、64、65、66、68、69、70、71、76、77、94、97、100、101、102、103、104、105、108、109、110、111、117、118、119、121、122、123、125、126、127、128、129、130、131、132、297、298、323、324、325、326、327、328、329、330、331、334、335、337、338、339、340、341、342、343、344、345、348、350、351、352、353、354、355、360、364、365、366、369、370、371、374、376、377、378、379

山本千鶴：16、21、23、74、75、81、83、84,174,183,184、202、205、208、209、210、216、217、218、219、223、224、228、229、231、232、244、247、249、251、252、257、259、271、273、292、293、295、299、300、303、307、310、313、321、362

横坂恵理香：17、19、24、26、28、29、32、33、34、37、40、43、45、46、47、48、136、137、140、143、145、146、147、214、316、289、296、297、298、305、331、358、359、361、363、367、368、372、373、375

渡邉規美雄［アンバーグラフィック］：15、22、30、31、38、41、42、49、52、56、78、85、86、87、88、89、90、91、92、95、97、99、106、113、114、115、116、120、127、128、132、134、141、145、148、149、150、151、152、155、157、162、166、167、169、170、173、176、183、185、187、190、192、193、194、197、198、199、200、201、202、203、204、206、209、211、212、215、218、220、221、222、225、226、227、229、230、231、232、233、234、235、236、237、238、239、241、242、244、246、247、248、250、253、255、257、258、260、261、262、263、264、265、266、267、269、270、271、272、274、275、276、277、278、279、280、281、282、283、284、285、286、304、306、308、312、314、317、319、327、335、336、356、357、380

高橋なおみ：154、156、160、161、171、172、189、195

横内正：158

左巻健男：234

いらすとや：98、99、107、133、134、138、139、170、190

金井久幸：61、194

共同通信社：346

shutterstock：93、220

空気は純粋な物質じゃないの？

混合物と純粋な物質のお話

空気は、窒素と酸素などが混じった混合物だよ。

これでわかる! 3つのポイント

空気は、純粋な物質が混じった混合物

純粋な物質は、水や酸素、食塩のように1種類の物質からできているよ。空気やジュースのように、いくつかの純粋な物質が混じりあってできているのが混合物なんだ。すべての物質は、純粋な物質と混合物に分類することができるよ。

純粋な物質は決まった性質を持っている

純粋な物質は、1種類の物質でできているから決まった性質を持っているよ。例えば、温度を上げたり下げたりするとき、水はいつも同じ温度で沸騰し、決まった温度で凍るよ。でも、水と食塩を混ぜた食塩水は、濃さが変わると、沸騰する温度も凍る温度も変わるんだ。

身のまわりの空気には水蒸気も含まれている

空気には、窒素や酸素の他に水蒸気も含まれているよ。含まれている水蒸気の量は、天候などによって変わるんだ。だから、空気の成分の割合は、乾燥した空気で表すよ。

〈乾燥した空気の組成〉

成分		体積割合
窒素	N_2	78.1％
酸素	O_2	20.9％
アルゴン	Ar	0.93％
二酸化炭素	CO_2	0.04％
ネオン	Ne	0.002％
ヘリウム	He	0.001％

おまけ 湿度100％でも、空気の大部分は窒素と酸素で、水蒸気の割合は4％程度しかない。

水は水素と酸素の混合物じゃないの？

単体と化合物のお話①

水は、水素元素と酸素元素からできている化合物だよ。

これでわかる！3つのポイント

単体と化合物

酸素や鉄、金など、1種類の元素からできている物質が単体。水や二酸化炭素、食塩など、2種類以上の元素が化学的に結びついた物質が化合物だよ。水は水素と酸素、二酸化炭素は炭素と酸素、食塩はナトリウムと塩素からできているんだ。

化合物は元素が化学的に結びついている

空気中の酸素は窒素と混じりあっているだけだから、私たちは呼吸で酸素だけを使うことができるよ。でも、水は水素と酸素が化学的に結びついているから、電気分解など特別な方法でないと分けることができないんだ。

〈水の電気分解〉

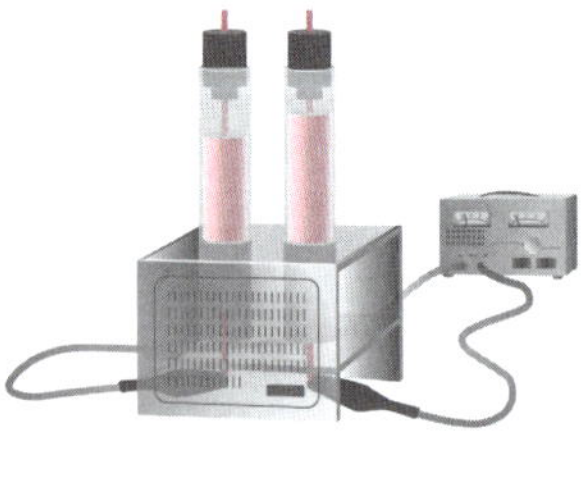

水は電気分解で水素と酸素に分解できる。

化合物は元の元素とはちがう性質を持つ

水素と酸素は気体だけど、水素と酸素の化合物の水は液体だよ。ナトリウムは金属で塩素は毒ガスだけど、化合物の食塩にはそのような性質はないよ。このように、化合物は元の元素とはちがう性質を持つんだ。

おまけ 水は、水素と酸素が2:1の割合で結合している。

「カルシウム」は単体? 化合物?

単体と化合物のお話②

カルシウムは単体の金属だけど、日常生活で使っている「カルシウム」はほとんどが化合物だよ。

これでわかる! 3つのポイント

カルシウムの単体は金属

「カルシウム」と聞くと、骨や歯、貝殻などに含まれるので白色の物質をイメージするけど、カルシウムは銀白色の軟らかい金属だよ。水や酸素と反応しやすいので、自然界では単体として存在していないんだ（148日めからも見てね）。

化合物の成分を表す「カルシウム」

ヒトの骨の主成分は、カルシウムとリンと酸素の化合物、リン酸カルシウムだよ。中心的な成分の元素がカルシウムなので代表して「骨はカルシウムでできている」といっているんだ。

〈骨を構成する成分〉

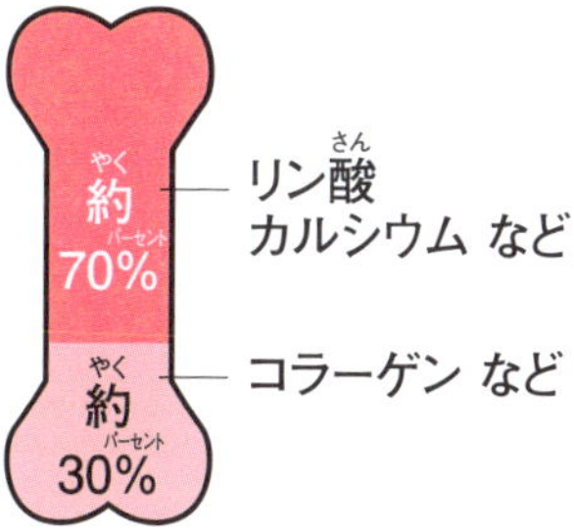

他にもあるカルシウムの化合物

卵の殻や貝殻の主成分は、カルシウムと炭素と酸素の化合物、炭酸カルシウム。セメントの原料の石灰岩も炭酸カルシウムだよ。そして、セッコウやギプス包帯はカルシウムと硫黄と酸素の化合物、硫酸カルシウムなんだ。

おまけ 真珠は、炭酸カルシウムの結晶とタンパク質の層が交互に積み重なった生体鉱物。

同じだけどちがう? 酸素とオゾン

同素体のお話①

酸素とオゾンは、どちらも酸素元素からなる単体だけど、性質は全くちがうよ。

これでわかる! 3つのポイント

同じ元素が結びついた同素体

同じ元素だけでできた単体の物質でも、性質がちがうものがあるんだ。この性質の異なる物質同士を同素体というよ。同素体は、原子の数や結晶の構造の違いによって生まれるんだ。酸素とオゾンは、酸素元素の数がちがう同素体だよ。

酸素

酸素原子が2個結びついた酸素は、無色・無臭の気体で、多くの生物が呼吸に使っているよ。空気の約2割が酸素で、ものが燃えるときにも使われるんだ(99日めからの週も見てね)。

オゾン

酸素原子が3個結びついたオゾンは、生臭い刺激臭のある青みがかった色の気体だよ。酸化力が非常に強くて、人体に有害なんだ。でも、成層圏に存在するオゾンは、生物に有害な紫外線を吸収してくれているよ(105日めも見てね)。

〈酸素とオゾンは同素体〉

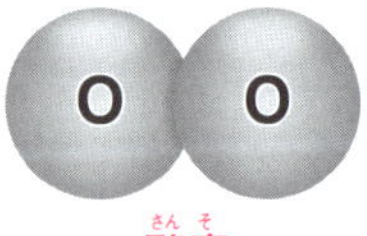

酸素

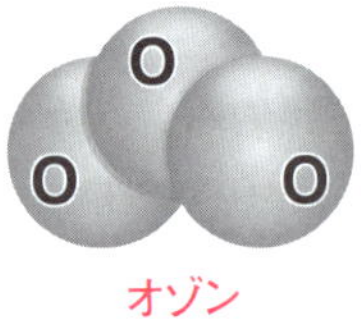

オゾン

おまけ オゾンは、脱臭や除菌にも使われている。

ダイヤモンドと鉛筆の芯はおなじ!?

同素体のお話②

ダイヤモンドと鉛筆の芯の主成分である黒鉛は、同じ炭素元素でできた同素体だよ。

これでわかる！3つのポイント

原子の結びつき方で構造がちがう同素体

黒い黒鉛と透明なダイヤモンドは、同じ炭素元素でできている同素体で、炭素がつくる構造の違いで性質が変わるんだ。鉛筆の芯は、黒鉛と粘土を焼き固めたり、黒鉛とプラスチックを混ぜて固めたりしてできているよ。

ダイヤモンドの構造の特徴

ダイヤモンドは、炭素が立体的にしっかりつながった、網目のような構造をしているよ。炭素の結びつきが強く、キラキラ輝いて世界一硬い物質なんだ。電気は通さないけど、熱をよく伝える性質を持つよ。

〈ダイヤモンドと黒鉛の構造〉

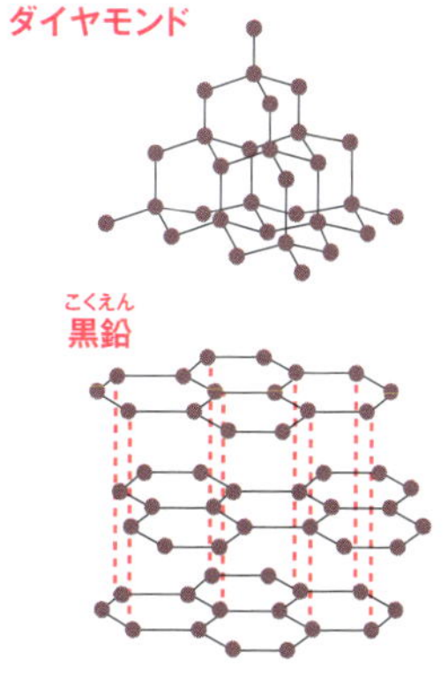

黒鉛の構造の特徴

黒鉛は、炭素が六角形をつなげた板のようになっていて、それが重なった構造をしているよ。板同士の結びつきは弱いので、すぐに滑ったり剥がれたりするんだ。それで、鉛筆で書くことができるよ。また、電気を通す性質もあるよ。

おまけ 炭素でできたカーボンナノチューブは、軽量・高強度・高導電性の注目の素材！

非金属元素より金属元素の方が多い!?

金属元素と非金属元素のお話

周期表にならんでいる118種類の元素の8割以上が金属元素だよ。

これでわかる! 3つのポイント

元素の多くは金属元素

周期表にならんでいる118種類の元素は、大きく金属と非金属に分けることができるよ。その8割以上が金属元素なんだ。金属元素は、たくさん集まると「金属」に分類される物質になるよ。金属以外の物質が非金属だよ。

金属には、共通した特徴がある

右の図のような3つの特徴があるのが、金属だよ。金属は、電気器具、調理器具など、いろいろな製品や、重くて丈夫な性質を利用して、建物の骨組みや機械にも広く使われているよ。

〈金属の3つの特徴〉

① 金属光沢をもつ

② 電気や熱をよく伝える

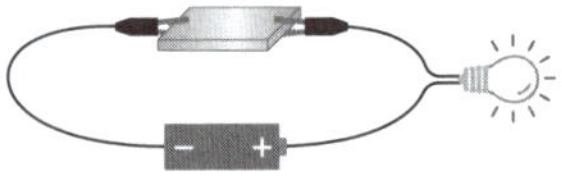

③ 引っ張ると伸び(延性) たたくと、板状に薄く広がる(展性)

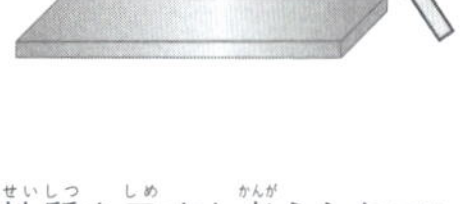

身のまわりの物質の多くは非金属

元素の多くは金属元素でも、身のまわりの物質は金属ではないものが多いね。それは、金属が酸素や炭素などの非金属元素と結びつくと、非金属になるからなんだ。さらに、鉄が酸素と化合して錆びるように、多くの金属は化学反応しやすいよ。だから、非金属の物質が多くなるんだ。

おまけ 非金属元素の水素も、木星内部などの超高圧下では金属の性質を示すと考えられている。

有機物は生物がつくった物質？

〜無機物と有機物のお話〜

簡単にいうと、有機物は、炭素を含む化合物。昔は、生物がつくる物質と考えていたよ。

これでわかる！ 3つのポイント

有機物は、有機体(生物)がつくる物質と考えられていた

19世紀に無機物から尿素が合成されるまで、「有機物」は生命力のある有機体(生物)によってのみつくられると考えていたんだ。水や金属、岩石などのように生物の力を借りなくてもできる物質を「無機物」として区別していたよ。

有機物には炭素が含まれる

有機物は、蒸し焼きにすると黒い炭が残り、燃やすと二酸化炭素が出る。これは、すべての有機物に炭素が含まれているからだよ。

有機物の定義が変わった

尿素が合成されて以降、自然界にはない、プラスチックや合成繊維、医薬品、農薬などの有機物がつくられるようになったよ。有機物は生物がつくる化合物から、「炭素を含む化合物」に定義が変わったんだ。ただし、炭素を含んでも昔から無機物だった、炭素や二酸化炭素、炭酸塩などは無機物の分類のままだよ。

〈有機物と無機物の例〉

有機物　炭素を含む

- 砂糖
- エタノール
- 紙
- プラスチック

無機物

- 塩
- 水
- ガラス
- アルミニウム

おまけ 無機物の単体のみを原料にはじめて合成された有機物は酢酸。

元素と原子は同じもの?

元素と原子のお話

「元素」は「物質を構成する基本的な成分」の意味で、その実体が原子という粒子だよ。

これでわかる! 3つのポイント

物をつくっている根源(大元)が元素

古代ギリシアの時代から「物はなにからできているか?」ということが大問題だったよ。つまり物をつくっている根源である「元素」がなんであるかについて、いろいろな考えが出されてきたんだ(274日めからの週も見てね)。

今は元素の実体は原子とわかっている

実体とは具体的に存在するものだよ。物をつくっている基本的な粒子が原子なんだ。水という物質は、水素と酸素という元素でできている。そして、実際に水を構成している粒子は、水素原子と酸素原子なんだ。

元素は原子番号が同じ原子たち

周期表のひと枠が元素を表す。その中には原子番号(陽子の数)が同じ原子たちが収まっている。例えば、水素元素という枠には、普通の水素(軽水素ともいう)、重水素、三重水素(トリチウム)が含まれているよ(15日めも見てね)。

〈周期表の水素枠〉

^{1}H	^{2}H	^{3}H
水素	重水素	三重水素

水素元素枠には陽子の数が1個の水素が入るが1種類ではない。お互いを区別する必要がある時には重水素をD、三重水素をTとも書く。

おまけ 現在知られている元素は、118種類ある。

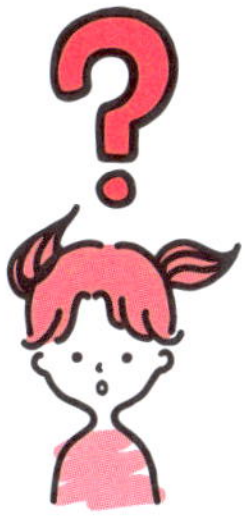

目に見えないけど「原子」はあるの?

原子のお話

原子が確かにあることを、科学者たちは実験や観測技術で明らかにしてきたよ。

これでわかる! 3つのポイント

原子はとても小さい

水素原子の大きさは、直径約1億分の1 cm。水素原子を1億倍して、やっと1 cmになる大きさなんだ。1億倍というと、直径12 cmのDVDが、ほぼ地球(12,700 km)の大きさになる倍率だ。ものすごく小さいから、光学顕微鏡でも見えないよ。

原子の存在を証明することは難しかった

原子の存在は、19世紀、イギリスのドルトンが「すべての物質は原子から成る」と提唱したことで注目されたよ。しかし、原子の存在を証明することが当時はできず、原子論は、仮説としてしか認められなかったんだ。

〈水素原子を1億倍にすると〉

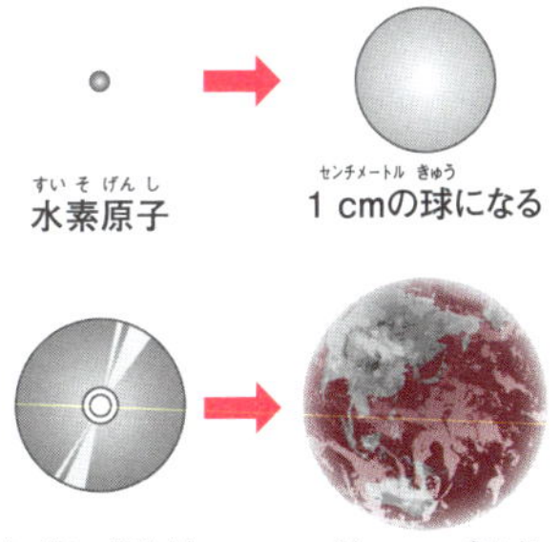

間接的に原子の存在を証明した

アインシュタインは、「微粒子が水中で不規則に動く現象」のしくみを解き明かしたよ。その後、フランスのペランは、その現象を精密に観察して、実際に数えられる粒が存在することを証明したんだ。

おまけ 現代では、電子顕微鏡などを使って原子を観察することができる。

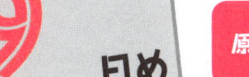

原子はとても軽い!

原子のお話

原子はとても軽いけど、集まるとちゃんと重さを量れるよ。

これでわかる! 3つのポイント

原子はとても軽い

原子はとても小さいので、想像できないくらい軽いよ。例えば、一番軽い水素原子では、約600,000,000,000,000,000,000,000個（6千𥝱個）集めてやっと1 gになるんだ。この数をアボガドロ数というよ。軽いけど、ちゃんと重さはあるんだ。

小さな質量を表すDa（ダルトン）

原子のような小さな粒子の重さ（質量）を表すのに使う単位にDaがあるよ。これを使うと、水素原子の質量は約1 Da、水素原子が2個くっついた水素分子は約2 Da、炭素原子は12 Da、酸素原子は約16 Da、酸素分子は約32 Daとわかりやすく表せるよ。

〈たくさんの原子が集まると重さを感じる〉

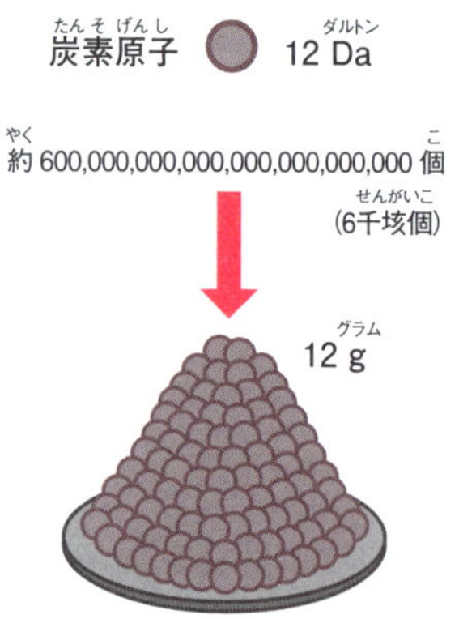

原子が集まれば重さを感じる

原子や分子をアボガドロ数だけ集めると、水素原子は約1 g、炭素原子は12 gになるよ。1個の原子は軽くても、たくさん集まると重さを感じるようになるんだ。

おまけ Daは、イギリスの科学者ドルトンの名前からつけられた。

原子の中をのぞいてみよう!

原子核と電子のお話

原子は原子核とその周りの電子でできていて、原子核は陽子と中性子からできているよ。

これでわかる! 3つのポイント

原子の中心にある原子核

原子の中心には、原子核があるよ。原子核は、陽子と中性子でできているんだ。陽子は、プラスの電気を持っているけど、中性子は電気を持っていないよ。原子核は、ものすごく小さくて原子全体の約1万分の1くらいの大きさしかないよ。

原子核を取り囲む電子

原子核の周りには電子があるよ。電子はマイナスの電気を持っていて、原子核のプラスの電気と引きあいながら高速で動いているんだ。電子の動く範囲を電子雲というよ。この電子の動きで、原子は外側に広がった形を持つよ。

〈原子の構造〉

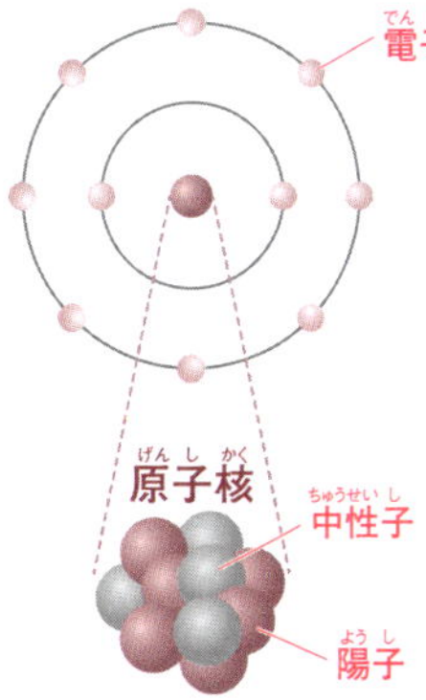

原子は電気的に中性

陽子が持つプラスの電気と、電子が持つマイナスの電気は、プラス・マイナスは逆だけど、大きさは同じ。ひとつの原子にあるプラスの陽子の数とマイナスの電子の数は同じだよ。それで、原子は電気的に中性になっているんだ。

おまけ 水素(軽水素)の原子核は、陽子1個だけで中性子がない。

原子
周期表
原子力
元素
科学史
宇宙
生物
光

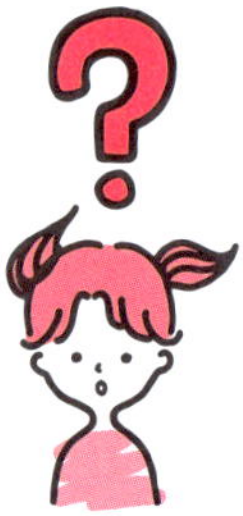

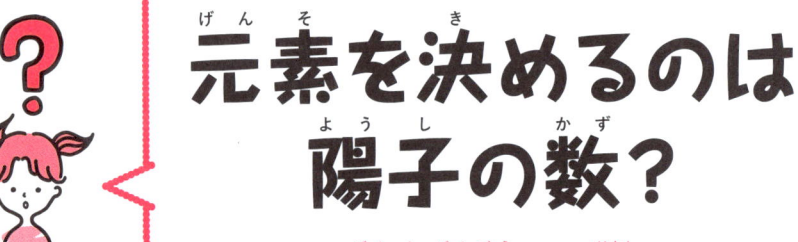

元素を決めるのは陽子の数?

原子番号のお話

陽子の数は、その周りの電子の数を決め、原子の性質全体に影響を与えるよ。

これでわかる! 3つのポイント

陽子の数と原子番号

陽子は原子核にあるプラスの電気を持つ粒子で、その数が原子の種類を決定するんだ。この数は、原子番号とよばれている。例えば、陽子が1個なら「原子番号1番の水素」、6個なら「6番の炭素」、8個なら「8番の酸素」になるよ。

電子の数も決まる

電気的に中性の原子では、プラスの陽子の数とマイナスの電子の数は同じだよ。つまり、陽子の数が決まると、電子の数も決まるんだ。そして、電子が原子のどこに、どのくらいあるかという電子配置も決まるよ。

〈陽子の数と電子・中性子の数〉

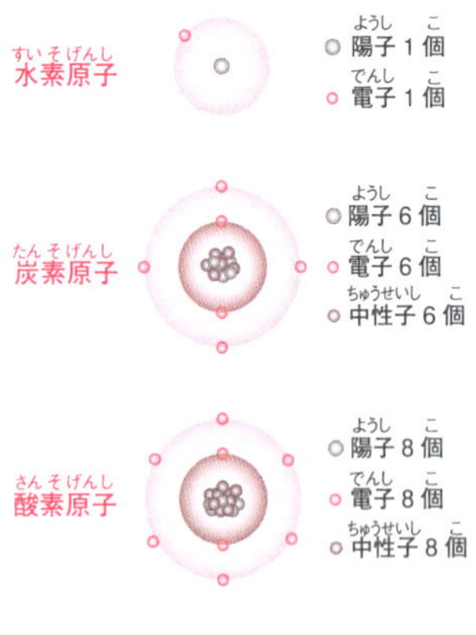

電子配置が物質の性質を左右する

原子の外側に近い電子が、原子の性質や、原子同士がどう結びつくかを決めるよ。つまり、電子配置が、化学反応や物質の性質に直接影響を与えているんだ。それで、陽子の数が原子の性質全体に影響するんだよ。

おまけ 陽子1個の水素は宇宙で最も多い元素で、宇宙全体の約71 %を占めている。

重いのはここ! 原子の真ん中

質量数のお話

陽子と中性子に比べ、電子は非常に軽いので、原子の重さは原子核で決まるよ。

これでわかる! 3つのポイント

陽子と中性子の数が重さを決める

原子は、陽子と中性子、電子でできているよ。陽子と中性子は、ほぼ同じ重さをもっているんだ。電子は、陽子と中性子に比べ約1840分の1と非常に軽いので、原子全体の重さにほとんど影響は与えないよ。

原子核が重さの中心

原子核は、陽子と中性子でできているよ。原子は非常に小さな粒子だけど、そのほとんどの重さは中心の原子核に集中しているんだ。

大まかな原子の重さ「質量数」

陽子と中性子の数を足し合わせた数を質量数というよ。陽子と中性子は、ほぼ同じ重さをもっているから、質量数がわかると原子の大まかな重さがわかるんだ。例えば、水素は陽子1個だけなので質量数は1、ヘリウムは陽子2個と中性子2個で質量数4になるよ。つまりヘリウム原子は、水素原子の約4倍の重さになるんだ。

〈水素とヘリウムの質量数〉

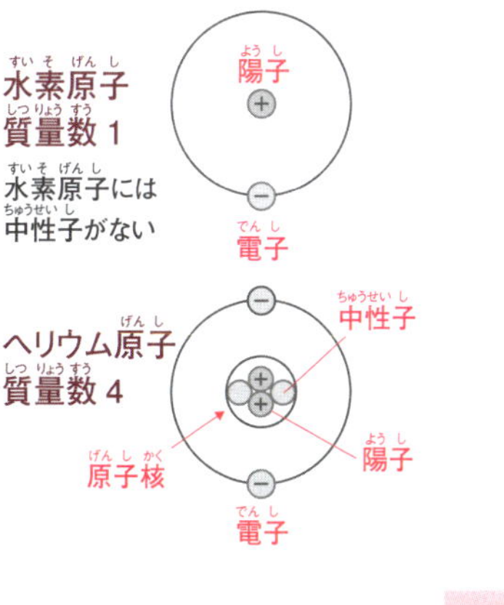

おまけ 原子核を1 cmぐらいに拡大すると、その重さが数億トンになるほど密度が高い。

天然元素は92番ウランまで!

天然元素のお話

天然元素は、自然界に存在する元素のことだよ。水素や酸素など約90種の元素があるよ。

これでわかる! 3つのポイント

天然元素とは

天然元素は、地球や宇宙に自然にある元素だよ。原子番号1番の水素から92番のウランまでが主に該当するよ。これらの元素は、宇宙のビッグバンや星の核融合、超新星爆発、中性子星合体などでつくられ、地球に存在しているんだ。

ウランより重い元素は不安定で短命

ウランより重い元素は、原子核が非常に大きく、極めて不安定で、短い時間で放射性崩壊して他の元素に変わってしまうんだ。それで、自然界で生成されても長期間残ることはないよ(48日めも見てね)。

〈大きな原子核は不安定〉

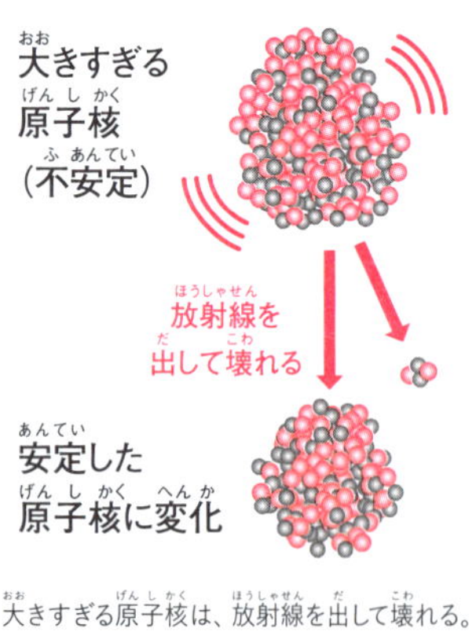

大きすぎる原子核は、放射線を出して壊れる。

軽い元素にも不安定なものがある

ウランより軽い元素にも不安定なものがあるよ。原子番号43番のテクネチウムや61番のプロメチウムなどは、天然にはほとんど存在せず、人工的につくられた元素だよ。短命のとらえ方で変わるけど、天然元素は約90種類だよ。

おまけ 放射性崩壊の発熱で地球内部が温められ、プレート運動や火山活動が起こる。

原子のファミリー？ 同位体

同位体のお話

同位体は、同じ元素で質量数がちがう原子だよ。

これでわかる！ 3つのポイント

中性子の数がちがう

同じ元素の中に、少しずつ個性のちがう兄弟のような原子があるよ。これを「同位体（アイソトープ）」と呼んでいる。同位体は、原子核の陽子の数（原子番号）が同じだけど、中性子の数がちがうため質量数（陽子と中性子の合計数）がちがうよ。

重さ（質量数）がちがう

陽子と中性子の重さは、ほぼ同じだよ。だから、中性子が多いと質量数も大きくなり、重くなる。水素に比べ、三重水素は約3倍の重さになるよ。元素名の後ろに質量数をつけて、水素1、水素2、水素3のように区別して書くこともあるんだ（元素記号では^{1}H、^{2}H、^{3}H）。

〈水素の同位体〉

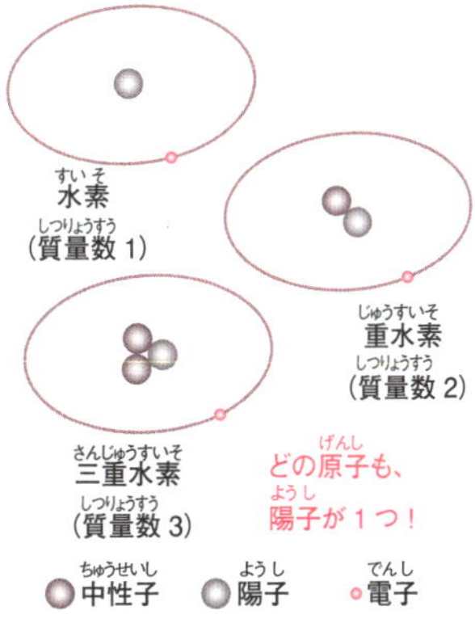

化学的な性質はよく似ている

化学的な性質は、原子核のまわりの電子の数で決まるよ。原子は電気的に中性なので、陽子の数が同じであれば、電子の数も同じ。だから、同位体は、化学的な性質はよく似ているんだ。

おまけ 水素を重水素に置き換えた重水は、普通の水よりも沸点が少し高い。

原子量は、原子の重さ？

原子量のお話

原子量は、元素に含まれる同位体の平均的な重さ（質量）をもとに決めたよ。

これでわかる！ 3つのポイント

原子の質量は、炭素12を基準に相対的に決める

陽子は、厳密には中性子より軽いよ。また、陽子や中性子が結びつくとごくわずか質量が減る。原子の質量を表すために、質量数12の炭素を質量12 Daと決めたんだ。その基準で測定・計算すると、他の原子の質量は下の表のようになるよ。

同位体の割合で元素の質量が変わる

地球上で、各元素に同位体がどのくらいの割合で存在するか、質量分析法などの同位体分析技術で測定すると、右の表のようになるよ。これを使って原子量を決めているよ。

質量と存在比から原子量を計算する

原子量は、各同位体の質量にその割合を掛けて平均を取ると求められるんだ。その結果が、この本にもある周期表に書かれているよ。例えば、水素の場合、水素3は、微量なのでのぞき、右の式のように、水素1と水素2の質量と存在比をかけてたすと水素の原子量は1.008になるよ。

〈原子の質量と存在比〉

元素	原子	質量 (Da)	自然界の存在比
水素 1.008	水素 1	1.008	99.98 %
	水素 2	2.014	0.02 %
	水素 3	3.016	微量
炭素 12.01	炭素 12	12.000	98.93 %
	炭素 13	13.003	1.07 %
	炭素 14	14.003	微量

水素の原子量の計算式

原子量
＝(1.008×0.9998)＋(2.014×0.0002)
≒1.008

（10日めも見てね）

おまけ 質量分析計を使うと原子の質量を精密に測定できる。

原子が自然に壊れることがあるの？

放射性同位体のお話

放射性同位体は原子核が不安定で、放射線を出しながら他の元素に変わるよ。

これでわかる! 3つのポイント

安定同位体と放射性同位体

同位体には、原子核が安定している「安定同位体」と、原子核の陽子数と中性子数のバランスが悪く、不安定な「放射性同位体」があるよ。安定同位体は、自然に壊れることはないんだ。炭素12や酸素16など、自然界に豊富に存在するよ。

原子核が不安定な放射性同位体

放射性同位体は、原子核が不安定なので、放射線を出して、安定した状態に変わろうとするよ。アルファ線を出すアルファ崩壊やベータ線を出すベータ崩壊など、放射線を出しながら変わるので放射性崩壊と呼ばれているよ。この時、陽子の数が変わると、別の元素になるんだ。

〈炭素の安定同位体と放射性同位体〉

	安定同位体		放射性同位体
	炭素 12	炭素 13	炭素 14
	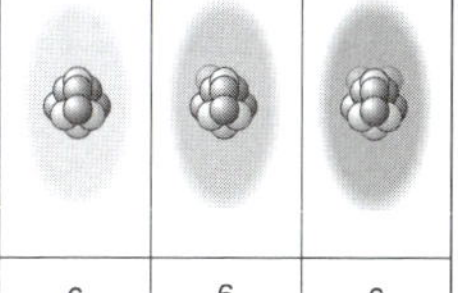		
陽子	6	6	6
中性子	6	7	8
自然界の存在比	98.93 %	1.07 %	微量

役に立つ放射性同位体

放射線は人体に悪影響を与えることが多いよ。でも、がんの放射線治療や炭素14を利用した年代測定など、放射性同位体は、医学、工業、環境研究などで広く利用されているよ。

おまけ 現在の技術では、人工的に安定同位体をつくるのは極めて難しい。

重さによって崩壊の仕方がちがう?

放射性崩壊のお話

原子核の重さ(質量数)によって崩壊の仕方がちがうよ。

これでわかる! 3つのポイント

重い元素はアルファ粒子(ヘリウムの原子核)が核から離れやすい

重い元素は陽子と中性子が多く、電気的反発が強くなるため、アルファ粒子が核から離れやすくなるよ。一方、軽い元素はその構造が比較的安定しているため、アルファ崩壊が起きにくい。だから、質量数を変えずに安定化するよ。

三重水素(トリチウム)のベータ崩壊

陽子1個に2個の中性子を持つトリチウム(水素3)は、放射性同位体だよ。安定化するため、中性子が陽子に変わり、ヘリウム3に変化するんだ。このとき、ベータ線(電子)とニュートリノが飛び出すよ。質量数は3で変化なしだ。

〈トリチウムのベータ崩壊〉

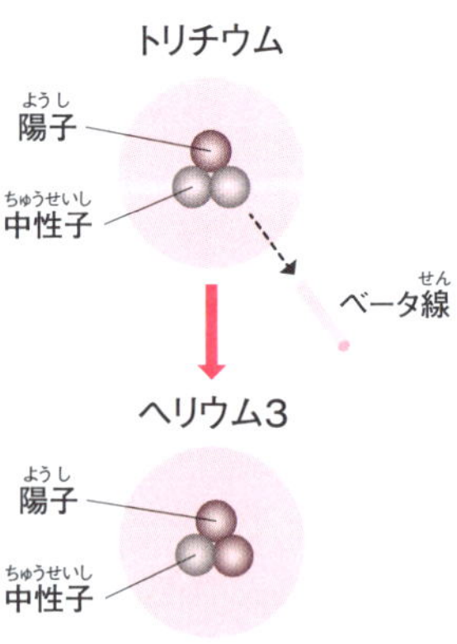

ウラン238は崩壊を繰り返し鉛206になる

ウラン238は、アルファ崩壊して、トリウム234に変化するよ。トリウム234も不安定でベータ崩壊して、プロトアクチニウム234に。このように、アルファ崩壊やベータ崩壊を繰り返し、最終的に安定な鉛206にまで変化するんだ。

おまけ 重い元素の放射性崩壊は、地球内部から放出される熱エネルギーの主な原因の一つ。

アルファ線ってなに？

アルファ線のお話

アルファ線は、放射線の一種で、原子核の崩壊で放出される「ヘリウムの原子核」の流れだよ。

これでわかる！ 3つのポイント

アルファ線の正体は、ヘリウムの原子核

アルファ線は、放射性同位体が崩壊するときに放出される放射線の一種だよ。その中身は、陽子2個と中性子2個が強く結びついた「ヘリウムの原子核」だ。プラスの電気を持っていて、他の放射線に比べて重く、エネルギーを多く持っているよ。

アルファ線は、紙1枚で止められる

アルファ線は重くて、プラスの電気を持っているので、空気中では数センチしか進むことができないんだ。紙1枚でも簡単に止めることができるよ。

〈ウラン238のアルファ崩壊〉

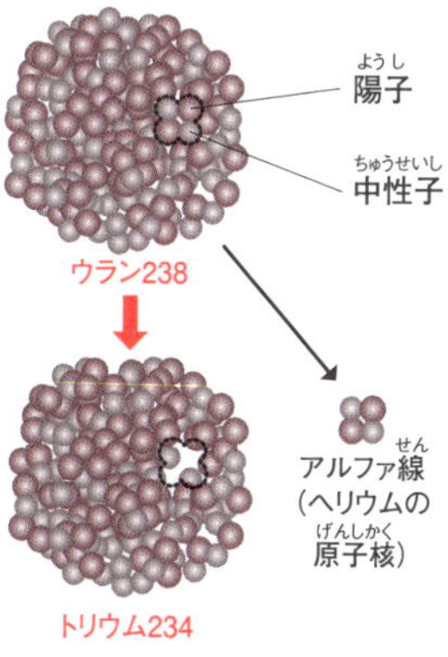

アルファ線は、放射性物質から

アルファ線は、自然界に存在するウランやラジウム、ラドンといった放射性同位体を含む物質から出ているよ。こういった物質を吸い込んだり、食べ物に付着した形で食べたりすると、アルファ線は非常に強いエネルギーを持つので、組織や細胞に深刻な損傷を与えることがあるよ。

おまけ アルファ線を出す放射性物質は、煙探知機や放射線治療装置に使われている。

ベータ線ってなに？

ベータ線のお話

ベータ線は、放射線の一種で、原子核の崩壊で放出される電子または陽電子の流れだよ。

これでわかる！3つのポイント

ベータ線は電子や陽電子の流れ

ベータ線は、放射性同位体が崩壊するときに出る放射線の一種で、電子や陽電子の流れだよ。中性子が陽子に変わると、マイナスの電気を持った電子が飛び出すんだ。陽子が中性子に変わるときは、プラスの電気を持った陽電子が出るよ。

ベータ線は、金属などで止められる

ベータ線は、紙では止めることができないけど、薄い金属板や厚いプラスチック板などで止めることができるよ。

陽電子はほとんど人工的につくられる

陽電子が出る変化は、自然界ではめずらしいよ。でも、人工的に酸素15や炭素11をつくると、ベータ崩壊がおき、陽子が中性子に変わってプラスの電気を持った陽電子のベータ線がでるよ。すぐに近くにある電子と反応して消滅するけどね。医療用に活用されているよ。

〈カリウムのベータ崩壊〉

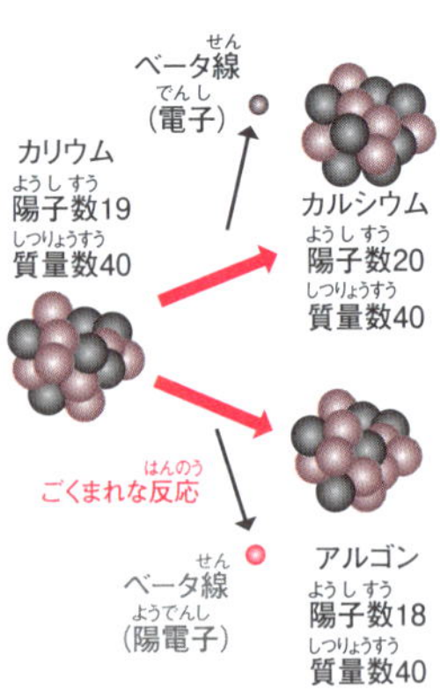

おまけ 自然界でカリウム40は、ごくまれにベータプラス崩壊してアルゴン40になる。

ガンマ線ってなに？

ガンマ線のお話

ガンマ線は、放射線の一種で、原子核から放出される高エネルギーの電磁波だよ。

これでわかる！3つのポイント

ガンマ線は、非常にエネルギーの高い電磁波

ガンマ線は、スマートフォンの電波、可視光、紫外線などと同じ電磁波だよ。目に見える光や紫外線よりも波長が短く、エネルギーが高いんだ。アルファ崩壊やベータ崩壊の後、原子核が余ったエネルギーを放出して安定する過程で出るよ。

ガンマ線を出しても原子の種類は変わらない

ガンマ線を出しても、陽子や中性子の数は変わらないよ。だから、他の元素になったり、別の同位体に変わったりはしないんだ。

〈放射線の透過力〉

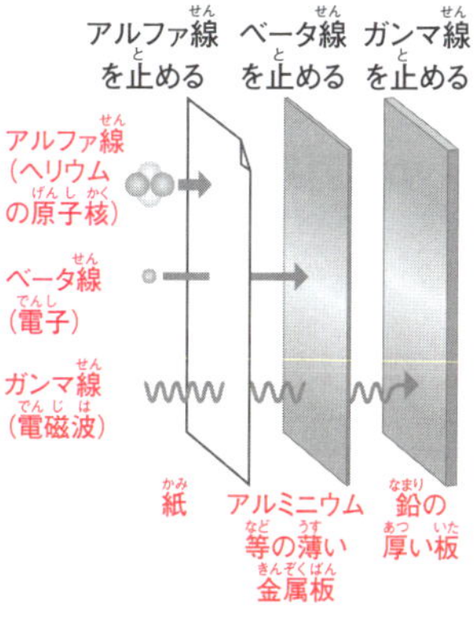

鉛や高密度の材料でないと止められない

物質を突き抜ける力（透過力）がものすごく強いので、ガンマ線を吸収しやすい高密度な金属の鉛やぶ厚いコンクリートなどでないと止めることができないんだ。水や高密度のプラスチックを補助的に使うこともあるよ。高い透過力を生かして、放射線治療や診断、非破壊検査などに活用されているよ。

おまけ 超新星爆発や中性子星の衝突ではものすごく強いガンマ線が発生する。

周期表ってどんな表？

周期表の族と周期のお話

元素を原子番号の順に並べ、元素の性質の規則性がわかるように配置した表だよ。

これでわかる！ 3つのポイント

元素を原子番号（陽子の数）の順に並べた表

周期表は、元素が陽子の数の順に並んでいるよ。1～18族まである「族」という縦の列と、「周期」という横の段でできているんだ。原子は、陽子の数と電子の数が同じだよ。だから、周期表は、元素が電子の数の順に並んでいる表でもあるよ。

同じ族の元素は、化学的性質が似ている

周期表の縦の列には、化学的性質が似た元素が並んでいるよ。例えば、1族にある元素は、単体では反応性が高く軽い金属なんだ。また、18族の元素は、単体で化学的に安定した気体になるよ。これは、化学変化に関わる最外殻電子（23日めも見てね）の数が同じだからだよ。

周期表には規則性がある

周期表の左側には金属があり右側は非金属。左側の1族は反応性が高く、右側の18族は化学的に安定しているなど、元素の性質が周期的に変化することを「周期律」というよ。

〈周期表の族と周期〉

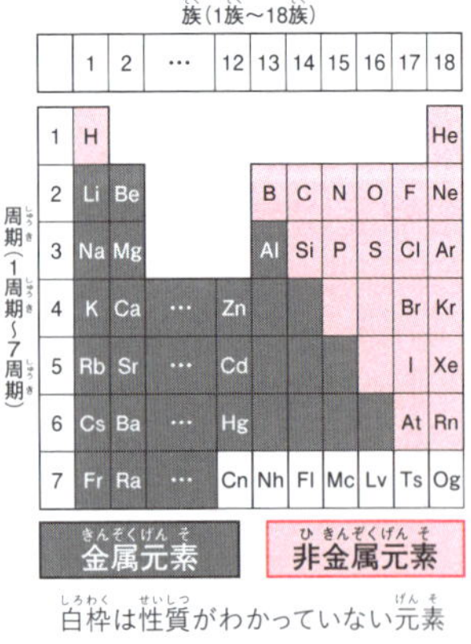
族（1族～18族）
1 2 … 12 13 14 15 16 17 18
周期（1周期～7周期）
1 H He
2 Li Be B C N O F Ne
3 Na Mg Al Si P S Cl Ar
4 K Ca … Zn Br Kr
5 Rb Sr … Cd I Xe
6 Cs Ba … Hg At Rn
7 Fr Ra … Cn Nh Fl Mc Lv Ts Og
金属元素
非金属元素

白枠は性質がわかっていない元素

おまけ 族と周期の分け方と番号のつけ方は、日本（ヨーロッパ）とアメリカで違っていた。

電子殻ってなに？

電子殻のお話

電子殻は、原子核の周りを層のように取り囲んだ、電子の存在するところだよ。

これでわかる！3つのポイント

電子は、原子核の周りを層のように取り囲んでいる

電子の居場所には規則性があって、原子核の周りにいくつかの層をつくって存在するよ。その層を「電子殻」というんだ。原子核に近い内側の層から、K殻、L殻、M殻、N殻……と名前が付けられているよ。

周期表の周期は、電子殻の数

1周期の水素やヘリウムにはK殻が1つ、リチウムから始まる2周期の元素には、K殻とL殻の2つの殻がある。周期が1つ増えるごとに、殻の数も1つ増えるよ。

〈電子殻を輪切りにした模式図〉

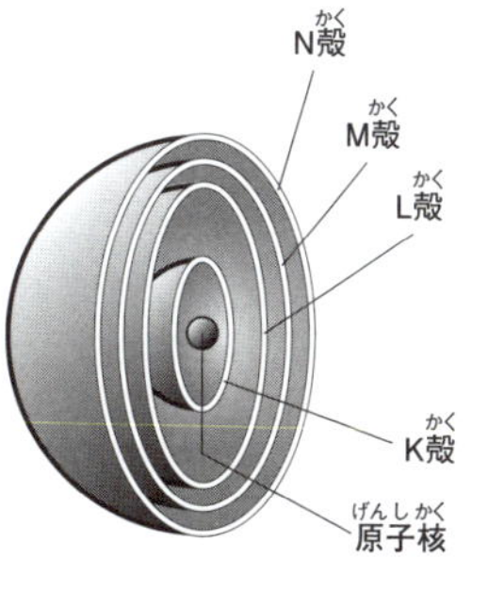

N殻まであるのは、カリウムから始まる4周期の元素

同じ族は、最外殻電子の数が同じ

2周期のL殻、3周期のM殻のように、一番外側にある殻を最外殻というよ。最外殻に入る電子の数は、1族が1個、2族が2個、17族が7個のように、族が同じであればほぼ同じなんだ。最外殻電子は、化学変化に大きく関わる。だから、同じ族の元素の化学的性質が似ているよ。

おまけ K殻から始まるのは、当初はまだこれより内側の殻があると考えられていたから。

電子殻に入る電子の数は決まっている？

電子殻の電子数のお話

電子殻に入ることのできる電子の最大数は決まっていて、外側にいくほど多くなるよ。

これでわかる！ 3つのポイント

各電子殻に入ることのできる電子の最大数は、決まっている

原子核の周りにある電子殻の一番内側にあるK殻には、最大2個の電子が入るよ。そして、その外側のL殻には最大8個、M殻には最大18個、N殻には最大32個と、電子殻に入ることのできる電子の数は決まっているんだ。

電子の数によって電子配置が決まる

右の表のように、電子は、内側の電子殻から順に入っていくよ。例外もあるけど、内側の電子殻が埋まると次の電子殻へ入るんだ。電子が、どの電子殻に何個入っているかを「電子配置」というよ。

〈元素の電子配置（原子番号18まで）〉

	原子番号（電子の数）	K殻（最大2）	L殻（最大8）	M殻（最大18）
水素	1	1		
ヘリウム	2	2		
リチウム	3	2	1	
ベリリウム	4	2	2	
：	：	：	：	
ネオン	10	2	8	
ナトリウム	11	2	8	1
マグネシウム	12	2	8	2
：	：	：	：	：
塩素	17	2	8	7
アルゴン	18	2	8	8

それぞれの電子殻には、内側から電子が入る。

原子番号から電子の数がわかる

原子番号は陽子の数だから、番号を見ると、水素は電子を1個、ヘリウムは電子を2個という具合に、元素が何個電子を持っているかわかるよ。この表を見ると、原子番号順に、最外殻電子の数が変わっていく様子がわかるね。

おまけ 電子殻は原子内での電子の配置を示し、化学的性質に大きな影響を与える。

電子は内側から入らないこともある!

〈電子配置の例外のお話〉

電子は、エネルギーの低い内側の電子殻から順に入るけど例外もあるよ。

これでわかる! 3つのポイント

電子は、内側の電子殻から順に入る

内側の電子殻ほどエネルギーが低いよ。電子はエネルギーが低い状態で安定するので、内側の殻から順に入るんだ。内側の殻が満たされると、エネルギーが高い外側の殻に入っていくよ。

各電子殻の中にもエネルギーのちがいが

ひとつの電子殻の中にも、さらにエネルギーの高低差があるよ。エネルギーが低い方からs、p、d、f……の記号で区別しているんだ。1番低いK殻に1s、2番目に低いL殻には、2s、2p、3番目のM殻には3s、3p、3dがあるよ。

〈電子殻の中のエネルギー〉

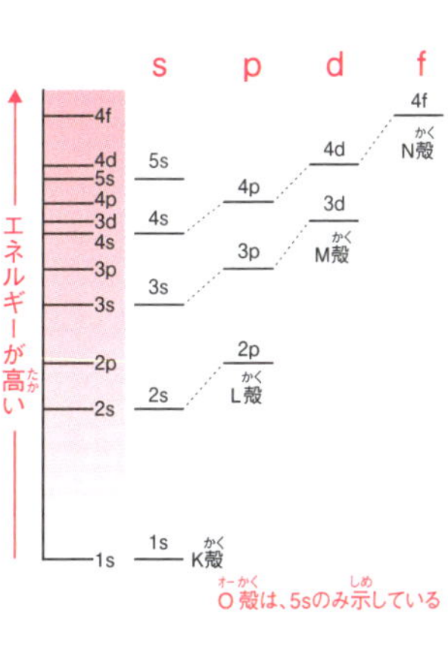

O殻は、5sのみ示している

電子が多くなると逆転も

電子の数が増えると、電子同士の反発などで図のように、N殻の4sが、M殻の3dよりエネルギーが低くなる逆転が起きることがあるんだ。するとと電子は、M殻の3s、3pに入った後、3dに入る前にN殻の4sに入ってしまうよ。

おまけ 電子配置によっては、4sより3dの方がエネルギーが低くなることもある。

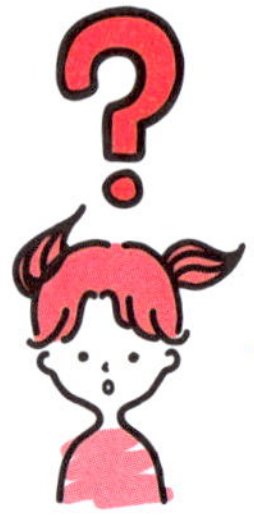

電子は、原子核のまわりを回っているの？

電子の軌道のお話

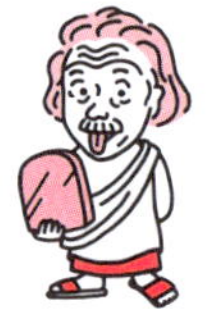

電子は原子核のまわりを回るのではなく、特定の形を持つ電子軌道に存在するよ。

これでわかる！3つのポイント

「回る」ではなく「存在」する

電子は、粒子であると同時に波の性質も持っているよ。だから、電子の運動は、地球が太陽のまわりを「回る」ようなイメージでは正しく表すことができないんだ。電子が原子核のまわりに「存在」する確率が高い空間を電子軌道というよ。

電子軌道は形が決まっている

電子軌道は、図のような独特な形をしていて、s軌道、p軌道、d軌道などがあるよ。そして、入ることのできる電子数が決まっているんだ。s軌道は球形で最大2個、p軌道はダンベル型で最大6個、d軌道は最大10個の電子が入れるよ。

〈電子軌道の形〉

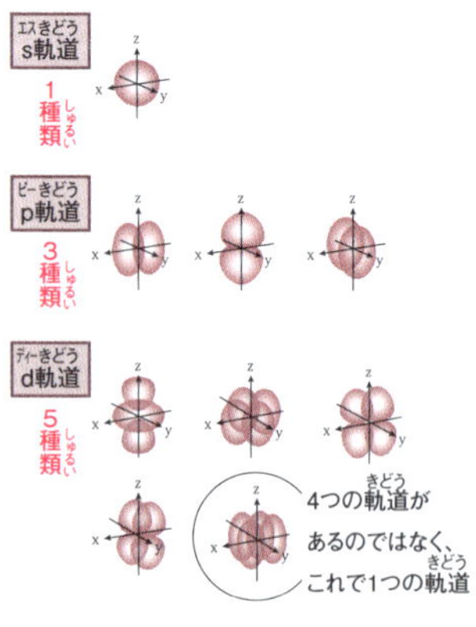

電子軌道にはエネルギーのちがいがある

K殻にはs軌道、L殻にはs軌道とp軌道、M殻にはs軌道、p軌道、d軌道があり、s軌道、p軌道、d軌道の順にエネルギーが高くなっていくよ。25日めで説明した「各電子殻の中のエネルギーのちがい」は、軌道のちがいだったんだ。

おまけ 電子の位置と運動量（速度と質量の積）を同時に正確に知ることは不可能。

化学変化を起こしにくい元素があるの？

〜18族（貴ガス）の共通な性質のお話〜

周期表の18族に属する元素は、化学変化をほとんど起こさないよ。

これでわかる！ 3つのポイント

18族に属する元素は、化学変化をほとんど起こさない

ヘリウム、ネオン、アルゴン、クリプトン、キセノン、ラドンといった18族の元素は、ほとんど化学変化を起こさないんだ。それで、不活性ガスとよばれたこともあるけど、人工的に18族の化合物が合成されると、この名前は使われなくなったよ。

「貴ガス」とよばれる

平成の頃の教科書には「希ガス」と書かれていたよ。「まれなガス」という意味だけど、研究が進むと、それほど稀なわけではないことが分かり改名したんだ。貴金属と同じように反応しにくいことから「貴ガス」になったよ。

〈18族の元素は、貴ガスとよばれる〉

	1	2	···	12	13	14	15	16	17	18
1	H									He
2	Li	Be			B	C	N	O	F	Ne
3	Na	Mg			Al	Si	P	S	Cl	Ar
4	K	Ca	···	Zn	Ga	Ge	As	Se	Br	Kr
5	Rb	Sr	···	Cd	In	Sn	Sb	Te	I	Xe
6	Cs	Ba	···	Hg	Tl	Pb	Bi	Po	At	Rn
7	Fr	Ra	···	Cn	Nh	Fl	Mc	Lv	Ts	Og

共通する性質

貴ガスには、ほとんど化学変化を起こさないという共通した性質のほかに、無色・無臭の気体で沸点・融点が非常に低い、低い圧力で封入した放電管に数10 Vの電圧をかけると発光するなどの性質も共通しているよ。

おまけ 空気に含まれる気体の約1 ％はアルゴン。

なぜ貴ガスは、化学変化を起こしにくいの?

〜18族(貴ガス)の電子配置のお話〜

貴ガスは、最外殻電子殻が安定した状態になっているから、化学変化を起こしにくいよ。

これでわかる! 3つのポイント

閉殻構造は、最外殻電子殻が安定している状態

閉殻構造は、一番外側の殻の電子が、その殻の最大収容数に達して安定している状態だよ。K殻では2個の電子が、L殻では8個の電子が入ると閉殻構造になるんだ(23日めも見てね)。原子は、閉殻構造になると非常に安定するよ。

8個の電子でも安定した状態になる

最外殻に電子が8個入っても安定するよ。L殻より外側の殻では、8個より多くの電子が入ることができるけど、8個でも安定した状態になるんだ。アルゴンやクリプトンなども最外殻に8個入って安定した状態になっているよ(右の表)。

〈貴ガスの電子配置〉

18族の元素	原子番号(電子の数)	K殻(最大2)	L殻(最大8)	M殻(最大18)	N殻(最大32)
ヘリウム	2	2			
ネオン	10	2	8		
アルゴン	18	2	8	8	
クリプトン	36	2	8	18	8

網掛けの部分が最外殻電子殻
閉殻しているか8個になっている。

化学変化の基本は電子のやり取り

化学変化では、原子が電子をやり取りしたり、共有したりして新しい原子の結びつきをつくっているよ。貴ガスは最外殻が安定した状態で、電子を受け取ったり失ったりする必要がないので、他の元素とほとんど反応しないんだ。

おまけ 最外殻が8個の電子で満たされて安定することを、オクテット則という。

金属は、なぜ共通の特徴をもつの？

自由電子のお話

金属の共通した特徴は、自由電子のはたらきによるものだよ。

これでわかる！ 3つのポイント

金属原子には、自由電子がある

金属原子が集まると、それぞれの最外殻の電子は、特定の原子に縛られず全体で共有されるよ。この状態が「自由電子」を生み出すんだ。原子核から距離があるので引力も小さく、原子間を自由に動き回ることができるよ。

電気を通し、金属光沢があるのも自由電子

金属に電圧をかけると、自由電子が－極から＋極に動くから電流が流れるよ。また、自由電子は、金属表面にやってきた光を一度吸収してからほぼ全部放出するんだ。だから、ピカピカと輝く金属光沢が見られるよ。

〈金属結合〉

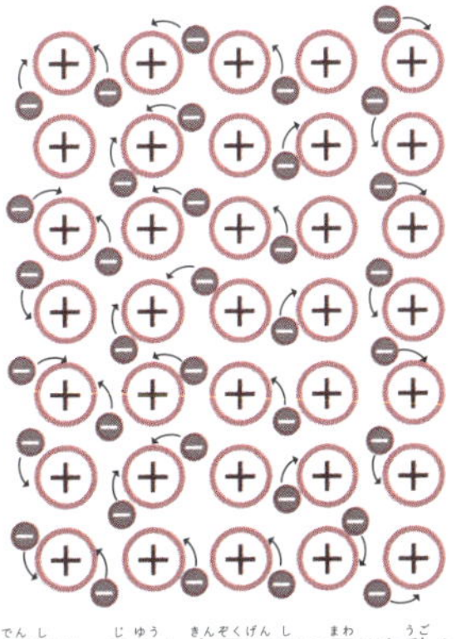

電子は、自由に金属原子の周りを動く。

自由電子は、糊のようにはたらく

おにぎりの形を丸や三角にできるのは、お米の粒同士が粘り気でつながっているからだ。自由電子は糊のように、金属の原子をつないでいるんだ。だから、細長く引き伸ばしたり（延性）、たたいて薄く広げたり（展性）できるよ。

おまけ 金属が熱をよく伝えるのも、自由電子が自由に動いて熱を運ぶから。

金属原子は化学結合で安定!

〈貴ガスの電子配置で安定のお話〉

原子は、「貴ガスの電子配置」になって安定するために結合するよ。

これでわかる! 3つのポイント

金属も貴ガスのような電子配置

金属原子は、外側の電子を手放して、貴ガスのような安定した電子配置（28日めも見てね）に近づくよ。この手放された電子が自由電子となって、原子同士をつなぎ合わせているんだ。このような原子の結びつきを「金属結合」というよ。

原子は、貴ガスの電子配置になろうとする

金属以外の単独で不安定な原子は、電子をやりとりしたり共有したりして、貴ガスの配置に近づき、安定しようとするんだ。こうしてできる原子同士の結合を化学結合というよ。

安定する化学結合は他にも

金属結合のほかにも、電子を失ったりもらったりして貴ガス配置になる「イオン結合」や、原子同士が電子を共有することで、貴ガス配置になる「共有結合」があるよ（次からのページも見てね）。

〈化学結合〉

金属結合
自由電子で結びつきながら、全体の安定を保つ

イオン結合
電子を奪ったり失ったりして貴ガス配置になる

共有結合
電子を共有することで、貴ガス配置になる

おまけ 化学結合で多くの分子や物質が生まれ、それが世界の豊かさを支えている。

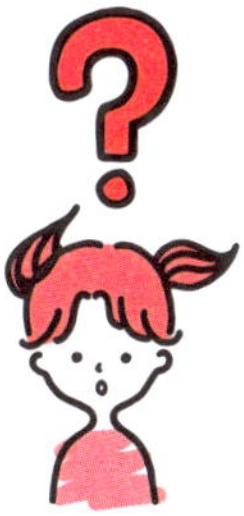

イオンってなに？

イオンのお話

イオンは、電子を失ったりもらったりして電気を持った粒子だよ。

これでわかる！3つのポイント

貴ガスの電子配置をめざす

原子は、外側の電子を失ったり、もらったりすることで、貴ガスのように安定した電子配置を持とうとするよ。原子はもともと電気的に中性だから、電子の数が変わると電気を持つ粒子「イオン」が生まれるんだ。

電子を失うと陽イオンに

マイナスの電気を持つ電子を失うと、プラスの電気を持つ陽イオンになるんだ。例えば、金属元素のナトリウム原子は、1個の電子を失って、貴ガスのネオンと同じ電子配置のナトリウムイオンになるよ。

〈ナトリウムイオンと塩化物イオン〉

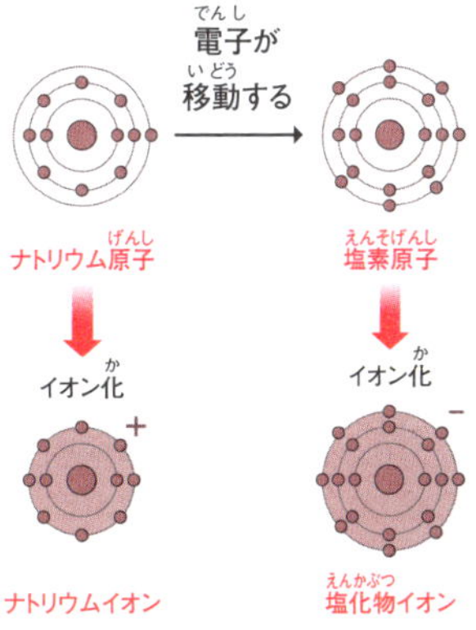

電子をもらうと陰イオンに

非金属元素は最外殻に電子が多いので、電子をもらうことが多い。電子をもらうと、マイナスの電気を持つ陰イオンになるんだ。例えば、塩素原子は、1個の電子をもらって、貴ガスのアルゴンと同じ電子配置の塩化物イオンになるよ。

おまけ アンモニウムイオンのように、非金属の物質が陽イオンになることもある。

イオン性物質ってなに？

イオン性物質のお話

イオン結合でできた物質で、陽イオンと陰イオンが強く引きあっているよ。

これでわかる！ 3つのポイント

イオン結合でできている

イオン性物質は、イオン結合でできた物質だよ。イオン結合は、陽イオンと陰イオンが静電気の力で引きあってできる結合だ。食塩の主成分塩化ナトリウムは、ナトリウムイオンと塩化物イオンがイオン結合で結びついてできているよ。

高い融点と沸点を持つ

イオン性物質は、イオン同士が強く引きあっているので、固体の状態では強い結びつきがあるんだ。だから、高い温度にしないと融けないし、さらに高い温度にしないと沸騰しないよ。

〈塩化ナトリウムの結晶構造〉

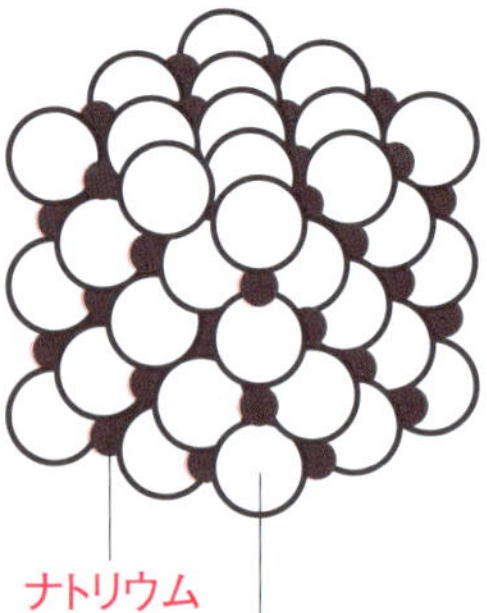

たいていは水に溶けやすい

多くのイオン性物質は、水分子がイオンを引き寄せるので、水に溶けやすいよ。そして水に溶けると、陽イオンと陰イオンに分かれるんだ。でも、硫酸バリウムや硫酸カルシウムなどは、イオン結合の力が非常に強いので水にほとんど溶けないよ。

おまけ イオン性物質は、固体では電気を通さないが、液体では電気を通す。

分子性物質ってなに？

分子性物質のお話

分子性物質は、原子同士が共有結合で結びついてできた物質だよ。

これでわかる! 3つのポイント

共有結合で分子をつくる

非金属の元素は最外殻に電子が多く、電子を失うことが少ないので、他の非金属元素と結びつくときは、電子を共有して貴ガスのような安定した電子配置になろうとするよ。この共有結合によって分子ができるので、分子性物質というんだ。

電子の共有で貴ガスの電子配置になる

水素原子はあと1個、酸素原子はあと2個電子があると、最外殻が埋まるよ。水分子をつくるとき、図のように酸素原子と水素原子は、電子を共有して安定した状態になっているんだ。

〈電子を共有している水分子〉

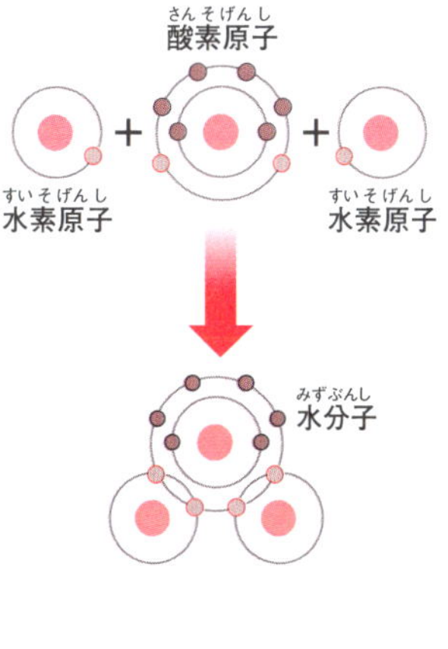

融点や沸点は低い

分子をつくる原子同士は、共有結合で強く結びついているけど、分子同士は分子間力で結びつくよ。この分子間の結びつきは、イオン性物質に比べて弱いんだ。それで、融点や沸点が低く、水や空気中の窒素、酸素、二酸化炭素などのように、液体や気体の状態で多く見られるよ。

おまけ 分子性物質は、一般的には電気を通さないものが多い。

原子
周期表
原子力
元素
科学史
宇宙
生物
光

化学結合は周期表でだいたいわかる！

化学結合のお話

周期表で金属元素か非金属元素か見ると、化学結合でどんな物質になるか大まかにわかるよ。

これでわかる！3つのポイント

金属元素と非金属元素⇒イオン性物質、非金属元素同士⇒分子性物質

金属元素だけでできた物質が金属だよ。金属元素と非金属元素が結びつくと、たいていイオン結合をして、イオン性物質ができるよ。固体はイオン結晶だ。非金属の元素同士が結びつくと共有結合をして分子ができるんだ。固体は分子結晶だよ。

金属元素の原子は陽性

金属元素の原子は電子を放出して陽イオンになりやすいよ。この性質を陽性という。1族ならリチウムから下に行くほど最外殻の電子が原子核から遠くなるのでその電子を放出しやすく陽性が大きくなる。金などイオンになりにくい金属は除くよ。

〈電気陰性度〉

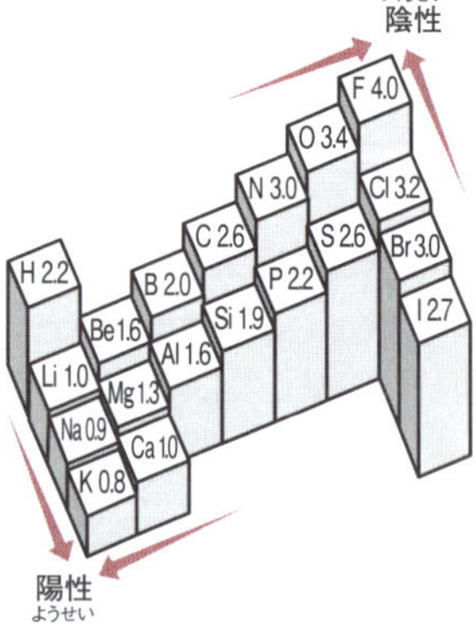

非金属元素の原子は陰性

非金属元素の原子は電子を受け入れて陰イオンになりやすいよ。この性質を陰性という。17族ならフッ素に向かうほど電子を受け入れやすく陰性が大きくなる。この性質を数値で表した電気陰性度がある。貴ガスはイオンになりにくいので除くよ。

おまけ 電気陰性度の差が大きいほど、イオン結合になりやすい。

半金属と半導体は、同じもの？

半金属と半導体のお話

半金属は元素の分類で、半導体は電気的な性質に基づく分類だよ。

これでわかる！ 3つのポイント

半金属と半導体は定義がちがう

元素の分類で、金属と非金属の中間の性質を持った元素を半金属とよぶことがあるよ。一方、半導体は、電気的な性質に基づく材料の分類なんだ。ケイ素やゲルマニウムなど一部の半金属は、半導体でもあるよ。

半金属は、金属と非金属の中間に位置する

金属光沢があるけど展性がなくもろいなど、金属と非金属の中間の性質を持つ元素を半金属というんだ。明確な分類の基準はなく、単体では、ホウ素、ケイ素、ゲルマニウム、ヒ素、アンチモン、テルルなどが半金属だよ。

〈周期表の半金属〉

	13	14	15	16	17
2	B	C	N	O	Fe
3	Al	Si	P	S	Cl
4	Ga	Ge	As	Se	Br
5	In	Sn	Sb	Te	I
6	Tl	Pb	Bi	Po	At

半金属は、金属と非金属の境目のジグザグ線付近に位置する。セレン、ビスマス、ポロニウム、アスタチンも半金属に分類することがある。

半導体は、電気の通しやすさで分類

半導体は電流の流れやすい導体（主に金属）と流れにくい不導体の中間の物質だよ。不純物や熱、光などの影響で、電気の通しやすさが大きく変わるんだ。単体で半導体なのは、ケイ素、ゲルマニウム、セレンなど数種類しかないよ。

おまけ ケイ素を使った半導体は、現代のテクノロジーを支える心臓部。

原子
周期表
原子力
元素
科学史
宇宙
生物
光

アルカリ金属ってなんだろう？

アルカリ金属の仲間のお話

アルカリ金属のアルカリは植物の灰。成分は炭酸カリウムや炭酸ナトリウム。

これでわかる！ 3つのポイント

アルカリ金属の「アルカリ」ってなに？

水素をのぞく1族をまとめてアルカリ金属という。アルカリとはアラビア語で植物の灰を意味する言葉で、主な成分は炭酸カリウムや炭酸ナトリウムだった。周期表がつくられた19世紀以前には、単体のナトリウムやカリウムなどは未発見だった。

アルカリ金属を水に溶かすとアルカリ性！

アルカリ金属は水と反応して溶け、アルカリ性を示すという性質がある。反応の激しさはセシウム、ルビジウム、カリウム、ナトリウム、リチウムの順（周期表の下の元素ほど大）。NaOHなど、水酸化物の水溶液もアルカリ性を示すよ。

はじめてアルカリ金属を得た溶融塩電解

アルカリ金属は、NaClなどの塩の形や、NaOHなどの水酸化物として存在。電子1個を失い陽イオンになっている。単体のアルカリ金属は、化合物を強熱し液体にして電流を流す溶融塩電解で得る。イギリスのデービーが1807年に成功。

〈溶融塩電解の生成物〉

	塩化リチウム	水酸化ナトリウム	水酸化カリウム
陰極	リチウム	ナトリウム	カリウム
陽極	塩素	酸素＋水	酸素＋水

おまけ アルカリ金属のイオンになりやすさも、周期表の下の元素ほど大きい。

アルカリ土類金属の仲間たち

2族 アルカリ土類金属のお話

**アルカリ土類金属の土類とは地球の地殻のこと。
アルカリ土類金属は岩石の成分。**

これでわかる! 3つのポイント

アルカリ土類金属の「土類」ってなに?

2族をまとめてアルカリ土類金属という。土類は英語でアース、地球の地殻を意味する。アルカリ土類金属は、酸化物（100日めを見てね）や炭酸塩として地殻を構成する岩石の成分となっている。ベリリウムはイオンになりにくく分子性物質に近い。

アルカリ土類金属も水溶液はアルカリ性

アルカリ土類金属も水と反応しアルカリ性を示す。反応は周期表で下の元素ほど激しい。反応でできた水酸化ベリリウムや水酸化マグネシウムは水には溶けないが、酸には溶ける。水酸化カルシウムも水に溶けにくく、その他はよく溶ける。

〈アルカリ土類金属元素の性質の例〉

	カルシウム	ストロンチウム	バリウム
水との反応	おだやか	←→	はげしい
できた水酸化物	水に溶けにくい	←→	よく溶ける
	みな強いアルカリ性		

アルカリ金属やアルカリ土類金属は花火に

アルカリ金属や周期表でカルシウム以下のアルカリ土類金属は、ほのおの中に入れると特有の色が出る（炎色反応）。花火の赤色を出すにはストロンチウムやカルシウムの化合物、緑色はバリウム化合物を用いる。黄色は塩化ナトリウム。

おまけ アクチノイドを除く3族の別名は希土類。英語でレアアースという。

おそるべし、3つの顔をもつハロゲン！

17族 ハロゲンのお話

ハロゲンは塩を意味するハロとつくるを意味するゲンをつなげた名前。

これでわかる！ 3つのポイント

「ハロゲン」ってなに？

非金属元素の中でも17族のフッ素、塩素、臭素、ヨウ素は陰イオンになりやすく、アルカリ金属やアルカリ土類金属の陽イオンと結びついて塩になりやすい。ギリシア語で塩をつくるものという意味のハロゲンになった。塩の成分が第一の顔。

ハロゲンの第二の顔、単体

非金属元素のハロゲンは、同じ原子2つが結びついた分子をつくることもできる。フッ素、塩素、ヨウ素の分子は、電子をうばってイオンになる傾向が大きく有毒。周期表で上の元素ほどこの傾向は大きい（34日めを見てね）。

〈いろいろな形で存在するハロゲン〉

	第1の顔 Na塩	第2の顔 単体	第3の顔 水素化合物
フッ素	NaF	F_2淡黄色気体	HF
塩素	NaCl	Cl_2黄緑色気体	HCl
臭素	NaBr	Br_2褐色液体	HBr
ヨウ素	NaI	I_2黒紫色固体	HI

ハロゲンの第三の顔、水素との化合物

ハロゲン原子と水素原子が1つずつ結びつくと、フッ化水素（水溶液はフッ酸）、塩化水素（水溶液は塩酸）、臭化水素、ヨウ化水素という酸性化合物ができる。酸としては周期表で下の元素の化合物ほど作用が強く、フッ酸以外は強酸。

おまけ ハロゲンは次亜塩素酸（HClO）から過塩素酸（$HClO_4$）のような酸素酸もつくる。

空気の中の貴ガスって、そもそもなに？

18族 貴ガスのお話

貴ガスは貴金属のように反応しにくい。ガスは気体のことだよ。

これでわかる！ 3つのポイント

貴ガスの由来は？

18族元素は28日めでふれたように、一つひとつの原子が安定な気体分子になっている。これを単原子分子というよ。18族は貴金属のように反応しにくいことから貴ガスとなった。ドイツのエルトマンが1898年に名づけたよ。

貴ガスが単原子分子ってどういうこと？

ドルトンの原子説（291日めを見てね）の後、気体は分子からできていて、2つ以上の原子が結合して分子をつくるという考え方を、1811年にアボガドロが提唱したよ。貴ガス元素はほとんど結合をつくらないから単原子がそのまま分子となるよ。

役に立つ貴ガス

貴ガスは、一つひとつの原子が安定なのであらゆる物質と反応しにくい。空気中の酸素と反応しやすい金属などを保護する不活性ガスとしての用途が広い。また、放電管やランプ封入ガスとしての用途もある（27日めを見てね）。

〈ヘリウム以外の貴ガスは（on）で終わる〉

元素名（英語）
ネオン（neon）
アルゴン（argon）
クリプトン（krypton）
キセノン（xenon）
ラドン（radon）
オガネソン（oganesson）

おまけ 他の貴ガスに合わせヘリウムの元素名をヘリオン（helion）にする案もあった。

典型元素と遷移元素の境界と遷移元素を仲間分けすると？

典型元素と遷移元素のお話

遷移元素は3族から12族までの元素。12族は境目。他は典型元素。

これでわかる！ 3つのポイント

典型元素と遷移元素の境目はどこ？

遷移元素は周期表で3族から12族まで。典型元素は1族、2族と、13族から18族まで。12族元素は、イオンや化合物が有色になるなどの遷移元素としての共通する特徴が少ないので典型元素とし、遷移元素は3族から11族までとすることもある。

典型元素の類似性と金属・非金属の境目

水素を除くアルカリ金属とアルカリ土類金属はみな金属元素、ハロゲンと貴ガスはいずれも非金属元素。周期表で縦に性質が似ている。13族から16族には、22日めの図のようにななめに金属元素と非金属元素の境界がある。

遷移元素の類似性と仲間分け

周期表の中央におさまる3族から12族までの元素が遷移元素。金属の結合にかかわる電子が多いので、一般にかたくて高融点の金属。周期表の横に性質が似ている。3族の希土類、第4周期の鉄族、第5、第6周期の白金族などに分けられる。

〈遷移元素のなかま分け〉

	3族	4族	5族	6族	7族	8族	9族	10族	11族	12族
第4周期							鉄族			
第5周期	希土類						白金族			
第6周期										

おまけ 第6周期ランタン以降と、第7周期アクチニウム以降は周期表の下に別枠で。

鉄族の仲間に会いに行こう！

鉄族元素のお話

鉄、コバルト、ニッケルは金属としての特徴や性質が似ているので鉄族という。

これでわかる！3つのポイント

鉄族はいつごろからあるの？

8、9、10族については、同じ周期であれば金属としての特徴や性質がよく似ていたので、メンデレーエフの周期表がつくられた19世紀には、8族から10族まで三つ組にまとめて1つの族としていた。三つ組元素ともいう。

三つ組元素は鉄族と白金族に分けられた

8、9、10族のうち、第4周期の鉄、コバルト、ニッケルの三つ組を鉄族といい、第5周期のルテニウム、ロジウム、パラジウムの三つ組と、第6周期のオスミウム、イリジウム、白金の三つ組の合計6元素を白金族という（42日めを見てね）。

鉄族元素が使われているフェライト磁石

鉄族元素は卑金属だが強磁性の素材！

鉄族のように空気中の酸素などと反応しやすく、錆びやすい金属を卑金属という。しかし、鉄族元素は強磁性という優れた性質をもつ。金属単体で強磁性なのは、鉄族の他には3族希土類元素の一部しかない。

おまけ 鉄族の錆びやすさという欠点は、合金や表面をめっきする技術で克服された。

輝く白金族は貴金属でもある!

白金族元素のお話

白金族はルテニウム、ロジウム、パラジウム、オスミウム、イリジウム、白金の6つ。

これでわかる! 3つのポイント

貴金属としての白金族

白金族のルテニウム、ロジウム、パラジウム、オスミウム、イリジウム、白金の6元素と金・銀は、イオンになる傾向が小さいので、酸化されにくい。貴金属というよ。貴金属は、化合物としてはほとんど産出しない希少な金属資源。

白金族の特徴

白金族の金属は、酸やアルカリとは反応しにくい。酸素や硫黄と反応することもほとんどなく、金属光沢が保たれる。金属の結合にかかわる電子が多いので、一般にかたくて高融点の金属。高性能触媒としても使われる。

〈白金族元素の性質〉

	密度	反応性	利用価値
ルテニウム	鉛と同じくらい	すべて小さい	すべて高性能触媒として有用
ロジウム			
パラジウム			
オスミウム	金より大きい		
イリジウム			
白金			

白金族を細かくみると

原子の大きさ(半径)は第5周期の白金族も第6周期の白金族も同じくらい。原子量の大きい第6周期のオスミウム、イリジウム、白金は特に密度が大きい(同体積の金より重い)。第5周期の白金族元素の密度は鉛と同じくらいだよ。

おまけ 貴金属の中でジュエリー用として使われるのは、金、銀、白金、パラジウムの4種類。

X線の「X」はなんの意味?

X線の発見のお話

X線はドイツのレントゲンが発見したんだ。

これでわかる! 3つのポイント

X線は偶然発見された

レントゲンは、真空中での電子の流れ方を調べる実験を行っていて、目に見えない光のようなものがスクリーンを通り抜けることに偶然気づいたんだ。その正体は不明であったため、未知を意味する「X」が名前につけられたんだよ。

世界に衝撃を与えた最初のX線写真

レントゲンが撮影した妻ベルタの手の写真は、左手の薬指にはめられた指輪がまるで浮いているように見えるもので、人々に衝撃を与え、世界的に有名になったよ。同じ写真を撮ることがブームにもなったんだ。

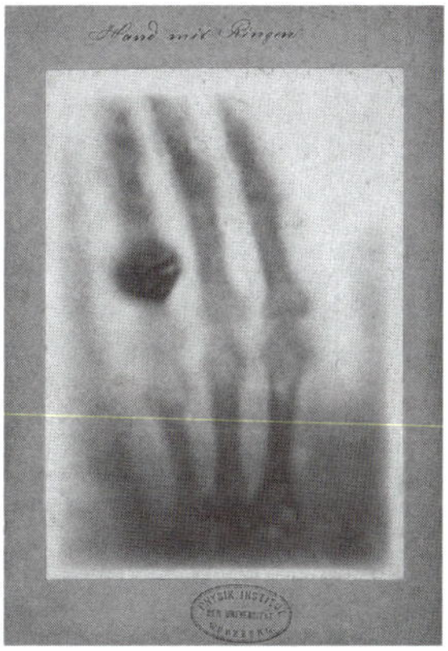

妻ベルタの手のX線写真

医学界最大の発見

医療分野で利用されるX線発生装置は、診断用と治療用に分けられるよ。レントゲンは、「X線は人類が広く利用すべきもの」として、特許の取得をしなかったんだ。そのおかげで、X線の研究は飛躍的に発展したんだよ。

おまけ レントゲンはX線の発見により、第1回ノーベル賞を受賞した。

物質から発せられる放射線の発見!

放射性物質のお話

ものを通り抜ける光が鉱物から発せられることを発見したベクレル。

これでわかる! 3つのポイント

X線の発見に導かれた放射性物質の発見

蛍光物質の研究をしていたベクレルは、偶然、ウラン鉱物と一緒に引き出しに入れてあった写真フィルムが感光していたことに気づいたんだ。レントゲンの論文を見ていた彼は、目に見えないX線と似た光のようなもの(放射線)を発見したんだよ。

物質そのものから放射線が発せられる

ベクレルは、ウランの化合物が長い時間、太陽の光を受けた後に放射線を発すると考えていたよ。だけど、曇りの日でも同じように写真フィルムが感光したことから、物質そのものから放射線が出るという結論に達したんだ。

〈放射性物質と放射線〉

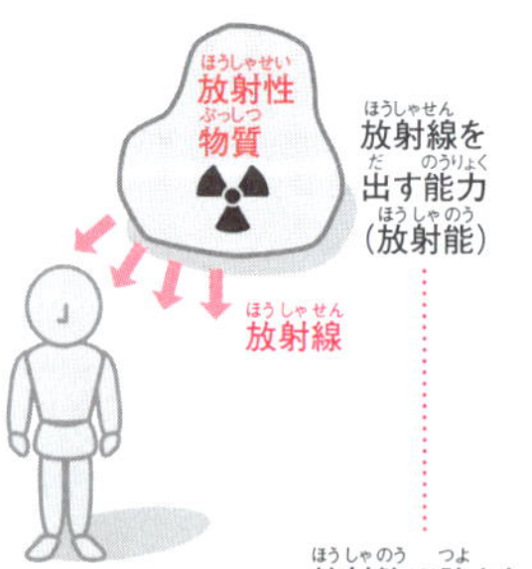

単位になったベクレル

放射性物質が崩壊すると放射線を出すよ。この能力を放射能といい、その強さの単位がベクレルなんだ。1秒間に何回壊れるかを表しているんだよ。もちろん数値が大きいほど、たくさんの放射線を出していることを意味しているよ。

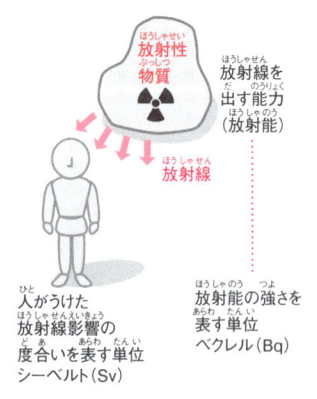

おまけ 放射線による人体への影響の量を表す単位のシーベルトも人名にちなんでいる。

放射能研究をした夫婦がいた!

放射能のお話

キュリー夫妻は放射能を示す物質の研究に一生をささげた。

これでわかる! 3つのポイント

小さなきっかけから偉大な研究

新しい研究のテーマを探していたマリに、夫のピエール・キュリーが「面白そうじゃないか」と、ベクレルがやっていた研究を勧めたんだ。「新分野だから他の文献を読まなくて済みそう」という理由で、ベクレルの研究をテーマに選んだんだ。

キュリー夫妻の功績

ウランの放射線を発見したのはベクレルだけど、ウランの濃度に対する放射線の強度の分析や、ウラン以外の放射性元素の発見はキュリー夫妻の功績なんだ。その功績により、ベクレルとともに夫婦でノーベル物理学賞を受賞したんだ。マリ・キュリーは女性初のノーベル賞科学者なんだ。

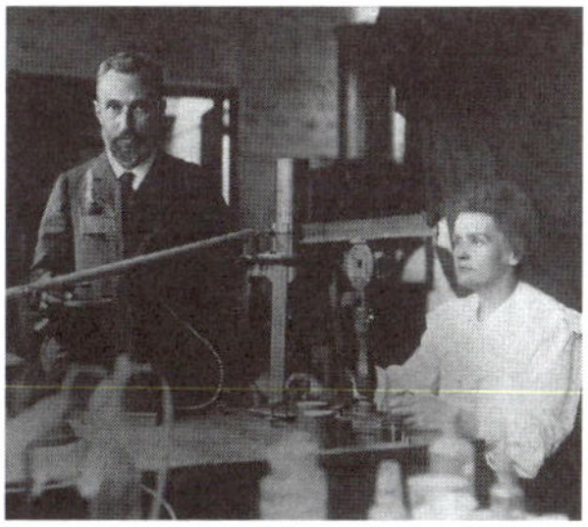

ピエールとマリ夫妻、研究所にて。
手前の機器は放射能測定機器。

放射能とは放射線を出す能力

マリ・キュリーはベクレルの研究室の大学院研究生だったんだ。共同研究の中で、ウランなどの物質が持っている放射線を出す性質に放射能と名付けたんだ。

おまけ 新元素の発見は物理学ではないと、あえてノーベル賞の受賞理由から外された。

放射能研究の先駆者は誰?

キュリー夫人のお話

ノーベル賞を2回受賞した初の科学者マリ・キュリー。

これでわかる! 3つのポイント

なぜキュリー夫人とよばれるの?

マリ・キュリーは本名よりもキュリー夫人としてのほうが有名だね。これは、妻は夫に従属するものという男尊女卑の発想からきているんだ。科学史の中では、多くの女性科学者が夫などの男性にその業績を奪われてきているんだよ。

幾多の困難を乗り越えて

ロシアに併合されていた祖国ポーランドを後にして、フランスに留学し、ポロニウム、ラジウムの発見など、大きな成果を挙げた。夫の死後も研究を続け、2度目のノーベル賞(化学賞)を受賞した。

多くの兵士を救ったプチ・キュリー

マリはX線の研究をしていなかったけど、その知識を生かして多くのX線診療所を設立した。また、X線装置を搭載した自動車をつくり、けがをした兵士の治療に生かした。その自動車はプチ・キュリーとよばれたんだよ。

マリ・キュリー(1869〜1934)

おまけ マリ・キュリーの娘、イレーヌも夫妻でノーベル賞を受賞した。

知られていなかった! 放射能の危険さ

放射線被ばくのお話

放射線の被害を認識していなかったマリ・キュリー。

これでわかる! 3つのポイント

ラジウムを試験管に入れて持ち歩いていた

マリ・キュリーは光を発するラジウム塩を試験管に入れて持ち歩いていたんだ。皮膚に炎症を起こすものの、「こんなに美しいものが有毒であるはずがない」といい、いろいろな人に見せていたんだよ。現代では考えられない危険な行為だ。

認識されていなかった放射線の害

マリ・キュリーの遺品は、研究論文やノートのみならず、料理のレシピ本に至るまで、現在でも多量の放射線が検出され、閲覧するためには防護服が必要なほどなんだ。放射線が細胞を壊したり、がん化させたりするなどの悪影響を及ぼすことを全く考えていなかった証拠だよ。

さまざまな放射線関連商品

ヨーロッパでは放射性物質を含む入浴剤や歯みがき粉、美肌クリームなど、特許医薬品が80品目以上つくられ、販売されたんだ。勝手にキュリーの名前をつけたものも多かったんだよ。

ラジウム入りチョコレート

おまけ マリ・キュリーの死因は、長年の放射線被ばくによる再生不良性貧血。

自然に起こる「放射性崩壊」って？

放射性崩壊のお話

放射性物質は放射線を出しながら原子核が変化していくんだ。

これでわかる！ 3つのポイント

不安定な物質は、安定するまで変化を続ける

放射性同位体が崩壊する理由は、原子核内の構造が不安定だからだよ。原子核がα線、β線、γ線などの放射線を出すことで、他の安定な原子核に変化するんだ。これを放射性崩壊というよ。変化した原子核が不安定だと、さらに崩壊するんだ。

多量の熱を発生させる放射性崩壊

核燃料の放射性物質が放射性崩壊の過程で放出する放射線は、水や燃料、容器などに吸収され、やがて熱になる。これを崩壊熱というんだ。原子力発電では原子炉を停止しても冷却し続けて崩壊熱を除去しているよ。

福島第一原発事故（2011年3月）では、電源喪失により燃料の冷却ができなくなり、崩壊熱で温度上昇したことが事故につながった。

崩壊系列

放射性物質が放射線を放出した後にできる核種を娘核種というよ。娘核種が放射性物質であると、安定した原子核になるまで崩壊を繰り返して別の核種に変化していくんだ。この一連の崩壊の系列を崩壊系列というんだよ。

おまけ 放射性物質の多くは崩壊を繰り返し、安定した物質となり、放射線は止まる。

どんどん減る？半減期ってどういうこと？

半減期のお話

崩壊して、放射能が弱くなるのにかかる時間は物質によってちがうよ。

これでわかる！ 3つのポイント

半減期とは、放射能が半分になるのにかかる時間

放射線を出すことでエネルギー的に安定な状態となった物質は放射線を出さないよ。 時間がたてば放射性物質の量が減り、放射能も弱まるんだ。 こうして放射性物質の量がはじめの半分になるまでの時間を半減期とよぶんだよ。

放射能は永久になくならないの？

半減期の10倍の時間がたつと、放射能はおよそ千分の1まで減少するんだ。だけど、放射能がなくなってしまうということではないんだ。だから、ゼロにならなくても、安全なレベルになるまでの時間が大切なんだ。

〈放射能の減り方〉

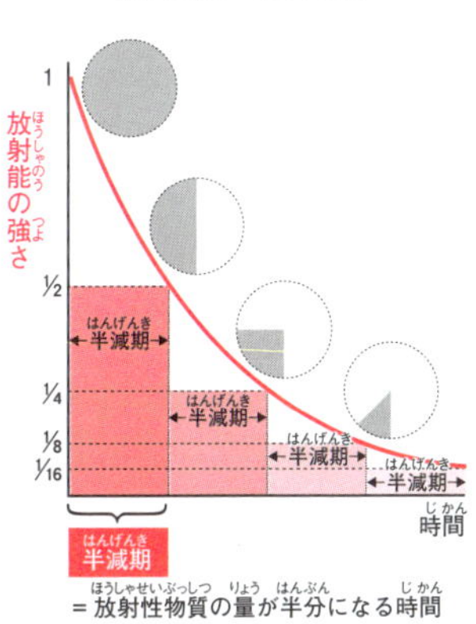

生物学的半減期

体の中に入った放射性物質は、そのまま排泄されたり、内臓や筋肉などに取り込まれた後に排出されたりするんだ。体内にとどまっている間に内部被ばくしてしまう。体内の放射性物質の量が半分になる時間を生物学的半減期というよ。

おまけ 半減期は、物質によってほんの一瞬から100億年を超えるものまである。

原子核の反応と燃焼に関わるエネルギーを比べてみると?

核反応と燃焼反応のお話

核反応のエネルギーは、燃焼の際に出るエネルギーの少なくとも百万倍にもなる。

これでわかる! 3つのポイント

核分裂では1個だけで膨大

1回の核分裂（ウラン235またはプルトニウム239の場合）で放出されるエネルギーは、約3.2×10^{-11} Jのエネルギーが放出される。小さいようだが、1 g中にウランは約2×10^{21}個あるので、8千万 kJにもなる。

原子核は超高密度

原子の大きさをドーム球場とすると、核は豆粒程度だ。このなかで陽子と中性子は核力で強く結びついている。結合のエネルギーは極めて大きい。これを分裂させて、さらに安定な核の状態をつくる際に出てくるエネルギーは膨大だよ。

〈核燃料とガソリンの比較〉

化学的な燃焼は原子の組み換えだよ

1個の原子内で電子が関与するのは10^{-19} J程度だ。ガソリンの燃焼によるエネルギーは1 gで44 kJである。化合物の酸化では原子組み換えで電子系が変化するだけなので、核反応に比べるととても小さい。重量あたりでは200万倍位の違いがある。

おまけ 核燃料の輸送は厳格な管理と高度な安全対策が求められる大変な作業ではある。

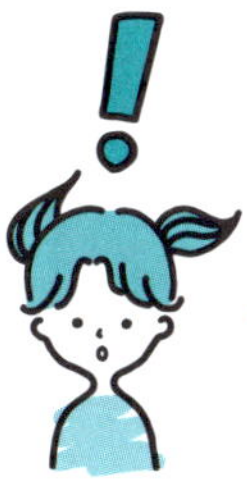

核分裂の発見が核の構造の解明を促した！

元素を人工的に変えるお話

電気を持たない中性子を大きな原子核にぶつけることで核が不安定になり核分裂が起こる。

これでわかる！ 3つのポイント

核分裂とは、主として重い原子核が2つ以上の原子核に分かれること

原子核の陽子や中性子は、核力という非常に大きな力で結合している。ところが20世紀にその原子核が分かれることがあるとわかった。主として重い原子、例えばウラン、トリウム、プルトニウムなどに中性子をぶつけると核分裂が起こる。

きっかけはウランへ中性子の衝突実験

1938年、ドイツのハーンと弟子のシュトラースマンがフェルミらの92番ウランへの中性子の衝撃実験を再実験した。56番バリウムなどができていた。ハーンは、ユダヤ人のためドイツから逃げていた共同研究者マイトナーにその発見の解析を求めた。

〈核分裂反応のイメージ〉

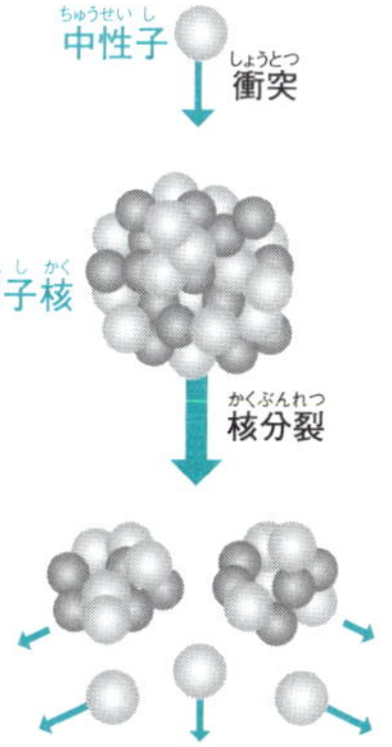

マイトナーらが核分裂と結論

彼女は甥のフリッツと議論し、核分裂を発見。しかしその発見に対するノーベル賞は1944年ハーンにのみ与えられマイトナーは外された。大戦中の事情もあったと推測される。死後、彼女の功績を称え109番元素はマイトネリウムと命名された。

おまけ 電気を持たない中性子を大きな原子核にぶつけると核が不安定となり分裂する。

原子
周期表
原子力
元素
科学史
宇宙
生物
光

原子爆弾はどんなしくみ?

爆弾はどう発案されたかのお話

分裂が連鎖反応を引き起こす可能性が指摘され実証され、開発されていった。

これでわかる! 3つのポイント

核分裂の発見から原爆が考えられた

ウランの核分裂の際に中性子が放出される現象が発見されると、核分裂連鎖反応から多大なエネルギーを得る原子爆弾（原爆）が考えられた。例えばウラン型原爆はウランの同位体の中で一番核分裂を起こしやすいウラン235が使われた。

核分裂連鎖反応を使った原子爆弾

ウラン235やプルトニウム239の原子核に中性子をぶつけて2つに分裂させ、エネルギーを放出する。この際、飛び出した2～3個の中性子が、さらにウラン235などにぶつかって核分裂を起こす。この繰り返しで膨大なエネルギーが出るんだよ。

〈核分裂連鎖反応〉

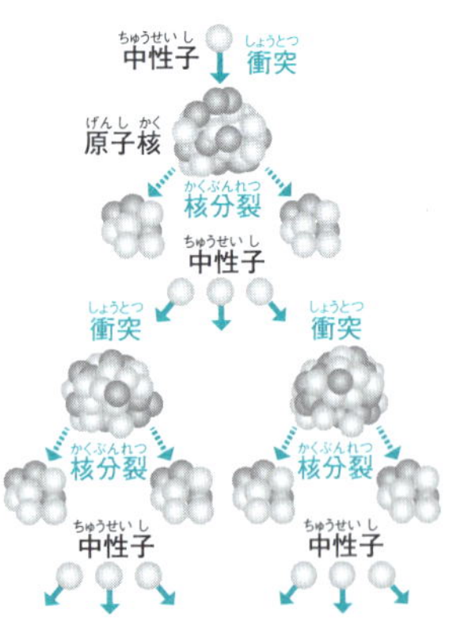

ウラン原爆とプルトニウム原爆

1945年8月6日、アメリカ軍は広島市にウラン原爆「リトルボーイ」を投下。同月9日、長崎市北部の浦上地区にプルトニウム原爆「ファットマン」を投下。爆風、熱線、放射線で膨大な被害が出て、たくさんの犠牲者を出した。

おまけ アメリカはナチス・ドイツに先がけなければと「マンハッタン計画」で原爆開発。

原子爆弾と原子力発電のちがいって？

膨大なエネルギーを制御するお話

「核分裂反応」を利用してエネルギーを得る点で共通だが、そのしくみは大きく異なる。

これでわかる! 3つのポイント

爆弾は破壊力（爆風、熱線、放射線）に徹しているよ

原子爆弾はウラン型の場合、ウラン235を90 %以上に濃縮したものを使う。関与する中性子は高速中性子だ。一度反応が始まると制御が不可能なんだ。数マイクロ秒から数ミリ秒の間にエネルギーが解放される。

原子力発電では核反応を制御

蒸気をつくってタービンを回すことが目的だ。3 %程度に濃縮されたウラン235の燃料棒を使う。ここでは減速材で遅くした低速の中性子で核への進入を促し連鎖反応を維持する。その際、制御棒が中性子を吸収することで制御している。

〈原子力発電のしくみ〉

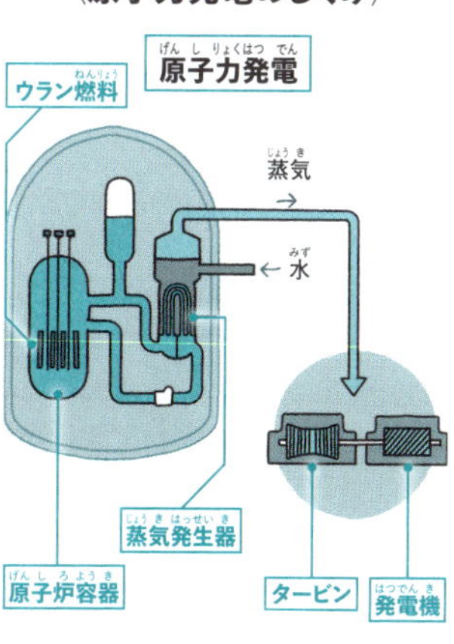

核エネルギーが外部の水を加熱

沸騰水型では発生したエネルギーで原子炉内で水を沸騰させ水蒸気をつくり、加圧水型では原子炉内でつくった高温高圧の水を蒸気発生器の所で外部からの水を熱的に接触させて水蒸気をつくり発電タービンを回している。炉内の水自体は外部に出ない。

おまけ 中性子の減速材に普通の水（軽水）を使っているので「軽水炉」というよ。

核融合ってなんだろう?

〜太陽で起こっていることのお話〜

原子核が融合して別の原子ができるとき、膨大なエネルギーが出るよ。

これでわかる! 3つのポイント

太陽が何十億年もの間、莫大なエネルギーを出し続けるのは謎だった

地球が受け取っている太陽のエネルギーは太陽が四方八方に放射しているエネルギーのたった22億分の1に過ぎない。その太陽など恒星のエネルギー源がなにかは長い間謎だった。20世紀に入って核反応がわかるようになって謎が解けてきた。

太陽のエネルギー源は核融合

1600万 ℃、2400億気圧という太陽の中心部では4つの水素原子核（陽子）が核融合して1つのヘリウム原子核がつくられている。実際にはもっと複雑な反応が起こっているが結果をまとめるとそうなるんだ。

〈太陽のエネルギーの原理〉

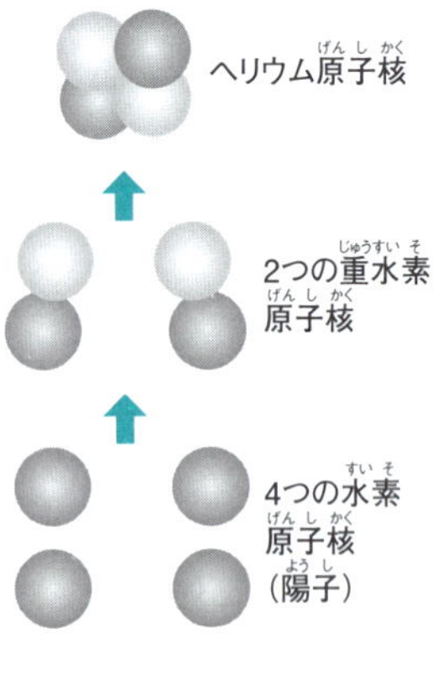

質量がエネルギーに変換されている

4つの水素原子核から1つのヘリウム原子核になると重さ（質量）が0.7 ％軽くなるよ。減った質量が莫大なエネルギーに変わったんだ。有名なアインシュタインの式 $E=mc^2$（E：エネルギー、m：質量、c：光速）が示しているよ。

おまけ 今から50億年くらいすると、太陽は核融合の燃料の水素をほぼ使い果たすよ。

水爆は核融合を使っている!

膨大なエネルギーの軍事利用のお話

核融合反応を利用したものが水素爆弾(熱核兵器)だ。引き金は原子爆弾だ。

これでわかる! 3つのポイント

核兵器

核兵器は、エネルギーを放出する主な核反応が核分裂であるか核融合であるかによって、核分裂兵器と核融合兵器とに二大別される。前者は原子爆弾(原爆)、後者は水素爆弾(水爆)。水爆の放出エネルギーは原爆より数百倍も大きい。

水爆は核分裂と核融合を組み合わせたしくみ

まず小型の原子爆弾を使い、高温高圧を発生させる。さらに生成した中性子がリチウムにあたって三重水素をつくる。この環境で重水素と三重水素が融合し、ヘリウムを生成させる「核融合反応」が起こり、膨大なエネルギーが放出され、大爆発となる。

〈一般的な水爆のしくみ〉

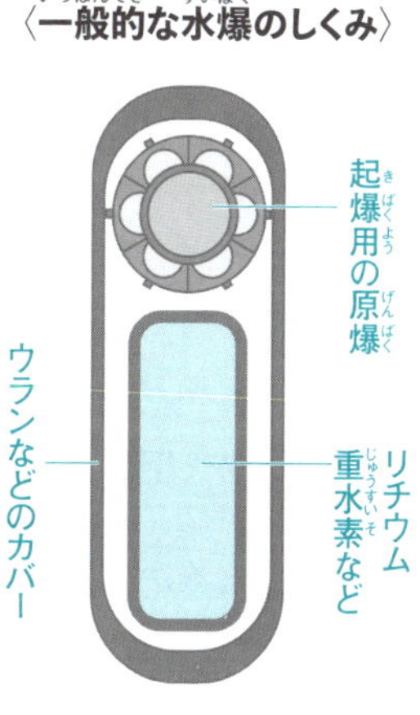

実験は繰り返された

1952年アメリカは太平洋エニウェトク環礁で初実験をした。大きな破壊力は証明されたが装置は巨大で実戦的ではなかった。その後、1953年以降、アメリカとソ連は冷戦時代にあって軍事力を誇示する目的もあり実験は繰り返された。

おまけ その後核実験は制限されたが、その頃の放射性物質の影響は今でも残っている。

核融合発電でエネルギー変革が起こるかも?

〔核融合の平和利用のお話〕

核融合を爆弾ではなく、制御してエネルギーを取り出す試みは続けられているよ。

これでわかる! 3つのポイント

核融合のエネルギーの発電への利用は実現すれば理想的だね

核融合は、二酸化炭素を排出しないため、温暖化対策として非常に有望だ。また、使用する燃料（主に水素の同位体である重水素）は豊富で、資源が枯渇する心配が少ないんだ。また、ほとんど放射線を出さないため、長期的な廃棄物処理の問題も少なくなる。

核融合に必要な条件は厳しい

核融合反応を起こすためには、2つの原子核が近づき、融合する必要がある。しかし、原子核は正の電荷を持っているため、互いに反発しあう。この反発力を克服するには1億度の高温を1秒程度作り出す必要があるんだよ。

〈核融合発電のしくみ〉

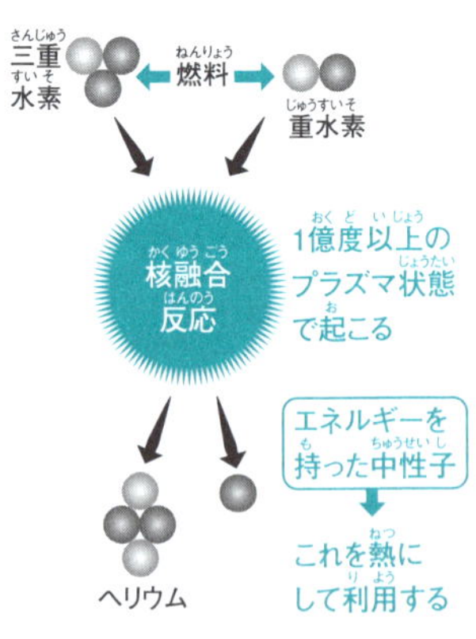

現状と将来への展望

核融合発電が実用化されると、エネルギー供給に大きな変革が起こる。現在、フランスのITER（国際熱核融合実験炉）が最も注目されている。大規模な核融合炉が2033年の稼働を目指してつくられているよ。中国など各国の研究も進展している。

おまけ 高出力レーザーを使った核融合も日本を含め各国で研究が進んでいる。

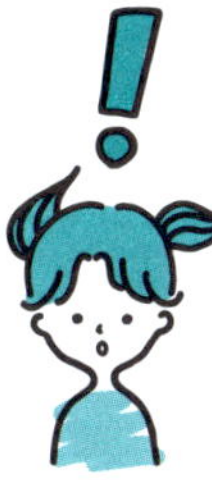

原子が、別の種類の原子になる!

ラザフォードの実験のお話

窒素ガスの中で放射線(アルファ線)を出したら、一部が酸素原子に変化したよ。

これでわかる! 3つのポイント

窒素ガスの中でアルファ線を出してみた

ラザフォードは、1919年に密閉した容器に窒素ガスを封入し、そこにアルファ線を出す物質を入れてみるという実験を行った。近くに蛍光物質を塗った板を置いたら、アルファ線で光るのとは別の場所が、時々光ることを発見したよ。

酸素原子に変わった証拠

蛍光物質が光った原因は、陽子(水素の原子核)が出ていたからだよ。「(窒素原子核) + (ヘリウム原子核) ⇒ (酸素原子核) +陽子」という人工原子核変換が起こっていたと考えられたんだ。

〈窒素原子核に、アルファ線の粒子をぶつける〉

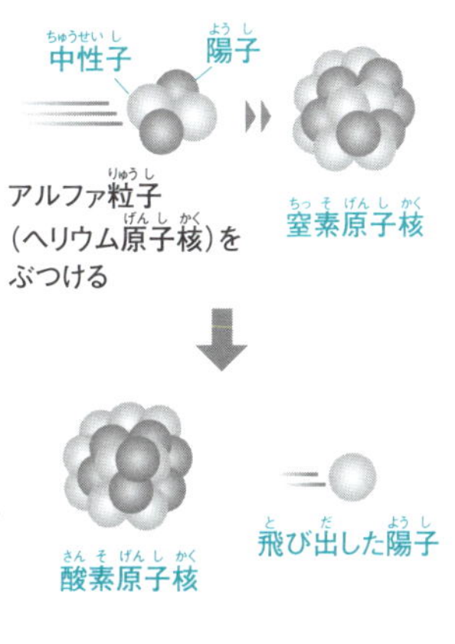

世界初の人工的な原子核変換

それまで原子は、他の種類に変化しないと考えられていたが、特殊な状況下だと、他の種類に変化することがわかったよ。ラザフォードの実験は、世界で初めての人工的な原子核変換だったよ。

おまけ 当時は、原子核をつくっている中性子は発見されていなかった。

荷電粒子の速度を速くするにはどうするの?

電圧で粒子が加速するお話

プラスやマイナスの電気を持った粒子は、電圧をかけると速度があがるよ。

これでわかる! 3つのポイント

荷電粒子を加速する

原子を構成する原子核は、プラスの電気を帯びている。一方、電子はマイナスの電気を帯びている。このように電気を帯びた粒子に、電圧をかけると速度が上がる。粒子の速度を上げる目的でつくられたのが加速器だよ。

高電圧の静電気で加速

1928年、コッククロフトとウォルトンによって、世界で初めて加速器がつくられた。静電気を利用した加速器は、非常に高い電圧をかけて、粒子を加速する。1932年、リチウムの原子核に、加速した陽子をあてて、ヘリウム原子核をつくることに成功した。

〈コッククロフト・ウォルトン高電圧発生装置〉

この装置を電源にして粒子を加速する。

一気に加速する方式

この方式は、粒子を一気に加速する方式だね。すごく高い電圧を扱うため、実現が難しい上に、事故の危険があった。また、加速して得られる速度にも限界があった。

おまけ コッククロフトとウォルトンは、この功績により、1951年にノーベル物理学賞を受賞した。

サイクロトロンの発明って？

粒子が、より加速する装置のお話

電気をもった粒子を、さらに加速するために、回転しながら加速する装置が発明されたよ。

これでわかる！ 3つのポイント

ローレンスの発明

コッククロフト・ウォルトン型の加速器では、粒子の速度に限界があった。多くの人が、次の加速器のアイデアを考えていた中で、アメリカのローレンスは、磁界の中で荷電粒子の運動方向を曲げれば、より加速できるではないかと考えた。

サイクロトロンと命名

1931年、荷電粒子に、磁界の中で、電圧をかけて、円形に加速するアイデアの装置をつくった。実験は成功し、装置は、円を意味する「サイクロ」に、装置を意味する「トロン」をつけてサイクロトロンとよばれた。最初は、直径11 cmだった。

ノーベル物理学賞受賞

ローレンスは、1932年に直径28 cm、1939年に152 cmのサイクロトロンを完成させている。これらを使って、多くの研究者が新しい元素の発見をした。その功績から、ローレンスは、1939年にノーベル物理学賞を受賞している。

〈完成直後のサイクロトロン〉

人物の左後方にあるのが、1939年に完成した直後の60インチ(152 cm)サイクロトロン。

おまけ ローレンスは、GHQにより破壊された日本のサイクロトロンの再建にも協力した。

原子
周期表
原子力
元素
科学史
宇宙
生物
光

原子
周期表
原子力
元素
科学史
宇宙
生物
光

初めての人工元素ってなに?

テクネチウムのお話

テクネチウムは、モリブデン原子核に重水素の原子核(重陽子)をぶつけてできた元素だよ。

これでわかる! 3つのポイント

サイクロトロンの部品から発見

1936年、たまたまアメリカ旅行中のセグレが、ローレンスの研究所にあるサイクロトロンを見学した際、モリブデンの部品がサイクロトロンに使用されていることを耳にした。セグレは、ローレンスに、装置で使用され、交換された後の部品をほしいと頼んだ。

43番元素「テクネチウム」の発見

いらなくなった部品をもらったセグレは、仲間のペリエとともに、分析を行った。すると、細長いモリブデン部品から、なんとそれまで見つかっていなかった元素がみつかった。周期表の42番と44番の間の元素が見つかったのだ。

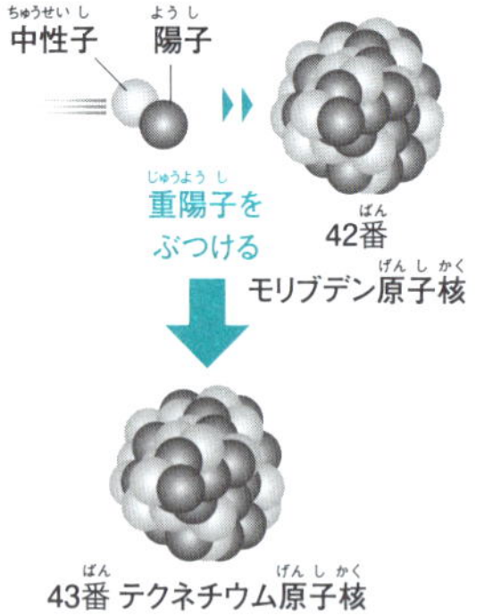

テクネチウム原子核は、モリブデン原子核に重陽子(陽子1個と中性子1個でできた粒子)がぶつけてできる。

テクネチウムの存在

見つかった元素は、テクネチウムと命名された。自然界でも、ウランの鉱石の中にわずかな量が見つかることがある。現在、医療用として利用されているテクネチウムは、ウランの原子炉で得られるモリブデン99がベータ崩壊したものだよ(195日めも見てね)。

おまけ 医療用テクネチウムの原料であるモリブデン99は、全部輸入にたよっている。

最初にどんな粒子をぶつけてみたの？

新しい元素をつくる粒子のお話

アルファ線・中性子などを、他の原子核にあて、ちがう種類の原子核ができるのか。

これでわかる！3つのポイント

ヘリウム原子核・陽子・中性子・電子をぶつける

ヘリウムの原子核は、陽子2個と中性子2個でできていて、プラスの電気を持っている。放射性物質からヘリウムの原子核が飛び出してくる。これがアルファ線だよ（19日めも見てね）。この他に、陽子・中性子・電子を加速して、他の原子核にぶつけてみた。

ウランの原子核に中性子をあててみた

新しい元素をつくるのは、簡単そうだけど、難しい。それは、原子核はものすごく小さいから、滅多に当たらないんだ。そんな中で、ウランの原子核に中性子をあてたところ、できた原子が93番元素のネプツニウムだよ。

〈ネプツニウム原子核のできかた〉

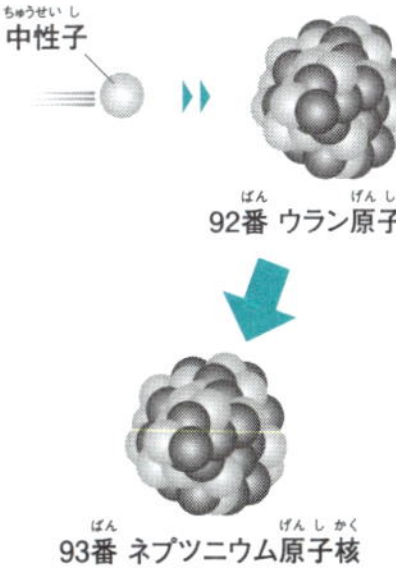

ウラン原子核にとりこまれた中性子は、電子などを放出して陽子に変化する。その結果、原子番号が一つ増え、93番のネプツニウムとなる。

加速器は様々なところに応用されている

加速された粒子は、研究用だけでなくいろいろな場面で利用されている。例えば、医療用の加速器では、重水素の原子核（重陽子）を加速して、がんの組織を狙い撃ちして、がんを除去するのに役立っている。

おまけ すごく小さいものを見る電子顕微鏡も、加速器の仲間だよ。

超ウラン元素はどうやってつくるの？

人工的に新元素をつくるお話

超ウラン元素は、軽い原子核を重い原子核にぶつけてつくられるよ。

これでわかる！ 3つのポイント

超ウラン元素とはウランより重い元素

原子番号92番ウランまでの元素は、一部を除いて自然界に割合と多く存在する。93番以降の元素は、ほぼすべてが人工的につくり出された元素だよ。93番から101番までは、水素やヘリウムの原子核や中性子を照射するか、原子炉・水爆実験でつくられた。

102番～106番の人工元素

もっと重い、102番から106番までの元素は、ホウ素より重い元素の原子核を、加速器で加速して、より重い原子核にあててつくっている。原子核同士はプラスの電気を持っているため、なかなか融合しないが、たまにうまく融合することがある。

高温核融合（ホット・フュージョン）

融合した原子核は、いくつかの中性子を放出して新元素となる。この方法は、中間状態にエネルギーの高い融合した原子核ができるので、高温核融合（ホット・フュージョン）とよばれる。

〈ラザホージウム合成のイメージ〉

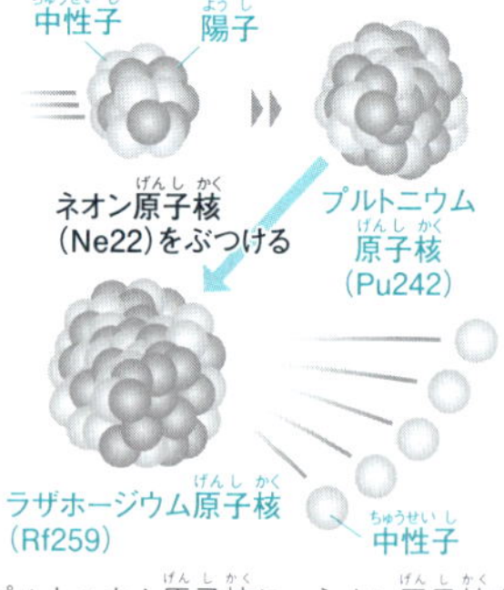

プルトニウム原子核に、ネオン原子核をぶつけて融合すると中性子を5個放出し、ラザホージウム原子核になる。

おまけ ドイツは、冷たい核融合で1980年代初頭～1990年代初頭に107～112番を合成。

コールド・フュージョンという方法!

人工元素をつくる最新のお話

ホット・フュージョンでない方法で、もっと重い原子核から、新元素が合成されたよ。

これでわかる! 3つのポイント

107番から112番までの人工元素

107番ボーリウムから112番コペルニシウムまでは、少しちがう方法で、原子核の融合が行われた。鉛やビスマスなどの通常の金属元素の原子核に、クロム・ニッケル・鉄・亜鉛などの割合大きな原子核をぶつける方法だよ。

コールド・フュージョン

この方法では、ぶつける原子核を、核融合が起きるぎりぎりの速度まで加速して照射する。核融合を起こした中間状態は、エネルギーが高くないため、冷たい核融合(コールド・フュージョン)とよばれる。主にドイツが成功したよ。

日本での実験

113番元素をつくり出した日本もこの方法をとったよ。亜鉛の原子核を、ビスマスの原子核に長い時間照射し続けて、やっとできたよ(270日めも見てね)。

〈113番元素合成のイメージ〉

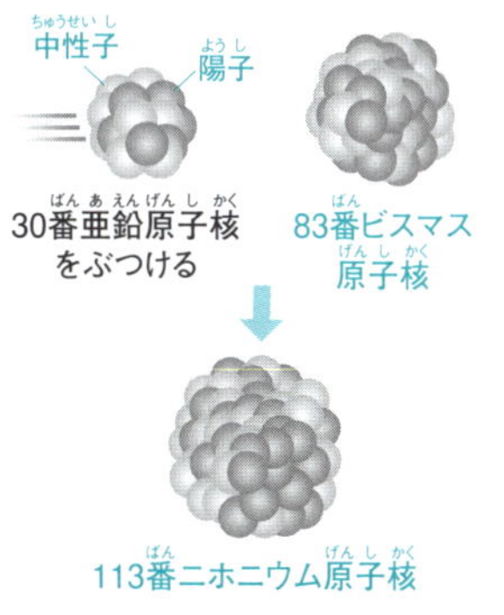

亜鉛原子核をビスマス原子核にぶつける。

おまけ 常温核融合(常温での水素原子の核融合)も英語でコールド・フュージョンという。

周期表の1番目！もっとも単純な元素「水素」

水素の由来とその特徴のお話

宇宙で一番初めにできた元素。宇宙で最も多い、1つの陽子と1つの電子で水素原子。

これでわかる！ 3つのポイント

英語名のハイドロジェンはギリシア語「水を産む」の意味からラボアジエが命名

1671年、ボイルが鉄と希硫酸を反応させることで水素が発生することを報告している。1766年に、イギリスのキャベンディッシュによって水素の気体は空気よりとても軽く、激しく燃える性質があるとわかった。1783年ラボアジエが命名したよ。

水素の性質―単体は水素原子2個の水素分子

水素原子は1つの陽子に1つの電子からなる簡単な構造をしている。通常はこの原子2つがくっついて水素分子として存在するよ。燃える（酸素と結びつく）と水分子になる。水を分解すると水素分子と酸素分子になるんだ。

私たちと水素

宇宙で最初にできて、最もたくさんある水素だけど、地球ではほとんどが水として存在する。水素単体でいるよりも他の元素とくっついていることが多いんだ。炭素と結びついてメタン（天然ガスの主成分）や石油にもなるよ。

〈元素の基本情報〉

1（原子番号。以下同）

H

水素

Hydrogen

原子量 1.008

無色・無臭の最も軽い気体

おまけ 水素は私たちの体をつくるタンパク質や、DNAなどにも含まれているよ。

65日め

元素　「原子番号1」の週
月 火 水 木 金 土 日

読んだ！　月　日

ヒンデンブルク号炎上事故って？

〔社会への影響のお話〕

事故が起こったことによって水素エネルギーの活用が遅れてしまったんだ。

これでわかる！3つのポイント

ドイツの飛行船、ヒンデンブルク号炎上事故（1937年）

大西洋横断に成功したヒンデンブルク号は沢山の人が見守るなか、アメリカ合衆国の海軍飛行場に到着。着陸の際、静電気で火花が発生し浮揚ガスの水素に引火、炎上、墜落。その時の恐ろしい様子は、人々に水素の恐ろしさを印象づけてしまった。

ヒンデンブルク号は最大級の豪華飛行船だった

当時は空の輸送手段は飛行機というより飛行船の時代。ヒンデンブルク号は1931～36年にかけてツェッペリン社が当時の最新技術を駆使してつくりあげた。1936年には50回も飛行し、大西洋航路をほぼ独占したが、炎上事故で飛行船の時代は終了した。

世界の水素エネルギー活用を遅らせた

炎上の原因は完全には解明されていない。有力な説は、船体外皮の酸化鉄・アルミニウム混合塗料に火花が引火し、激しい反応が起こり炎上したというもの。この事故で「水素は危険」というイメージになり、社会の水素エネルギー利用が遅れた。

ヒンデンブルク号炎上事故

おまけ　事故原因の有力説はNASA・ケネディ宇宙センターの元水素計画部長が発表。

本当は水素が「酸素」（酸の素）の役割だった！

酸性のお話

酸の水溶液が「酸性」の原因は水素イオンH^+（実際はオキソニウムイオンH_3O^+）だよ。

これでわかる！3つのポイント

酸っぱい味がするものには、「酸」とよばれる物質が含まれている

食酢やレモンなどは、酸っぱい味がする。食酢には酢酸が、レモンにはクエン酸という酸が含まれているんだ。他にも有名な酸として塩酸、硫酸などもある。私たちの胃の中には塩酸（塩化水素という気体の水溶液）が分泌されているよ。

酸性とは

酸の水溶液はマグネシウム・亜鉛・鉄などの金属を溶かし、青色のリトマス紙を赤色に変えるなどの共通の性質「酸性」がある。酸は共通して分子内に水素を含んでいて、その水溶液中に水素イオンを出すので酸性を示すんだ。

本来は水素を「酸素」としたほうがよかった？

酸素が命名された時代には、酸は必ず酸素を含んでいると考えられていたけれど、後に酸性の素は水素だとわかったんだ。塩酸は酸素を含んでいないからね。なお、酸性を打ち消すものはアルカリといい、その性質をアルカリ性というよ。

レモンが「酸っぱい」理由は酸。

おまけ アルカリ性の水溶液は赤色のリトマス紙を青色に変えるよ。

水素エネルギー社会ってなに？

水素エネルギーのお話

水素を「つくり」「はこび」「ためて」「つかう」が循環するエネルギー社会。

これでわかる！3つのポイント

水素は化石燃料や水から取り出せる

現在の水素を取り出す方法は化石燃料などを用いるので、二酸化炭素を排出してしまう。理想は太陽光エネルギーなどの再生可能エネルギーを用いて、二酸化炭素を出さずに水素を大量につくることなんだ。

かさばる気体

水素は常温常圧では気体だから、そのまま貯めて運んだりするのはかさばって大変なんだ。燃料として使うために、持ち運べるよう圧縮したり、金属に取りこんだりして（詳しくは203日めを見てね）コンパクトにする必要があるよ。

〈水素循環〉

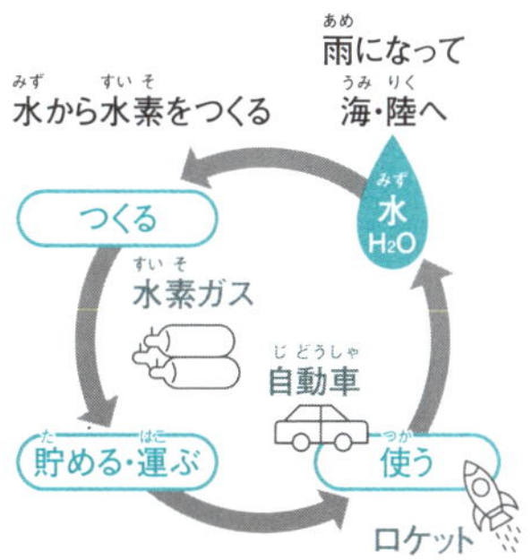

水素をエネルギーとして使う

水素と酸素を反応させ水を生成することでエネルギー（電気）をつくる燃料電池。そのエネルギーで車を走らせることができるんだ。また、液体水素を燃料にしてロケットを飛ばすこともできるよ（燃やすと水蒸気として大気に放たれる）。

おまけ 水素は燃料としてだけでなく、新しい素材開発の材料としても利用されている。

原子
周期表
原子力
元素
科学史
宇宙
生物
光

燃料電池のしくみを教えて!

燃料電池のお話

水素を燃料にして電流を取り出すと水ができる。化学反応で電気をつくる発電装置だ。

これでわかる! 3つのポイント

燃料極(−極)から酸素極(＋極)へ水素からの電子の流れができる

普通は水素と酸素は一緒にして着火すると熱エネルギーを出して水になる。燃料電池は燃料極(水素極)から、水素からきた電子を回路を通して空気極(酸素極)に流す。電子の流れで電気の仕事ができる。空気極(酸素極)では水ができる。

両極で重要なのは白金(高価!)の触媒の存在

水の電気分解の装置で、水素と酸素を入れても、両極が白金でないと燃料電池にならないよ。白金は非常に化学的に安定していて触媒の働きをする。燃料極で水素を電子と水素イオンにし、空気極で燃料極からやってきた電子と水素イオンと酸素から水にするのは白金触媒の働きなんだ。

〈燃料電池の内部〉

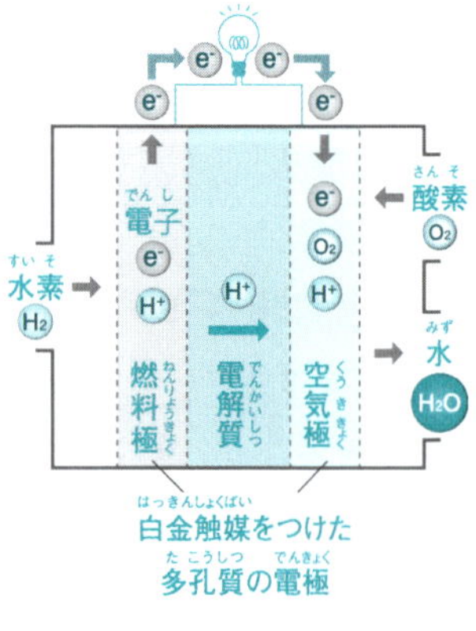

目指せカーボンニュートラル

燃料電池は二酸化炭素を出さないエコなエネルギーだよ。化石燃料を使わないカーボンニュートラルを目指している私たちにとって大事なエネルギー源なんだ。

おまけ 燃料電池自動車用の水素供給設備(水素ステーション)が設置されているよ。

太陽系に水素はあるの?

太陽系の水素のお話

太陽では水素で核融合。地球では水、ガス惑星では大気と内部に存在する。

これでわかる! 3つのポイント

太陽系の中心、太陽での水素

太陽系は水素とヘリウムのガスが集まってできたもの。その中心である太陽の主成分はもちろん水素だ。太陽の中心では水素原子核がヘリウム原子核になる核融合反応が起こって、エネルギーをつくりだしている。

地球の水素は水蒸気となって海、水として存在

太陽系の惑星も太陽ができた時のガス円盤から誕生したから、地球ができたばかりのときの最初の大気は水素とヘリウムだったはずだ。地球では日々、水素ガスが大気に放出されているけれど、軽いガスを大気に留めておくことができないんだ。

木星型惑星(木星・土星・天王星・海王星)

木星などの巨大ガス惑星は大きな重力によって大気に水素を留めている、木星は90 %以上が水素でできていて、内側では液体状、外側(大気)ではガスとして存在しているよ。天王星・海王星はガス成分が少ないんだ(70日めを見てね)。

〈惑星大気に水素があるか〉

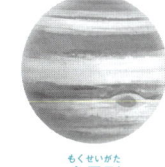

おまけ 太陽は太陽系の全ての重さの99.8 %を占めている。そのうち約75 %が水素だ!

原子
周期表
原子力
元素
科学史
宇宙
生物
光

木星・土星の内部には金属水素がある!

（木星・土星内部の水素のお話）

木星・土星は水素とヘリウムが主成分、核のまわりには金属水素の層がある。

これでわかる! 3つのポイント

水素とヘリウムでできた巨大な惑星

太陽系を形づくる元素は水素とヘリウムが中心となっている。巨大なガス惑星である木星・土星も主成分は水素とヘリウムだ。厚いガスに覆われているけれど、中心には地球と同じく核(コア:組成は岩石と氷と推定 (詳細は未だ謎))があるよ。

核をくるむ金属水素の層

高圧下(数百万気圧)において、水素は金属のような性質をもつ「金属水素」になる。地球のマントルの最深部の圧力と同じくらい。木星・土星の内部は超高圧 (数百万気圧以上)・高温 (数千から数万 °C) だから金属水素になるんだ。

〈木星および土星の内部構造モデル〉

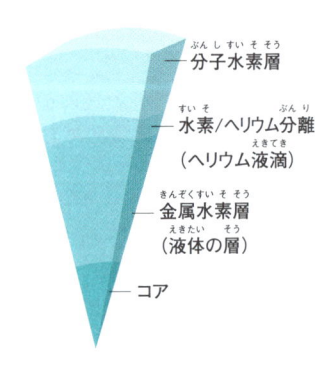

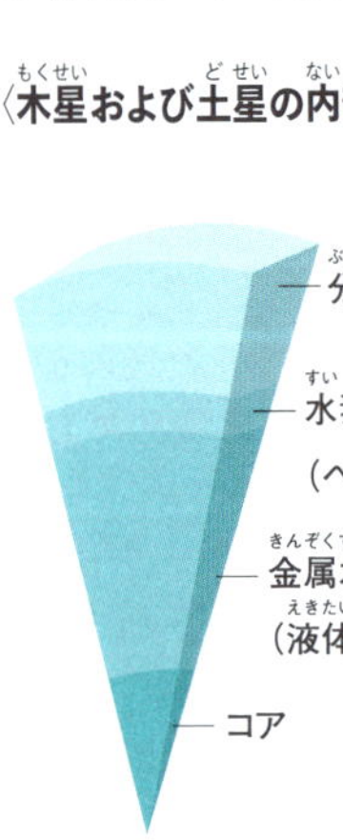

木星の磁界は惑星最強!

木星や土星にも磁界がある。特に木星の磁界は強力だ。金属水素の層の対流によるダイナモ効果でその磁界が作り出されていると考えられている。この磁界と太陽風によって起こるオーロラは木星や土星で観測されているよ。

おまけ 木星と土星の核の大きさと詳細な組成はまだわからないことが多い。

ヘリウムの発見と名前に隠されたひみつって？

地球で見つかったときのお話

ヘリウムはギリシア語で太陽を意味するヘリオスに由来。太陽光線に存在の証拠。

これでわかる！ 3つのポイント

太陽光線から新しいスペクトル線を発見

1868年、フランスのジャンセン、イギリスのロッキャーとフランクランドが、それぞれ独立に太陽光線のスペクトルを調べて、黄色の新しい線を発見。ロッキャーは、このスペクトル線が今まで知られている元素によるものではないとした。

ロッキャーが新元素をヘリウムと命名

ロッキャーは、この線がナトリウムの線のそばにあったので、太陽（ヘリオス）にある未知の金属元素によると考え、その元素をヘリウムと名づけた。そのときはまだ、地球上ではヘリウムは発見されていなかったよ。

〈元素の基本情報〉

2
He
ヘリウム
Helium
原子量 4.003
無色の気体

1895年イギリスのラムゼーがヘリウム発見

1890年にアメリカのヒレブランドがウラン鉱石から微量の不活性気体を得て、それを窒素とした。1895年、ヒレブランドの報告を読んだラムゼーは、クレーベ石（閃ウラン鉱や希土類元素を多く含む鉱石）から地球上で初のヘリウムを発見した。

おまけ 後日、ヘリウムは金属元素ではないことがわかった。

パーティ用声変わりグッズはヘリウムでできている!?

声のトーンを変えるお話

音波が速く伝わるヘリウムガス中では、周波数が上がり高い音や声になるよ。

これでわかる！ 3つのポイント

ヘリウムは空気より軽いので動きやすい

ヘリウムは水素の次に軽く（密度が小さく）、空気の約7分の1になる。密度が4分の1になると動きやすさは2倍になるから、7分の1のヘリウムでは3倍くらい動きやすい。

ヘリウムガス中では音波も伝わりやすい

音波が空気中を伝わって私たちの耳まで届くと音として感じる。音波の周波数が上がると高い音、下がると低い音。ヘリウムガス中では音波が速く伝わるので、それにともなって周波数が上がり、空気中よりも高い音や声に聞こえるよ。

〈分子量・動きやすさ〈分子平均速度 m/s〉〉

気体の種類	分子量	動きやすさ
水素	2	1900
ヘリウム	4	1300
ネオン	20	600
酸素	32	470
二酸化炭素	44	400

パーティ用声変わりグッズはどんなもの？

パーティ用声変わりグッズでは、ヘリウムに空気と同じ20 ％の酸素が加えられているよ。ヘリウムは無害だけど、声を変えようと純粋なヘリウムを吸うと、私たちの呼吸に必要な酸素を吸えないので気絶したり、窒息してしまいきわめて危険。

おまけ ヘリウム中で音の伝わる速さは毎秒972 m（空気中では毎秒340 m）。

他の物質と反応しないとなにがいいの？

他の物質と反応しないお話

ヘリウム原子は他の原子と結合をつくらない。原子一つひとつが、それぞれ安定。

これでわかる! 3つのポイント

ヘリウム原子は結合をつくらない!

前週の水素とちがって、ヘリウムは他の原子と結合をつくらない。ヘリウムでは電子が2つで、ちょうど電子殻がいっぱいになるからだよ。原子一つひとつがそれぞれ安定な気体分子として飛び回っているから、単原子分子というよ。

最先端の分野に欠かせないヘリウムガス

ヘリウム原子は他の原子と結合しないから、すべての物質と反応しない。これは、IT産業を支える半導体や光ファイバーをつくるとき、不純物の混入を防ぐのに役立つよ。ガスクロマトグラフィーという分析装置にも欠かせないガスだよ。

〈ヘリウムガスの使用例〉

1位	半導体製造	27 %
2位	光ファイバー製造	17 %
3位	分析装置用	15 %
4位以下	漏れ試験用、溶接用、バルーン・飛行船用、その他	

ロケット打ち上げや深海探索にも利用

安全なヘリウムガスは、その浮力で風船や飛行船を飛ばすのに使用。現在では、ロケット打ち上げ時の弁の開閉、ロケット燃料の冷却など、宇宙開発に利用されている。酸素とヘリウムの混合ガスは潜水病を起こさない深海潜水用に利用。

おまけ ヘリウムガスレーザーはレジでのバーコード読み取りに利用。

元素　「原子番号2」の週　月 火 水 木 金 土 日

読んだ!　月　日

ヘリウムも地球の引力をふり切って空のかなたへ!

宇宙規模で見えるヘリウムのお話

宇宙にある元素は、水素（71 %）、ヘリウム（27 %）、残りのすべての元素で2 %。

これでわかる! 3つのポイント

水素の次に軽いヘリウム

誕生直後の地球大気は太陽のように水素やヘリウムが主だったけど、軽い水素とヘリウムは地球の引力をふり切って宇宙空間へ逃げていった。現在の空気中に含まれているヘリウムはごくわずか（0.00052 %、5.2 ppm）。

宇宙では二番目に多いヘリウム

水素、ヘリウム、リチウムまでの元素は、ビッグバンのときにできた。宇宙全体では水素（71 %）、ヘリウム（27 %）で、残りのすべての元素で2 %にしかならない。

太陽の中でも二番目に多いヘリウム

太陽を構成する元素の中でも、水素（94 %）に次いでヘリウム（6 %）が多い。太陽では水素の核融合によってヘリウムができ、そのとき、膨大なエネルギーを出している。

〈環境中のヘリウム濃度〉

大気	0.0005 % （5 ppm）
地殻	5 ppb （空気中の1/1000）
海洋	4 ppt （地殻中のさらに1/1000程度）

おまけ　%：100分のいくら、ppm：100万分のいくら、ppb：10億分のいくら、ppt：1兆分のいくら。

一番冷たくなる「冷却液体」ヘリウムでなにができるの？

超伝導のお話

液体ヘリウムの沸点は−269 ℃で最も低い。超伝導の利用には欠かせない。

これでわかる! 3つのポイント

液体ヘリウムと超伝導磁石

1908年オランダのオンネスが、それまで誰も液化できず、永久気体といわれていたヘリウムの液化に成功。液体ヘリウムの沸点−269 ℃では、ある種の金属や化合物が超伝導状態になることが発見され、超伝導磁石がつくられるようになったよ。

超伝導磁石ってどんなもの？

電気抵抗が0の超伝導体でつくったコイルに、大電流を流すと超伝導磁石ができる。一度超伝導になると、極低温に保つ限り電気抵抗が0だから電気エネルギーを補充しなくてすむ。リニアモーターカーの開発などの分野に利用されているよ。

〈ヘリウムの性質〉

沸点	-269 ℃ (元素の中でもっとも低い)
凝固点	-272 ℃ (ただし高圧下)
反応性	なし

体内イメージ画像をつくる磁気共鳴画像診断

磁気共鳴画像診断（MRI）では、超伝導磁石の磁界中に人間を入れ、電波をあてて検査する。X線写真では写らない脳や内臓などの器官も、それぞれを明確に区別できるので、もしがん細胞でもあれば容易に診断がつくよ。

おまけ 世界で初めての超伝導は、液体ヘリウムで冷却した水銀（固体）で見つかった。

空気中の微量のヘリウムをどうやって入手するの?

〈天然ガスに含まれているお話〉

ヘリウムは天然ガスから生産。多くても天然ガス中に数%含まれる程度だよ。

これでわかる! 3つのポイント

ヘリウムは天然ガスから生産される

他の貴ガス同様、ヘリウムは空気中に含まれる(0.0005%)が、資源とするには濃度が小さすぎて採算が合わない。現在、ヘリウム資源として有望なのは天然ガス。外国の天然ガスには、多いもので数%(空気中の数千倍)のヘリウムが含まれる。

天然ガスの成分のヘリウムはどこから来る?

天然ガスは地殻中に貯まっている。地殻中に含まれるウランやトリウムの原子核が分裂するα崩壊という現象が起こると、ヘリウムができる(19日めを見てね)。ヘリウムは貴ガスの一員だから安定で、天然ガスにまじって地殻中に貯まったよ。

ヘリウムを2%も含むガスが出たガス井

1903年にアメリカのカンザス州で油田開発中に、1日あたり25万㎥ものガスがふき出すガス井を掘りあてた。ガスの成分を調べたら、ヘリウムが2%も含まれていた。地球上でのヘリウムの存在がわかってから数年後のことだよ。

〈ヘリウムの国別生産量〉

1位	アメリカ	9000万㎥(57%)
2位	カタール	4500万㎥(28%)
3位	アルジェリア	1400万㎥(9%)
4位以下	オーストラリア、ロシア、ポーランド(3国で6%)	

おまけ 1925年に、アメリカではヘリウム貯蔵施設を建設することを決めた。

ヘリウム・ショックやヘリウム危機ってなに？

戦略物資としてのお話

液体ヘリウムやヘリウムガスは欠かせないけど、すべて輸入にたよっているよ。

これでわかる! 3つのポイント

ヘリウムはすべて輸入にたよっている!

日本の天然ガスにはヘリウムがほとんど含まれないから、国内ではヘリウムを生産することができない。100 %輸入にたよっている。アメリカとカタールで9割のヘリウムが生産され、輸出されているよ（昨日のページを見てね）。

ヘリウム・ショックやヘリウム危機

ここ15年くらいは生産国のいろいろな都合で、ヘリウムが日本に入りづらくなっているよ。輸入量が減った上、値段も上がったから、今までのヘリウム利用施設では十分に使えなくて困っている。これがヘリウム・ショックやヘリウム危機。

〈ヘリウムの国内販売量推移（ガス換算／万㎥）〉

年	ヘリウムガス	液体ヘリウム	合計
2007	1,072	515	1,587
2012	831	312	1,143
2017	768	251	1,019
2022	606	220	826
2023	496	170	666

日本はどうしたらいいの？

これからはヘリウムを使い捨てにすることはできないよ。対策は、1.ヘリウムはできるだけリサイクルして使用。 2.研究機関、関連企業、政府は協力してヘリウム・リサイクルのための環境を整備。 3.ヘリウムの備蓄施設をつくる。

おまけ ヘリウムガスの約3割は半導体用。液体ヘリウムの約7割は医療MRI用。

リチウムってどんな金属？

3番リチウムのお話①

すべての金属中最も密度が小さく、水に入れると浮いて反応するよ。

これでわかる！ 3つのポイント

鉱石から発見されたのでギリシア語の「岩石」リトスにちなんで命名

1817年、スウェーデンのアルフェドソンがペタル石から発見。命名したのはベリセリウス。様々な岩石の成分として含まれており、地球上に広く分布している。リチウムは非常に高い反応性を持つため、自然界に単体では存在しない。

すべての金属中、原子量と密度が最小

すべての金属中、原子量が最小、つまり原子1個当たりの重さが最小。密度も最小。密度は水の半分程度。他の元素と結びついてリチウムイオンとして化合物になっている。単体のリチウムには腐食性があるため、非常に危険なんだ。

〈元素の基本情報〉

3
Li
リチウム
Lithium
原子量 6.941

柔らかい銀白色の固体

単体のリチウムは水と激しく反応する！

小さなかけらを水に入れるとリチウムは水に浮きながら反応し、水酸化リチウムになる。その際、水素を発生する。だから、リチウムを保管するには、水と接触しないように油やナフサ、気体のアルゴンなどに入れる必要があるんだ。

保管中のリチウム

おまけ リチウムの発見にはスペクトルで元素を識別する分光分析法が役立ったよ。

エネルギーを貯める！リチウムイオン電池の力

3番リチウムのお話②

小型でもたくさんの電気エネルギーを貯められるんだよ。

これでわかる！3つのポイント

リチウムイオン電池は乾電池よりも小型化しやすく、急速充電することもできる

リチウムが一番軽い金属のため、他の電池より軽量化しやすい。また、リチウムイオン電池は小型でもたくさんの電気エネルギーを貯めることができ、電圧も高いため、スマートフォンやドローン、電気自動車など多くのものに使われているんだ。

人類の歴史に残る大発明！

リチウムイオン電池を開発したことが認められ、日本の吉野彰は、アメリカのウィッティンガム、グッドイナフとともに2019年のノーベル化学賞を受賞した。それだけ人類に貢献する素晴らしい技術ということなんだね。

スマホに使われている
リチウムイオン電池

リチウムイオン電池が火災の原因になる？

リチウムイオン電池は強い衝撃・高温が原因となって発火することがある。使えなくなったリチウムイオン電池は、普通のごみと一緒に捨てたりせずに決められた方法で処分する必要があるんだ。

おまけ リチウムイオン電池が劣化すると内部でガスが発生し、膨張することがある。

びっくり！リチウムが薬になる!?

3番リチウムのお話③

「気分を安定させる薬」として使われているよ。

これでわかる！3つのポイント

リチウムは脳と脊髄というヒトの司令塔にあたる場所に作用する薬

脳と脊髄（中枢神経）は、体中から送られてきた情報を受け取り、適切な命令を送る部分なんだ。ヒトが怒ったり、喜んだりする感情も脳で感じているんだ。リチウムは中枢神経全体に作用して、感情の高まりを抑えるんだよ。

リチウムを多くとりすぎると副作用がある

「気分を安定させる薬」として使われているリチウムだけど、多くとりすぎると喉のかわき、手の震え、嘔吐、下痢などの副作用が出ることがあるので注意が必要だよ。

〈ヒトの中枢神経〉

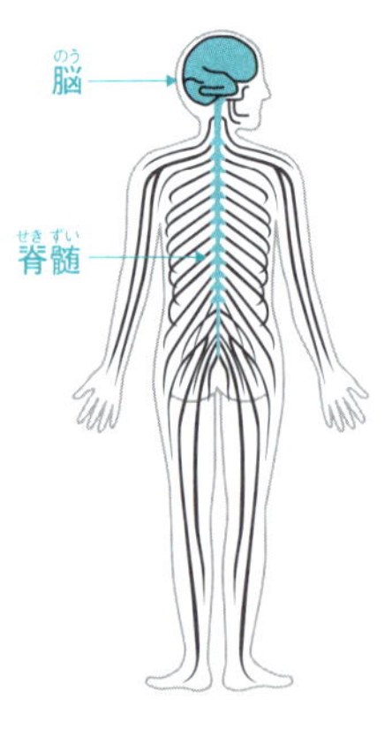

リチウムはどこから集められている？

リチウムは、薬やリチウムイオン電池で利用するため、たくさんの量が必要なんだ。リチウムはもともと鉱石から発見されたけど、現在は全ての生産量の約70 %は南米ボリビアのウユニ塩湖やチリのアタカマ塩湖といった濃い塩水から集めているんだよ。

おまけ リチウムは「白いダイヤモンド」とよばれるほど貴重なレアメタル。

ベリリウムってどんな金属なの？

4番ベリリウムのお話①

ベリリウムは非常に硬くて軽量なので様々な用途で使われているよ。

これでわかる！3つのポイント

1798年、フランスのボークランが緑柱石（ベリル）から発見

ボークランは緑柱石に未知の元素が含まれているのを発見。この化合物が甘みをもつことからギリシア語の「甘い」グリュキュスにちなんだ名前をつけたが、後にドイツのクラプロートがベリルからベリリウムとしたんだ。

リチウムに次いで軽く、強度が大きい金属

単体（金属ベリリウム）は軽くて硬いが脆い。しかし、高温になると展性・延性が増し、耐熱性に富み、機械的に丈夫なので、航空・宇宙関連に大切な材料だよ。また、表面に酸化被膜ができ、錆びたりしにくいんだよ。

強い毒性を持っているので注意が必要！

ベリリウムは銀白色の金属。粉末を吸い込むと急性や慢性の肺疾患となる。また、がんの原因となったり、皮膚が触れただけで炎症になるなど、わずかな量でも人体には有毒。取り扱いには注意が必要なんだ。

〈元素の基本情報〉

4
Be ベリリウム
Beryllium
原子量 9.012

銀白色の固体

緑柱石に不純物としてクロムが含まれると緑色のエメラルドに。

おまけ ベリリウムは舐めたら甘いことから最初は「甘い」を意味する名前がつけられたんだ。

原子
周期表
原子力
元素
科学史
宇宙
生物
光

ベリリウム銅はハイテクを支える!

4番ベリリウムのお話②

バネ材や工具、航空・宇宙関連などでも使われているよ。

これでわかる! 3つのポイント

銅とベリリウムの合金「ベリリウム銅」はバネ材や工具などに使われているよ

銅に0.2から2 %のベリリウムを合わせてつくったベリリウム銅は、銅の持つ「電気をよく通す」という性質に加えて強度が高く、粘り気が強い上に、磁性もないので、スイッチやリレー、コネクターなどの電子部品や電気を通すバネなどに利用されているよ。

史上最強の宇宙望遠鏡に使われているよ

ベリリウムの入った合金は軽量で強度が高い。このため、宇宙の始まりを観測するために打ち上げられたジェイムズ・ウェッブ宇宙望遠鏡の六角形の鏡18枚に使われている。この宇宙望遠鏡は地球から数十億光年離れた遠くの銀河の光を観測できる史上最強の性能を持っている。

ジェイムズ・ウェッブ宇宙望遠鏡

ベリリウムはX線を通す性質があるんだ

ベリリウムは、アルミニウムの17倍、かつて使われていたガラスよりもX線をよく通す。このため、レントゲン撮影装置のX線を出す「放射窓」という部品に使われているんだ。

おまけ ベリリウムを振動板に使ったスピーカーは、他のものに比べて高い音が出せる。

ホウ素はダイヤモンドの次に硬い?

5番 ホウ素のお話①

鉱物の硬さの基準(モース硬度)では、ダイヤモンドが10、ホウ素が9.2だよ。

これでわかる! 3つのポイント

イギリスのデービーとフランスのゲイ=リュサックとテナールが発見

1808年に2つのグループが独立にホウ素を単離した。元素名は、古くから利用されていたホウ砂のラテン語ボラクスに由来。英語名はデービーがボラシウムとしたが、後に炭素「カーボン」に似ているため「ボロン」と名付けられたんだよ。

ホウ素は金属と非金属の中間の半金属

単体のホウ素は融点と沸点が非常に高く、硬くて脆い。半導体の性質も示す。単体も化合物も耐火性に優れる。代表的な化合物であるホウ砂の水溶液はポリビニルアルコール入り洗濯糊とともに「スライム」づくりに利用されているよ。

〈元素の基本情報〉

5
B
ホウ素
Boron
原子量 10.81

黒色の固体

〈モース硬度〉

洗眼薬や殺菌剤として使われている

ホウ酸は、水に溶かしてその殺菌作用を洗眼薬や防腐剤、殺菌剤として利用。ホウ酸を米ぬかと混ぜた団子はゴキブリ退治やネズミ退治に使われている。さらにその死がいや糞を食べたゴキブリにも効果があるので駆除効果が高いよ。

おまけ 最も強力な永久磁石であるネオジム磁石の主成分は、ネオジム、鉄、ホウ素。

ホウ素の力でつくる耐熱ガラスのひみつ!

5番 ホウ素のお話②

ホウ酸（ホウ素の化合物）が入った「ホウケイ酸ガラス」は熱に強いガラスだよ。

これでわかる! 3つのポイント

ガラスを急に熱すると割れることがあるって、本当なの?

本当だよ。ガラスのコップに熱湯を入れた場合、熱湯に触れた部分が急激に膨張するけど、熱湯に触れていない部分はすぐには膨張しない。この一時的なコップの形の歪みにガラスが耐えられずに割れてしまうことがあるんだよ。

耐熱ガラスってどんなガラス?

通常のガラスの原料にホウ砂を混ぜて製造されるホウケイ酸ガラス。ホウ酸の含有率を高めることで熱膨張率が低くなり、高い耐熱性を持たせることができる。熱湯を入れたり、直接加熱しても割れにくいため、理科実験用のビーカーやフラスコなどにも使われているよ。

耐熱ガラスは熱に強いだけなの?

ホウケイ酸ガラスは温度変化に強いだけでなく強度も高いため「硬質ガラス」とよばれることもある。様々な薬品にも強いため、医療器具でも使われているんだ。

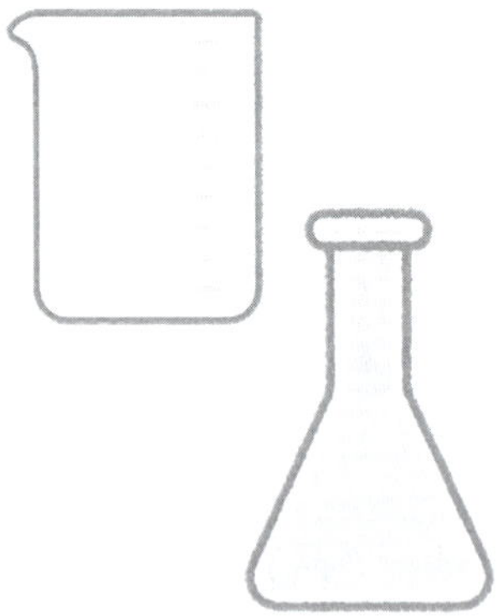

ビーカーと三角フラスコ

おまけ 耐熱ガラスをクレンザーで磨くと、表面に小さな傷がついて割れる原因となる。

読んだ!
月 日

炭素は古代から木炭として使われてきた!

6番炭素のお話①

炭素は古くから、木炭、黒鉛などが知られていたよ。

これでわかる! 3つのポイント

英語名カーボンは「木炭」を意味するラテン語「カルボー」から

1787年、フランスのモルボーがカルボーからカルボーヌと命名し、英語名のカーボンになった。木のむし焼きでできる木炭には、炭素が約75から90 %含まれる。木炭は古代から燃料の他、防腐剤、防湿剤、消臭剤などに使用されてきた。

極めて多様な形状をとる炭素の同素体!

1797年、ダイヤモンドが炭素の同素体（同じ元素だけど性質が異なる単体）と判明。炭素の同素体には、木炭などに含まれる無定形炭素、電気を通し薄くはがれて軟らかい黒鉛、フラーレン、カーボンナノチューブなどがある。

〈元素の基本情報〉

6
C
炭素
Carbon
原子量 12.01

黒色の固体（不定形炭素、黒鉛）

炭素化合物はまわりにいっぱい!

石油、石炭、天然ガス、天然繊維、化学繊維、プラスチック、医薬品、化粧品、食べ物の三大栄養素である炭水化物、タンパク質、脂肪は「有機物」(7日めも見てね) の仲間。人体のタンパク質や脂肪は炭素の化合物（有機物）だ。

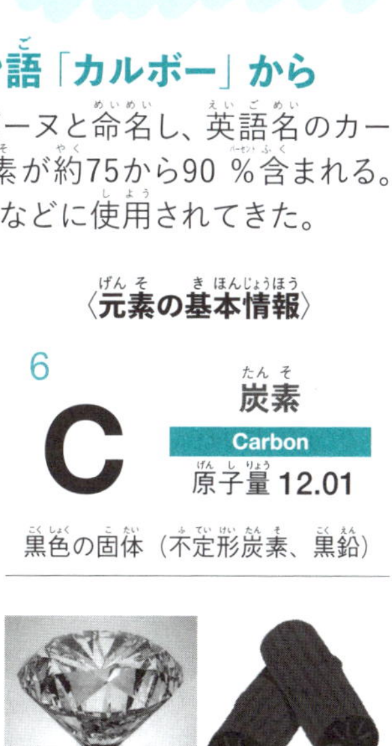

ダイヤモンドと木炭

おまけ 炭素は、宇宙で水素、ヘリウム、酸素についで4番目に多い元素。

鉛筆の芯はなにでできているの？

6番 炭素のお話②

「黒鉛」に粘土を焼き固めたものを芯にしているよ。

これでわかる！3つのポイント

黒鉛は鉛筆の芯や電極に使われているよ

黒鉛は軟らかくて物と物が擦り合うときの摩擦を減らす潤滑性や耐熱性が高い。鉛筆の芯の他、電気を通しやすいので各種電池やコンデンサー（キャパシタ）にも使われている。黒鉛は「グラファイト」や「石墨」ともよばれるよ。

鉛筆の芯に黒鉛を使うわけ

黒鉛は、金属の鉛とは無関係。黒鉛の結晶構造は六角形の網目状に並んだ 炭素原子の平面が重なったような巨大な分子（5日めも見てね）。その平面同士は弱い結合なのではがれやすい。はがれて紙にくっつくので書けるんだよ。

〈鉛筆で文字が書ける仕組み〉

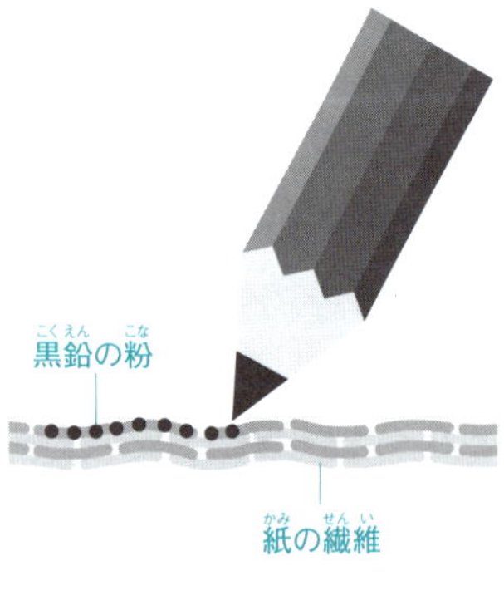

黒鉛が電気を通しやすいのはなぜ？

六角形の網目状平面では炭素原子1個あたり最外殻にある4つの電子のうち3個を結合に使用。残った1個は平面と平面の間を自由に動くことができるので、電気が流れやすいんだ。なお、ダイヤモンドは4個全部が結合に使われていて電気を流さない。

おまけ 鉛筆の芯の硬さは黒鉛と粘土の割合によって決まる。HBは黒鉛：粘土が7：3。

ダイヤモンドが輝くのはなぜ?

6番 炭素のお話③

屈折率が高いので、うまくカットすると入った光がみんな戻ってきてキラキラと輝くよ。

これでわかる! 3つのポイント

地下140～250 kmの深さのマントルの上部でつくられた

主にユーラシアやアフリカなど25億年以上前にできた古い大陸の上に産出。地下深くの高温高圧の状態でつくられ、一気に上がってきたマグマでできる。一気でないとダイヤモンドは融けたり、黒鉛に変わってしまうんだよ。

ダイヤモンドはダイヤモンドで切る

宝石に仕上げるとき、ダイヤモンドの粉末を使っているよ。その硬さや強度を活かして、石や金属を切断する道具や研磨剤として利用。身近では歯科で歯を削るのにも、使われている。

〈ブリリアントカット〉

ダイヤモンドの原石

ブリリアントカットのダイヤモンド

ブリリアントカットとは?

宝石としての魅力を引き出したのが、そのカット方法。入射した光が石の中で全反射して戻ってくるように計算されているんだ。また、屈折率が非常に高いため、中に入った白色光は内部でプリズムのように分光され、表に出てくる時には虹色にきらめくよ。

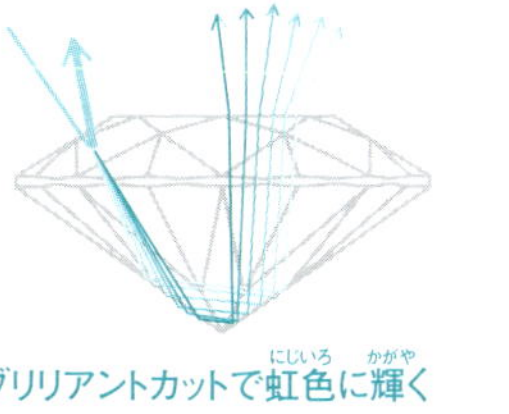

ブリリアントカットで虹色に輝く

おまけ ダイヤモンドは800 ℃以上の温度と酸素があれば、燃えて二酸化炭素になる。

フラーレンってなに？

6番炭素のお話④

フラーレンは、多くの炭素が結合したサッカーボールみたいな球形の分子だよ。

これでわかる！ 3つのポイント

サッカーボールみたいな球形のドームをデザインした人の名前が由来だよ

1985年、フラーレンはクロトー、スモーリー、カールの3名に発見された。この発見によって3人はノーベル化学賞を受賞したんだ。フラーレンは、同じようなつくりを持つジオデシック・ドームをデザインしたフラーにちなんで名付けられた。

日本人が発見、カーボンナノチューブ

1991年、フラーレンを研究していた日本の飯島澄男博士が、多くの炭素が結合して筒状になった、人の髪の毛の5万分の1の太さのカーボンナノチューブを発見、名前をつけたんだよ。実は、1971年、遠藤守信博士はカーボンナノチューブを電子顕微鏡で撮影していたんだ。

〈フラーレンとカーボンナノチューブ〉

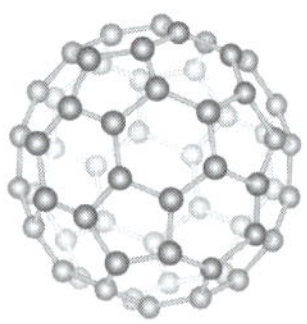

フラーレン

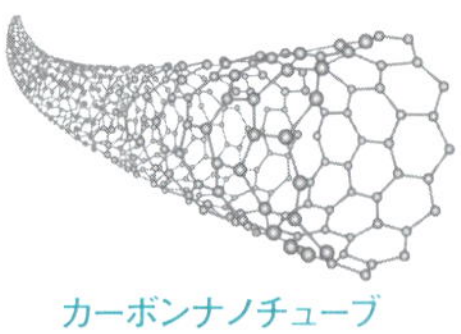

カーボンナノチューブ

優れた特性を持つカーボンナノチューブ

カーボンナノチューブは、密度がアルミニウムの半分程度で強度が鋼の約20倍。高い電気伝導性を持っているため、リチウムイオン電池やスポーツ用品など、様々な分野で使われている。

おまけ 日本の大澤映二博士はフラーレンが発見される15年前にその存在を予言していた。

有機物はエネルギー源としても使われるの？

6番炭素のお話⑤

生物の体をつくっているだけでなく、生活のエネルギー源にもなっているよ。

これでわかる！ 3つのポイント

生物が活動するための主なエネルギー源はブドウ糖だよ

植物は太陽の光のエネルギーを使って光合成をしている。光合成では無機物である二酸化炭素と水を原料に有機物であるブドウ糖がつくられる。ブドウ糖はデンプンとして蓄えられた後に、再びブドウ糖に分解されてエネルギーとして使われるよ。

受け渡される太陽エネルギー

大昔の動植物の死骸がもとになってできた石炭・石油・天然ガスなどは有機物。化石燃料とよばれている。大昔の生物をつくっていた有機物がさらに形を変えて化石燃料になり、それが人間生活に使われるエネルギー源になっている。

〈光合成の仕組み〉

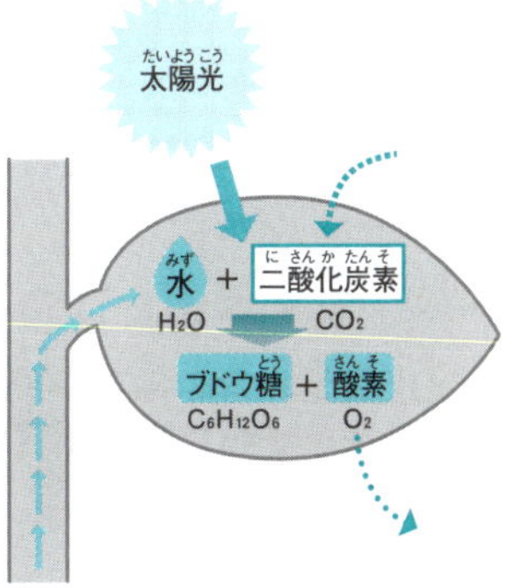

光合成せずに有機物がつくられる？

無機物から有機物をつくることができるのは、光合成だけではない。海底には300 ℃を超える熱水が噴き出す場所がある。その周辺の100 ℃を超える熱水中では、化学合成細菌が無機物から有機物をつくっているんだよ。

おまけ 石油が原料の発泡スチロール、食品用ラップなども有機物でできている。

原子
周期表
原子力
元素
科学史
宇宙
生物
光

なにがちがう？ 二酸化炭素と一酸化炭素

6番炭素のお話⑥

二酸化炭素と一酸化炭素は、炭素に結びつく酸素の数がちがうんだよ。

これでわかる！ 3つのポイント

二酸化炭素は「温室効果ガス」で、地球温暖化の最大原因とされている

大気中の温室効果ガスが原因で地球の平均気温は33 ℃上昇。温室効果ガスとしての寄与率は首位が水蒸気で48 %、次が二酸化炭素では21 %だ。特に大量の化石燃料の燃焼で短期間に増えた二酸化炭素が、地球温暖化の最大の原因といわれているんだ。

〈二酸化炭素と一酸化炭素〉

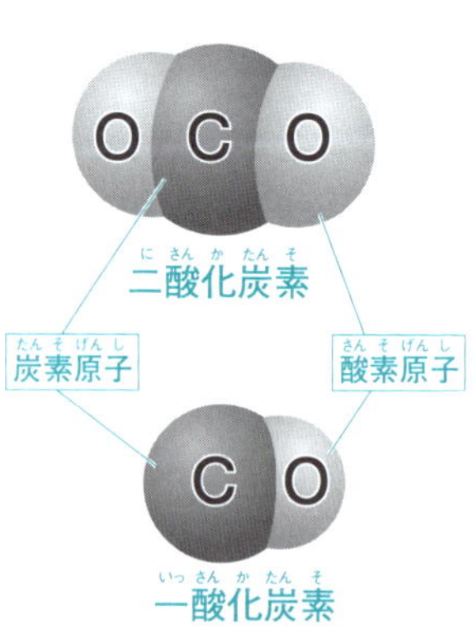

ドライアイスは二酸化炭素の固体だよ

アイスクリームなどを買うとついてくるドライアイスは-79 ℃で昇華し、固体から液体にならずに直接気体になる。だから「ドライ（乾燥した）」という名前がついているんだね。

一酸化炭素中毒に注意！

一酸化炭素は無色無臭の気体。少量であっても一酸化炭素を吸い込むと頭痛や吐き気、めまいなどの症状があり、重症化すると死に至る可能性がある。赤血球中のヘモグロビンに強く結合し、体内に酸素を運べなくなり中毒が起きる。

おまけ 炭酸飲料は二酸化炭素を溶かした飲み物。シュワっと出る泡は二酸化炭素。

なぜ大昔の物の年代がわかるの？

6番炭素のお話⑦

大昔の物に含まれている特別な炭素（炭素14）の量を調べると、年代がわかるよ。

これでわかる！3つのポイント

特別な炭素（炭素14）は不安定、放射線を出して他の元素に変わるんだ

炭素14は大昔からほぼ一定の割合で空気に含まれており、動植物は呼吸や食べ物を通して、空気中の炭素14を体内に取り込む。動植物が死ぬと、新たな炭素14は取り込めなくなるので、炭素14は徐々に減っていくんだ（17日めも見てね）。

炭素14は5730年かけて半分に減る

動植物の体内に残っている炭素14の割合が、自然界の半分になっていたら5730年前に死んだということがわかるよね。測定誤差はあるけど、こうやって年代を調べる方法が「放射性炭素年代測定法」とよばれているよ。

〈放射性炭素年代測定法のしくみ〉

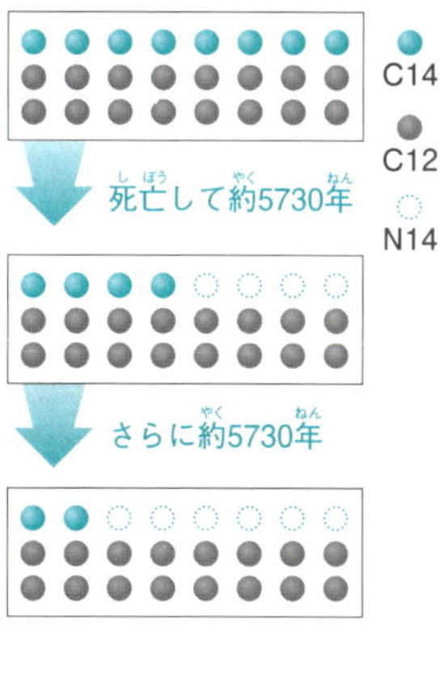

動植物以外のものでも年代はわかるの？

わかるよ。例えば、土器などについた植物の繊維や土器が見つかった同じ地層にあった動植物の化石などに含まれている炭素14の割合を調べると、その土器などがどれくらい前に使われていたのかが分かるんだよ。

おまけ 不安定な炭素14は、時間がたつと放射線を出して安定な窒素に変わる。

原子
周期表
原子力
元素
科学史
宇宙
生物
光

窒素ってどこにあるの?

7番 窒素のお話①

空気(乾燥)は窒素が約78 %、酸素が約21 %! 残りの約1 %はアルゴンだよ。

これでわかる! 3つのポイント

窒素は1772年、イギリスのラザフォードとスウェーデンのシェーレが発見

ラザフォードとシェーレは独立に、燃焼後の気体から二酸化炭素を除去、残りを「だめな空気」と呼んだ。これが窒素の発見とされる。同じ頃、キャベンディッシュも発見。発見者はラザフォード、またはラザフォードとシェーレとされる。

「窒息する」が語源じゃない英語名

「窒素」は「窒息させる」が語源のオランダ語に由来して、江戸時代後期につけられた。ドイツ語やスウェーデン語でも同様。英語名はギリシア語「硝石」ニトロンに「産む」ジェンをつけた。硝石は火薬や肥料の原料で窒素を含む。

窒素は液体空気から取り出せる

常温では気体の窒素も酸素も、低温にすると液体になる。液体の窒素は約−196 ℃で沸騰して気体に、酸素は約−183 ℃で沸騰して気体になる。この窒素と酸素の沸騰する温度の違いを利用して窒素だけを取り出すことができるんだ。

〈元素の基本情報〉

7
N
窒素
Nitrogen
原子量 14.01

無色の気体

シェーレ(左)とラザフォード(右)

おまけ 硝石は食品添加物として、チーズやハムなどに入っていることがある。

窒素ガスはなにに使われているの？

7番 窒素のお話②

安定性が高く、反応しにくいので、食料品や工業などに利用されているよ。

これでわかる！ 3つのポイント

窒素ガスは食品の品質を保つために用いられているよ

窒素ガスはスナック菓子やお茶、缶コーヒー、鰹節などの袋に詰められている。高い純度の窒素ガスを入れることによって食品が酸素や水分に触れることを防いでいる。酸化を防いで、食品の品質を保つことができるんだ。

電子機器の製造でも使われているよ

最先端の半導体の製造では、非常に精密な加工が行われている。原材料が酸化しないように、窒素ガスを吹きつけながら加工するなどの工夫がされているんだ。

〈窒素ガスの食品への使用例〉

安定性の高さが安全性に関係するよ

窒素ガスが他の元素と反応しにくいという安定性は、作業の安全性にも役立つんだ。以前は、金属を加熱して加工するとき、酸化を防ぐために石油系ガスやアンモニアが使われていたんだけど、段々と安全性の高い窒素ガスが利用されるようになっているんだ。

おまけ 金属を熱処理するとき、もっと高温になる場合などにはアルゴンが使われる。

無色透明!とても冷たい液体窒素

7番 窒素のお話③

−196 ℃の無色・透明な液体で、冷却剤に使われているよ。

これでわかる! 3つのポイント

−196 ℃の液体窒素はどんなところで利用されているの?

医療や工業、研究など、様々な分野で利用されている。例えば、血液や医療用の細胞の保存、皮膚治療、コンピュータなどの電子機器の冷却、食品の瞬間冷凍や輸送、低温物理学の実験、アイスクリームづくりなどに使われているよ。

科学実験、液体窒素で花びらを冷やすと?

液体窒素に花びらを入れると、まるで天ぷらを揚げるみたいにジューッという音を立てて、液体窒素は激しく沸騰する。液体窒素から取り出した花びらは、中の水分が凍っているので、手で触るとシャリシャリと割れるんだ。

〈液体窒素に花を入れると…?〉

液体窒素でいろいろな物を冷やす

二酸化炭素入りのポリ袋を液体窒素に入れると、さらさらの白い粉末状になる。酸素入りのポリ袋では淡い青色の液体(液体酸素)になる。液体酸素は強力磁石についてくる。エタノールを液体窒素に入れると固体になるよ。

おまけ 液体窒素は、爆発物処理をするときの冷却剤としても使われている。

タンパク質とアミノ酸の関係は？

7番 窒素のお話④

筋肉の主成分であるタンパク質は、アミノ酸が鎖状につながってできているんだよ。

これでわかる！ 3つのポイント

タンパク質は20種類のアミノ酸でできているんだ。

自然界には約500種類のアミノ酸がある。そのうち、様々な生き物のタンパク質を構成するアミノ酸は20種類だけなんだ。アミノ酸には窒素が含まれており、アミノ酸が鎖状につながってタンパク質になっているんだ。

体内で合成できないアミノ酸もあるよ

20種類のアミノ酸のうち11種類は炭水化物や脂肪をもとに体内でつくることができる。残りの9種類はヒトの体ではつくることができないため、食品として摂取する必要がある。このアミノ酸は「必須アミノ酸」とよばれているよ。

〈タンパク質とアミノ酸〉

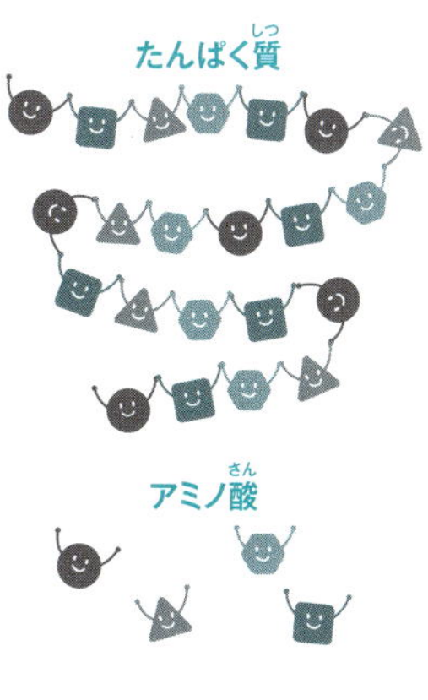

タンパク質は小腸で吸収される？

タンパク質はアミノ酸が50個以上つながった大きなものなので、そのままでは小腸の壁を通り抜けられない。肉、魚、卵、大豆などに含まれているタンパク質は、タンパク質よりずっと小さなペプチドに分解されて吸収されるんだよ。

おまけ 特別に偏った食生活でなければ必須アミノ酸が不足することはない。

肥料はアンモニアからできる?

7番 窒素のお話⑤

化学的に合成する農作物の肥料は、アンモニアを原料にしているよ。

これでわかる! 3つのポイント

アンモニアはどうやってつくるの?

窒素と水素を反応させてつくるハーバー・ボッシュ法が代表的。1906年、ドイツのハーバーとボッシュによって開発された。水素と窒素を高温高圧で反応させることで、大量のアンモニアを合成することができる方法。

肥料の三要素「窒素、リン、カリウム」

窒素は、植物の成長に重要な働きをするタンパク質の成分。窒素が不足すると葉や茎の生育が悪くなる。葉の色が黄色になることもある。化学的に合成される肥料には、アンモニアに入っている窒素が使われている。

〈ハーバー・ボッシュ法〉

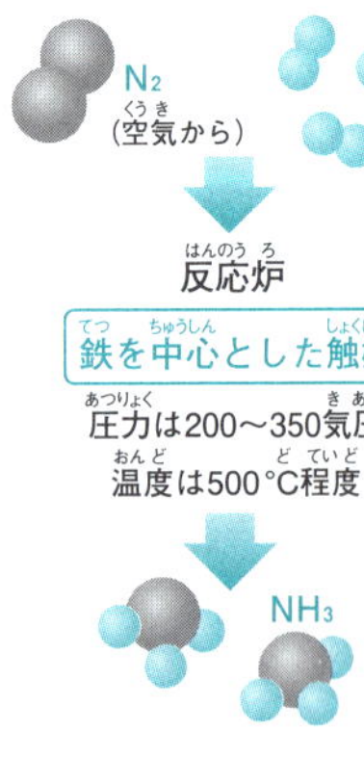

アンモニアが人口爆発を支えた?

19世紀末、人口増加による世界的な食糧不足が予想されていた。それを救ったのが、ハーバー・ボッシュ法だ。大量のアンモニアが合成されたことによって化学肥料が大量生産され、食糧生産量を急増させることができたんだよ。

おまけ 「うんち」や「おしっこ」をもとにした堆肥なども肥料として使われていた。

窒素酸化物ってどんなもの?

7番 窒素のお話⑥

窒素と酸素が結びついたもので、大気汚染の原因になるよ。

これでわかる! 3つのポイント

反応しにくい窒素が酸素と結びつくのは、どんな場合?

火力発電所や工場、自動車のエンジン内など、高い温度下では、窒素は酸素と結びついて窒素酸化物ができる。その他、ストーブや給湯器など身近なものによっても発生する。自然界でも雷や微生物によって窒素酸化物ができる場合があるよ。

窒素酸化物の性質は?

一つの窒素に一つの酸素が結びついた一酸化窒素と二つの酸素が結びついた二酸化窒素などがある。一酸化窒素も二酸化窒素も呼吸器などに毒性があるが、二酸化窒素の方が毒性が強く、高濃度になると死に至ることもある。

〈高い温度下(自動車のエンジン内など)〉

窒素は高い温度下だと酸素と結びつく。

窒素酸化物は大気汚染と関係がある?

窒素酸化物は太陽の紫外線を受けることによって光化学スモッグの原因となるオゾンを主成分とするオキシダントに変わるんだ。また、窒素酸化物は大気中で強い酸に変化し、これが雨にとけて酸性雨になるんだ。

おまけ 窒素の酸化物のことを、まとめて「ノックス」という。

原子
周期表
原子力
元素
科学史
宇宙
生物
光

ダイナマイトには なにが入っているの？

7番 窒素のお話⑦

ダイナマイトには爆発力のある ニトログリセリンが含まれているよ。

これでわかる! 3つのポイント

ノーベルは土木工事の安全性を高めるためにダイナマイトを発明した

ニトログリセリンは無色透明な窒素を含む有機物の液体。大きな爆発力があり、衝撃を与えると爆発するため、多くの人が事故で亡くなった。ノーベルはニトログリセリンを珪藻土にしみ込ませることで、安全に持ち運びができるようにしたんだ。

「死の商人」とよばれたノーベル

ノーベルは、爆発を安全にコントロールする雷管という装置も発明。ダイナマイトは強い破壊力を持っていたため、土木工事だけでなく戦争にも使われた。このため、ノーベルは「死の商人」とよばれることになったんだよ。

アルフレッド・ノーベル（1833～1896）

莫大な富を基金としてノーベル賞を設立

ノーベルはダイナマイトの発明により、莫大な財産を得ることになった。ノーベルはその財産を基金として「人類に最大の貢献をもたらした人々に贈る賞」としてノーベル賞を設立することを遺言に残したんだ。

おまけ ニトログリセリンは、心臓の発作を抑えるための薬としても使われている。

酸素は誤解から生まれた名前なんだ!

誤解から生まれた名前のお話

酸素は、ギリシア語で酸の源という意味。日本語は蘭学者宇田川榕庵が直訳。

これでわかる! 3つのポイント

酸素は燃焼の理論から名づけられた

フランスの化学者ラボアジェは、燃焼について科学的に正しい理論を打ち立て、1775年、ものが燃えるとき物質と結びつく気体を『酸素』と名づけた。ギリシア語のオクシジェネス(酸をつくるもの)に由来するよ(288日めを見てね)。

酸素はすべての酸の構成成分!?

ラボアジェが酸素と名づけたのは、硫黄の燃焼から硫酸が、リンの燃焼からリン酸が、それぞれできることから酸素こそすべての酸の構成成分と考えたからだよ。当時、酸素を含まない塩化水素(水溶液は塩酸)の構造はまだわかってなかった。

これに異議をとなえたイギリス人もいた!

イギリスでは『酸素』とよぶことに反対する声もあったけど、イギリスのダーウィン(進化論で有名なダーウィンの祖父)が詩をつくり、酸素という名前の普及に力をつくしたよ。日本語名の酸素は江戸時代の蘭学者宇田川榕庵が直訳したんだ。

〈元素の基本情報〉

8
O
酸素
Oxygen
原子量 16.00
無色の気体

おまけ ものが燃えるときなどに物質と酸素が結びつくことを「酸化」という。

読んだ!
月　日

酸化物ってなに？

様々な酸化物をつくる酸素のお話

ある元素と酸素の化合物が酸化物。元素のおよそ半分は酸化物として自然界に。

これでわかる！3つのポイント

酸化物ってなに？

ラボアジェが酸素と命名したとき、燃焼によってこの気体が他のほとんどの元素と化合物をつくることに注目したよ。物質が燃焼するとき、できる化合物はある元素と酸素が結びついているから、その元素の酸化物というよ。

酸素は地球上で最も多い元素！

地球の地殻をつくる岩石・鉱物の主な成分はケイ素の酸化物なので、地殻中で最も多い元素が酸素（50％）、二番目がケイ素（26％）。水も水素と酸素が結びついた化合物。海水などの水のうち重さの9割は酸素だよ。

〈酸化物の例〉

元素	酸化物の例
ケイ素	石英（二酸化ケイ素）
水素	水
炭素	二酸化炭素
鉄	さび（酸化鉄）
アルミニウム	アルミナ（酸化アルミニウム）

金属酸化物から酸素をのぞいた金属を利用

鉱山などから産出する赤鉄鉱（酸化鉄(III)）、金紅石（ルチル、二酸化チタン）、ボーキサイト（アルミナ、酸化アルミニウム）、赤銅鉱（酸化銅(I)）などの酸化物から酸素をのぞいた金属は、重要な資源。酸化物から酸素を除くことを「還元」というよ。

おまけ 石が燃えないのは、すでに酸素と結びついた燃えかすだから。

酸素の重要な使い道はなに？

様々な産業に使われる酸素のお話

酸素は私たち生物の命を保ち、工業分野、医療分野、水処理などに使われるよ。

これでわかる！3つのポイント

酸素の最大の用途は製鋼業で全体の55％

鉄鉱石を溶鉱炉で還元して取り出した鉄（銑鉄という）には、数パーセントの炭素や硫黄などの不純物が含まれる。溶解銑鉄の中に特別な注入装置で純酸素を高圧で吹き込むと、炭素分が減り、硫黄分が除去されて『鋼』になるよ。

化学工業用が二番目の用途で全体の25％

化学工業では、酸素は様々な用途で使われている。例えばエチレンを酸化してエチレングリコールという物質にすると、PETボトルの原料や、ポリエステル繊維などの原料になるよ。

〈酸素の用途〉

第1位	製鋼業 55％
第2位	化学工業 25％
第3位以下	医療分野、水処理、ロケットの打ち上げ、金属切断など

医療分野や水処理、その他の利用

病院では酸素吸入用にボンベに詰めたものを利用。河川や湖沼の水汚染対策には、定期的に空気を送り込み酸素をおぎなって水質改善を行う。その他、ロケット打ち上げ用や鉄鋼を切断する酸素−アセチレンフレーム（炎）などの用途もあるよ。

おまけ 河川水汚染の指標にはBOD（生物化学的酸素消費量）が用いられる。

初期の地球大気には酸素がなかった!

初期の地球大気と酸素発生のお話

地球大気中の酸素は、主に植物が二酸化炭素を吸収して光合成した産物。

これでわかる! 3つのポイント

原始大気は二酸化炭素、水蒸気、窒素!

地球は、赤ちゃん太陽の周囲を取り巻くガスとちりの雲の中から多数生まれた微惑星が、衝突合体して生まれた。誕生直後の地球大気は、主に微惑星の衝突により放出された二酸化炭素と水蒸気で、他に一酸化炭素、窒素などだったんだよ。

酸素はどこから来たの?

40億年ほど前に海ができると、原始大気中の二酸化炭素をたくさん吸収。海の中でシアノバクテリアという生物が誕生し、二酸化炭素を吸収し酸素を放出する光合成を行ったことで、効率よく酸素がつくられ始めたよ。

現在の地球大気ができるまで

5億年前になると最初の陸上植物が現れてさらに光合成がさかんになり、大気中の酸素は現在と同じくらいになっていった。生物に吸収された二酸化炭素中の炭素は、化石燃料や生物の殻からできる石灰岩として地中や水底にうもれていったよ。

〈大気中の酸素濃度の経時変化〉

10〜6億年前	3 %くらい
6〜4億年前	12 %
4億年前以降	20 %

おまけ 1 Lの水に30 mLの酸素が溶ける。

生物にとってなくてはならない酸素は毒にもなるよ！

呼吸に利用した生物のお話

酸素は生物に欠かせないけど、有機物を酸化してしまう毒にもなる。

これでわかる！ 3つのポイント

酸素が毒ってどういうこと!?

酸素は他の物質と結びついて酸化物にする。生き物をつくる有機物も酸素によって酸化され、細胞などが傷つくから、生き物の毒にもなる。人間が老化するのも、酸化力の強い活性酸素をうまくコントロールできなくなることが一因だよ。

酸素を使うことができるように進化した細菌

シアノバクテリアが光合成によって酸素を放出するようになると、細菌の中に酸素を使って効率よくエネルギーを取り出せるように進化したものが出現。その仲間（好気性細菌）に、アルファプロテオバクテリアがいたよ。

〈共生を示す系統図〉

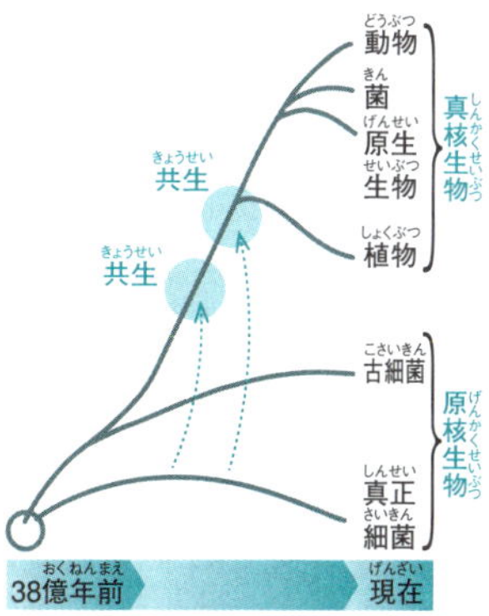

植物や動物の細胞がバクテリアをのみこんだ!!

20数億年前、アルファプロテオバクテリアが植物や動物の祖先の細胞にとりこまれ、消化されずに共生を始めた。この共生生物は、酸素を安全に使って大きなエネルギーを取り出すことができる、最初のものだったよ。

おまけ その後、細胞の中で共生を続けるうちにミトコンドリアになっていった。

液体空気から得られる液体酸素の奇ばつな性質!

純粋な酸素のお話

液体空気を蒸留して得られる液体酸素は淡青色で、強力な磁石につく。

これでわかる! 3つのポイント

酸素は空気から分離して手に入れる

酸素は空気から分離して得ている。一番効率がいいのは蒸留で、空気を−200 ℃以下に冷やして凝縮させた液体空気を、徐々に温度を上げていくと窒素（沸点−196 ℃）が先に気化するので、後に液体酸素（同−183 ℃）が残る。

非金属なのに液体酸素は強力な磁石につく!

酸素は非金属元素で無色無臭の気体だけど、冷却すると淡青色の液体酸素になる。この液体酸素は、ネオジム磁石などの強力磁石によって引きよせられること（常磁性という性質）が、1891年イギリスのデュワーによって発見されたよ。

非金属元素の酸素が強力磁石につく理由

酸素のこの奇ばつな性質は、酸素分子が極めてユニークな結合の仕方をするから現れる。分子中のそれぞれの酸素原子には1個ずつ、不対電子とよばれる活発な電子があって、そのはたらきで磁石についたり、青色になったりするよ。

〈酸素の性質と電子配置〉

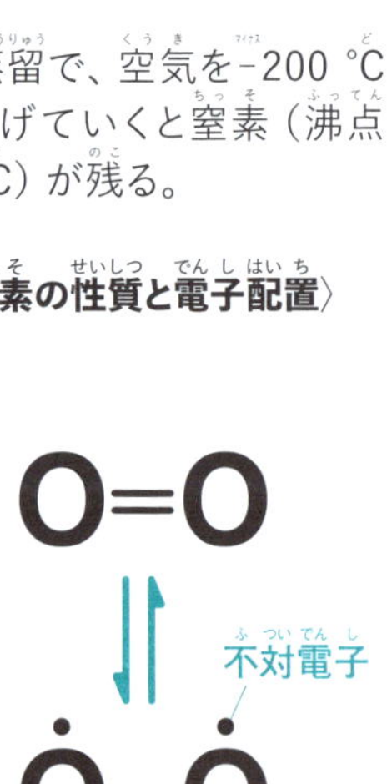

おまけ デュワーは、真空構造のデュワー瓶を使って研究に必要な液体酸素を蓄えた。

酸素の同素体、オゾンの層が生き物を守っている!

(オゾン層と生物の上陸のお話)

オゾン層は成層圏にあり、生物にとって有害な紫外線を吸収しているよ。

これでわかる! 3つのポイント

そもそもオゾン層ってなに?

酸素原子2個が結びついた酸素分子と、3個が結びついたオゾン分子は同素体。オゾン自体は生物にとって有害な気体だけど、10〜50 km上空の成層圏にオゾンの濃いところ（オゾン層）があって、有害な紫外線を吸収しているよ。

酸素とオゾンの関係はどうなっている?

成層圏では、太陽からダイレクトにふりそそぐ紫外線のエネルギーで、酸素分子がオゾン分子に変化する。一部のオゾン分子は、ふたたび酸素分子に戻る。このように生成と消滅を繰り返し、濃度が一定に保たれているよ。

〈オゾン濃度の垂直分布図〉

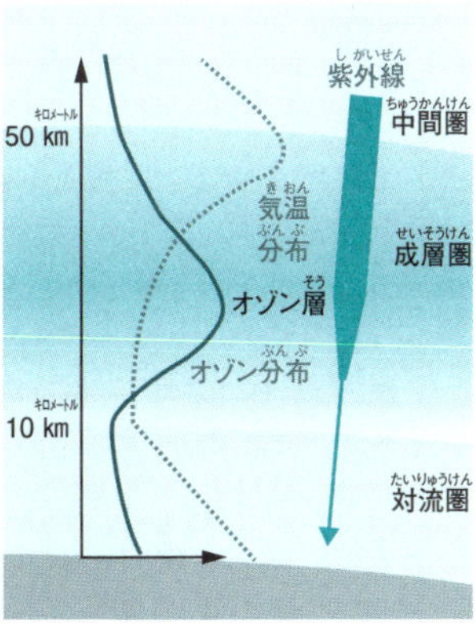

地上ではオゾンも危険な紫外線もほぼない

成層圏の酸素やオゾン層が太陽からの強力な紫外線を吸収してくれるおかげで、地上付近では酸素からオゾンになる変化はほとんどなく、有害な紫外線も届かない。オゾン層の紫外線吸収によって、そもそも生物は海から上陸することができた。

おまけ オゾン層を破壊するフロン（クロロフルオロカーボン）類は使用禁止になった。

フッ素は蛍石から名づけられた!

ハロゲンの一種、フッ素のお話

フッ素は、蛍石から名づけられた元素だよ。

これでわかる! 3つのポイント

中毒者・死亡者続出で困難を極めたフッ素の単離

19世紀、フッ素を取り出そうと試みたアイルランドのノックス兄弟は、そろって重病になった。ベルギーのルイエット、フランスのニクレは、フッ素の実験で相次いで死亡。イギリスのゴアは、わずかなフッ素の単体を得たものの、即座に爆発的な反応が起きた。

1886年、フランスのモアッサンが単離に成功

フランスのモアッサンは、フッ素化合物からなんとかしてフッ素を取り出そうとした。中毒で、片目を失明しながらも実験を続け、フッ素の単離に成功した。−50 ℃の低温中で、白金とイリジウム電極でフッ化水素を電気分解して、フッ素を得たよ。

蛍石からきた元素の英語名

フッ素が含まれる蛍石を、鉱石と一緒に入れて熱すると、溶鉱炉の残りかすが流れやすくなった。そのため、蛍石は、ラテン語で「流れる」を意味する「フルオ」を使い、フルオライトとよばれていた。フッ素の英語名も、そこから来ている。

〈元素の基本情報〉

9
F
フッ素
Fluorine
原子量 19.00

淡黄色の気体

母岩上にある蛍石

おまけ モアッサンの方法は、現在でもフッ素の製造に活用されている。

ほとんどの元素と反応するフッ素のすごさ!

なにとでも化合するフッ素のお話

フッ素は、自然界に普通に存在する元素で、いろいろな化合物があるよ。

これでわかる! 3つのポイント

ほとんどの元素と反応できる

フッ素は、反応性がとても高くて、ヘリウムとネオン以外のほとんどの元素と化合することができるよ。化合物は、フッ化物とよばれている。他の物質とほとんど反応しない貴ガスのアルゴン・クリプトン・キセノンとも化合物ができることが知られている。

蛍石はフッ化カルシウム

蛍石は、古くから製鉄の材料や、光学機器に重用されてきた。蛍石が製鉄の融剤に用いられる過程で、発光するため、それが蛍に例えられた。また、蛍石のフッ化カルシウムは、高性能レンズに活用されている。

〈蛍石レンズとガラスレンズ〉

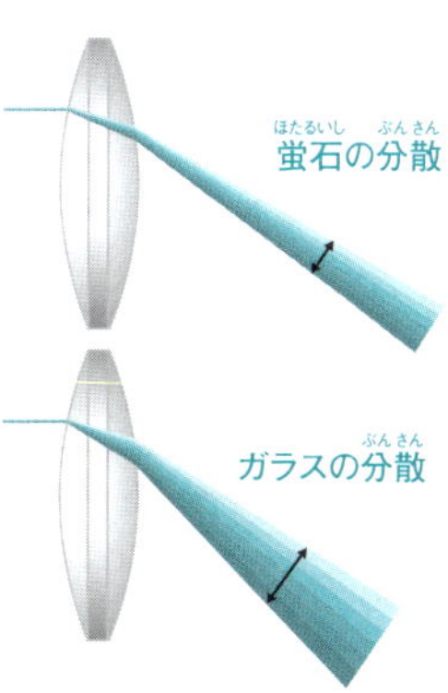

フッ化物は食品に含まれている

フッ素の化合物であるフッ化物は、多くの食品に含まれているよ。フッ化ナトリウムなどのかたちで含まれていて、毎日少しずつ食べている。特にお茶の葉に多く含まれる。フッ素は、歯や骨の石灰化を促すのに必要な元素だよ。

おまけ 世界の蛍石は、掘り尽くされる可能性がある。現在の産出量世界一は、中国。

フロンはオゾン層を破壊する!?

フロンとオゾン層のお話

塩素を含んだある種のフロンは、オゾン層を壊すことがわかったよ。

これでわかる! 3つのポイント

強い紫外線から守るオゾン層

地球の大気には、高度約10〜50 kmに成層圏があり、オゾン層はその成層圏の中間部分にある。地球の大気に酸素が増え始めた頃からオゾン層が形成され始めた。オゾン層は太陽の強い紫外線（UV）をカットするはたらきがある（105日めも見てね）。

広く使われたフロン

フッ素と炭素の化合物であるフロン（正式にはフルオロカーボン）は、冷媒や洗浄剤として広く活用されてきた。その中で、塩素を含むものが成層圏に達すると、オゾン層を壊してしまうことがわかった。1個の塩素原子は、10万個のオゾン分子を破壊すると考えられている。

〈フロンガスがオゾン層を壊すしくみ〉

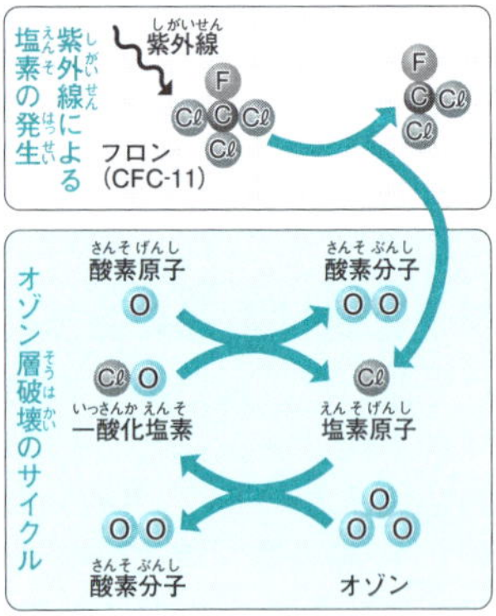

現在のオゾン層

1980年代、南極上空にオゾンの極端に少ない部分があることを、日本人が発見した。ある種のフロンの大量使用が原因とわかり、世界中で使うのをやめたら、オゾン層は復活してきた。

おまけ オゾンホールは、2050年頃までには減少し、オゾン層は回復するといわれている。

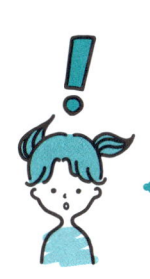

フッ素樹脂は生活に活用されている！

フライパンとテフロンのお話

フッ素樹脂ができて、焦げつきにくいフライパンができたよ。

これでわかる！ 3つのポイント

有機物の水素をフッ素に換える

有機物の中の水素をフッ素に置き換えると、有機フッ素化合物ができるよ。例えば、ポリエチレンの水素を、フッ素に置き換えると図のようになる。これがポリテトラフルオロエチレン(PTFE)だよ。テフロンとよばれる物質だ。

研究中に偶然発見

アメリカのデュポン社のプランケットは、1938年、エチレンの水素をフッ素に置き換えた気体のテトラフルオロエチレン(TFE)の研究をしていた。そのときに偶然、PTFEができていることを発見したよ。

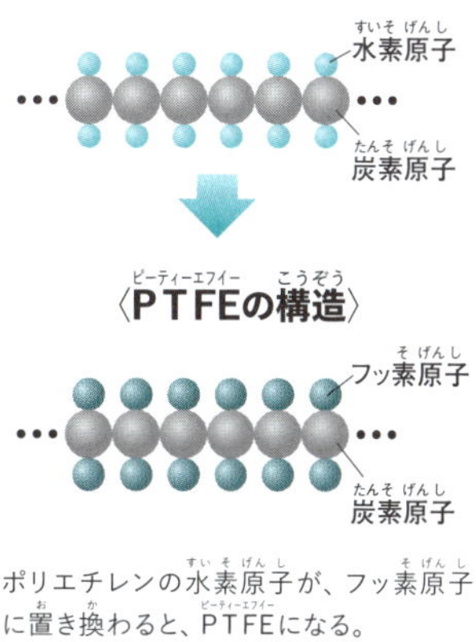

ポリエチレンの水素原子が、フッ素原子に置き換わると、PTFEになる。

塗り方の工夫で身近になった

テフロンは、熱に強く、他の物質とも反応しにくい。その性質のおかげで、焦げつきなどが起きにくい。反面、金属に塗って固定するのも大変だ。塗り方を工夫し、しっかりと金属表面にくっつけられるようにして、フライパンなどに塗ることができるようになったよ。

おまけ テフロンは、デュポン社の登録商標で、一般にはPTFEと呼ばれている。

皮膚にも浸透! フッ化水素酸

とってもこわいフッ化水素酸のお話

フッ化水素酸は、弱い酸だけどとても腐食性の強い酸で、皮膚も侵食する酸だよ。

これでわかる! 3つのポイント

フッ化水素酸は、フッ化水素の水溶液

蛍石に硫酸をかけると、フッ化水素が発生する。それが、水に溶けるとフッ化水素酸になるよ。フッ化水素酸は、ガラスも溶かす。ガラス瓶には保存できないので、うすければポリエチレン・ポリプロピレン、濃ければテフロン製の容器に保存する。

フッ化水素酸の利用

いろいろなフッ素化合物の原料になる。また、ガラスをとかす性質を利用して、温度計に目盛りを刻んだり、磨りガラスを製造したりするのに使われるよ。また、半導体製造や、ステンレス鋼・アルミニウムなどの酸化皮膜の除去にも利用される。

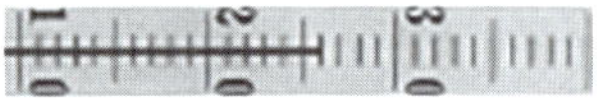

実験用温度計の目盛り

フッ化水素酸は、腐食性の酸

フッ素と水素は結合力が強いので、うすい水溶液では、弱い酸にしかならない。でも、皮膚に簡単に浸透し、少量付着しただけで、強い痛みとやけどの症状が出る。また、内部の骨や血液中のカルシウムとすぐに結合する。多く浸透すると骨はもろくなり、心臓も止まる。

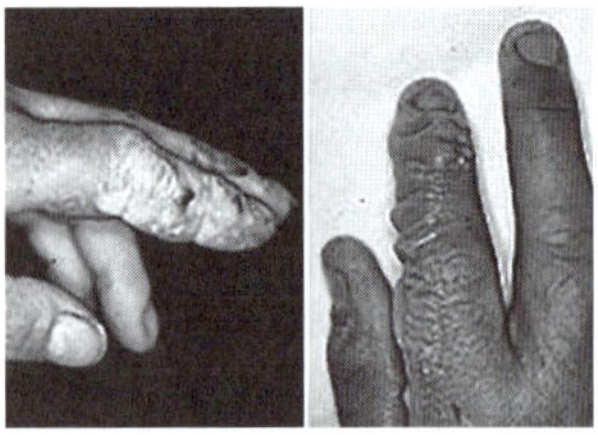

フッ化水素酸による薬傷

おまけ フッ化水素酸は、歯科での誤用や、輸送中の流出などの事故も起こっている。

歯科用に利用されるフッ素！

歯に塗るフッ化ナトリウムのお話

歯に塗るフッ素は、歯の石灰化を進めるためだよ。

これでわかる！ 3つのポイント

歯の脱灰

脱灰とは、口の中でできた酸によって、歯の表面のエナメル質からカルシウムが溶け出してしまうこと。だ液には、再石灰化といって、カルシウムが含まれていて元に戻すはたらきがあるけど、脱灰のはたらきが大きくなると、歯が溶けていってしまう。

フッ素で歯を強くする

そこで、フッ素の登場。フッ素を塗ると歯が強くなり、脱灰しにくくなる。また、再石灰化もすすめる。一回の塗布で永久に歯が強くなるわけではないため、定期的に歯に塗ることが必要だよ。特に子どもの歯には重要と考えられている。

〈フッ素を含む歯科用製品〉

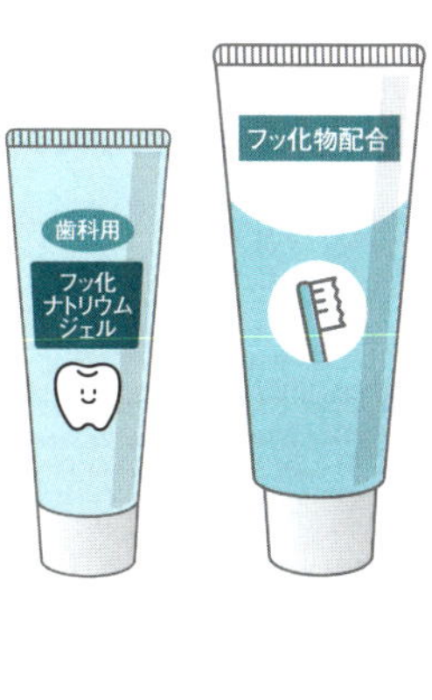

飲み込んでも大丈夫

歯に塗布されるのは、フッ化ナトリウムが多い。フッ化ナトリウムが胃に入ると、「フッ化水素ができてしまうから、フッ素塗布は不安」という声があるけど、濃度がとても低いから大丈夫だよ。

おまけ 歯医者の塗布剤は、市販されているものより濃度が濃く、効果が大きい。

PFASが及ぼす健康への影響って？

有機物とフッ素のお話

フッ素を含んだ物質、PFASの一部は健康への影響があるらしいことがわかってきた。

これでわかる！ 3つのポイント

PFASとはフッ素を含んだ有機物の総称

PFASとは、ペルフルオロアルキル化合物およびポリフルオロアルキル化合物の頭文字を取った言葉で、炭化水素の水素がフッ素に置き換わった物質などの総称だよ。テフロンで知られるPTFEも、PFASの一種だよ。

利用されてきたPFOSとPFOA

ペルフルオロオクタンスルホン酸（PFOS）は、水と油の両方になじみやすいため、塗料・めっき液の安定剤・泡消火剤・殺虫剤などに広く利用されている。ペルフルオロオクタン酸（PFOA）は、テフロン製造の添加剤・界面活性剤などに利用されている。

〈PFOSの構造〉

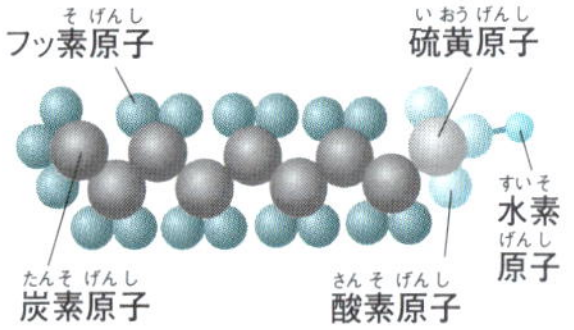

〈PFOAの構造〉

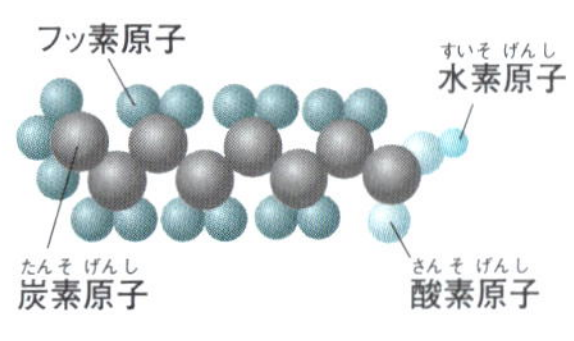

環境問題に発展

PFOSやPFOAは、自然界で分解されにくく、生物の体内に蓄積されることがわかってきた。PFOSやPFOAは水に溶けて環境中に存在するため、地下水に漏れ出した場合、人体へ蓄積されることがある。そこで、発がん性が指摘されるようになってきた。

おまけ PFOSやPFOAは、使用を減らそうと、各企業が取り組みを始めている。

ネオンの正体、なにに使われるの？

10番 ネオンのお話

空気中に0.002％（空気分子10万個に2個の割合）しかない貴ガスだよ。

これでわかる！ 3つのポイント

液体空気の中から発見！

空気中にごくわずかしかないネオンだけど、1898年にイギリスのラムゼーとトラバースが、冷やして液体にした空気を成分に分ける実験でネオンを発見したんだ。名前は「新しい」を意味するギリシア語の「ネオス」に由来するよ。

安定で反応しない

電子が10個のとても安定な原子で、ネオン原子同士でくっついて分子をつくることも、反応して化合物になることもないよ（28日めも見てね）。液体ネオンは−246 ℃なので、液体窒素や液体ヘリウムの代わりに使われることがある。

赤く光るネオンサインとレーザー

ネオンを少しだけ入れたガラス管に電圧をかけると赤く光るので、ネオンサインとして看板や広告に使われていたよ（338日めも見てね）。ヘリウムとネオンを混ぜて、赤いレーザー光線を出すのにも使われているんだ。

〈元素の基本情報〉

10
Ne
ネオン
Neon
原子量 20.18
無色の気体

〈液体の温度（沸点）〉

おまけ 最初に発見された同位体は^{20}Neと^{22}Neで、1913年のこと。

「ソーダ」は炭酸飲料ではない？

11番 ナトリウムのお話①

ナトリウム化合物の一部がソーダとよばれるんだ。

これでわかる！3つのポイント

古くから使われていたナトリウムの化合物

海水の主成分の塩化ナトリウムは食塩として古くから使われていたよ。古代エジプトのミイラづくりや洗濯には炭酸ナトリウムや炭酸水素ナトリウムを主成分とする「ナトロン」という鉱物が使われていたんだ。「ナトロン」がナトリウムの語源だよ。

英語ではナトリウムではなくソジウム

中世ヨーロッパではナトリウム化合物が頭痛薬に使われていた。「頭痛を癒すもの」を表すラテン語「ソダヌム」がソジウムの語源だよ。これをアラビア語では「ソーダ」とよんだんだ。「ソーダ」は炭酸飲料ではなかったんだね。

〈元素の基本情報〉

11
Na ナトリウム
Sodium
原子量 22.99

銀白色の固体

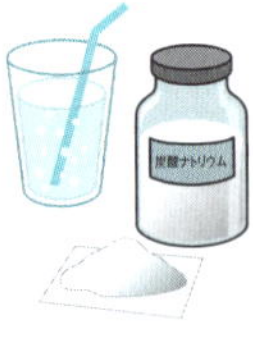

炭酸飲料と炭酸ソーダ

電気分解しないと得られない金属ナトリウム

単体のナトリウムが得られたのは1807年のこと。イギリスのデービーが高温にして融かした水酸化ナトリウムを、ボルタ電池を使って電気分解することで取り出したよ（溶融塩電解、295日めも見てね）。

おまけ 炭酸ナトリウムを炭酸ソーダ、水酸化ナトリウムを苛性ソーダと呼ぶことがある。

水と反応してドカン!

11番ナトリウムのお話②

単体のナトリウムは水と反応すると炎が出たり、爆発したりすることがあるよ。

これでわかる! 3つのポイント

とても反応しやすい

単体のナトリウムはチーズぐらいの硬さの金属で、ナイフで切れるよ。切り口は銀色で金属光沢があるけど、すぐに空気中の酸素や水蒸気と反応して、金属光沢はなくなってしまうんだ。酸素や水蒸気を避けるため、普通は灯油の中に保存するよ。

水と激しく反応

水に入れると激しく反応して、発熱しながら水素と水酸化ナトリウムが発生するよ。大きな塊だと、爆発し、黄色い炎を出して燃える。ナトリウムや水酸化ナトリウムが飛び散って、とても危険だ。

〈ナトリウムと水の反応〉

高速増殖炉「もんじゅ」の火災事故

原子炉の燃料に使えないウラン238を燃料に使えるプルトニウム239に変えつつ発電する「もんじゅ」。98～883 ℃で液体のナトリウムは、中性子を減速せず、熱を伝えやすいので、冷却剤に使っていた。しかし、液体ナトリウムが漏れて起きた火災（1995年）がきっかけで廃炉になった。

おまけ トンネルの橙黄色の照明はナトリウムランプ。LEDに置き換えられている。

塩って体にいいの？悪いの？

11番ナトリウムのお話③

ナトリウム元素は体に必要だけど、摂りすぎると害があるよ。

これでわかる！3つのポイント

塩化ナトリウム（食塩）に含まれるNa^+の働き

ナトリウムイオン（Na^+）は細胞の水分量を調整する。神経の情報伝達や筋肉の動作にも必要。不足すると頭痛やけいれん、疲労感、吐き気が起こり、長期的には死亡率が上昇。しかし、通常の食生活なら、汗をかきすぎたとき以外は心配ない。

摂りすぎは高血圧のもと？

食塩を摂りすぎると、水分バランスが崩れ、血圧が上がる。ただし、塩分の影響は個人差があり、全員の血圧が上がるわけではない。高血圧は脳、心臓、腎臓の病気の原因のひとつ。塩分を控えめにし、カリウムが豊富な野菜や果物を摂るとよい。

〈1日あたりの食塩摂取量の現状と目標〉

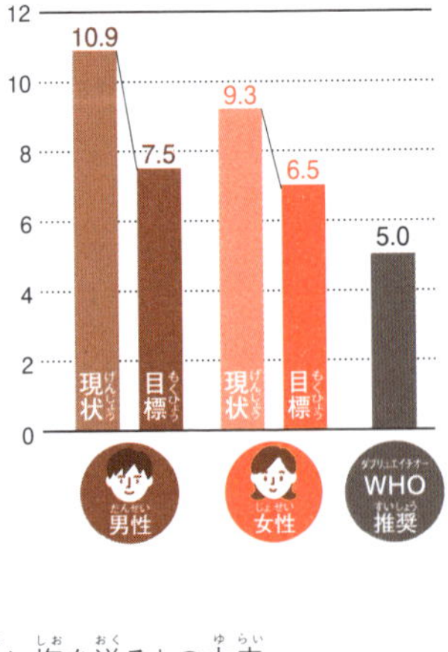

摂りすぎると死ぬこともある（食塩中毒）

食塩を大量に摂ると「食塩中毒」を起こすことがある。喉の渇き、頭痛、嘔吐、発熱、下痢が生じ、やがて意識障害を起こし、死に至ることも。体重30 kgの人の致死量は15～150 gとされる。食塩の過剰摂取は、長期的に胃がんのリスクも高める。

おまけ 上杉謙信が武田信玄に塩を送ったという伝承が「敵に塩を送る」の由来。

ナトリウム化合物はなにに使われる？

11番 ナトリウムのお話④

食塩以外でもいろいろ役立っているよ。

これでわかる! 3つのポイント

アルカリの代表選手 水酸化ナトリウム

水酸化ナトリウムは代表的な強アルカリ性の物質で、挙げはじめるときりがないくらいにいろいろなことに使われている。身近なところだと、排水管につまった髪の毛を溶かす洗剤に入っていたり、食用油から石けんをつくるときに使ったりするよ。

炭酸ナトリウムはガラスの原料

ガラスの原料の二酸化ケイ素の融点は1700 ℃ぐらい。炭酸ナトリウムを加えると、融点を1000 ℃ぐらいに下げることができるよ。炭酸ナトリウムを使ったガラスをソーダガラスとよぶよ。身のまわりのほとんどのガラスは、ソーダガラスだ。

ふくらし粉に使われる炭酸水素ナトリウム

炭酸水素ナトリウムは重曹とも呼ばれ、お菓子や蒸しパンのふくらし粉に使われるよ。重曹を加熱すると分解して二酸化炭素が発生するんだ。その二酸化炭素の小さなアワが熱で膨張して、生地がふくらむんだよ。入浴剤にもよく使われるね。

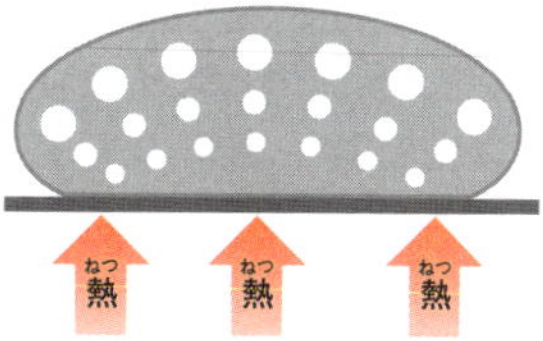

重曹の熱分解で発生したCO_2で生地は膨らむ。

おまけ ベーキングパウダーには、重曹と反応してガスを沢山出すために酸が加えてある。

原子
周期表
原子力
元素
科学史
宇宙
生物
光

金属だけど、明るく燃える!

12番 マグネシウムのお話①

他のアルカリ土類金属ほどではないけど、
反応しやすいよ。

これでわかる! 3つのポイント

語源はギリシアの地名「マグネシア」

ギリシアのマグネシア地方ではマグネシウム化合物を主成分とする「マグネシア石」が採れたんだ。1808年にイギリスのデービーが、マグネシア石からつくった酸化マグネシウムと酸化水銀の溶融塩電解でマグネシウムを取り出したよ。

反応しやすい金属

マグネシウムは銀白色でアルミニウムよりも軽い軽金属だよ。空気中の酸素と反応しやすく、空気中では表面が酸化されて灰色になってしまうんだ。高温では燃えやすく、空気中はもちろん、二酸化炭素や窒素の中でも燃えるよ。

〈元素の基本情報〉

12
Mg
マグネシウム
Magnesium
原子量 24.31
銀白色の固体

明るく光るマグネシウム

燃えるときにとても明るい白色光を出すことから、昔は写真を撮るときのフラッシュに、今も花火に使われているよ。常温の水とはあまり反応しないけど、お湯とは反応して水素を発生するから、マグネシウム火災のときには水をかけてはいけない。

おまけ マグネシウムを燃料や電池に使う研究もされている。

原子
周期表
原子力
元素
科学史
宇宙
生物
光

軽くて丈夫! マグネシウム合金

12番マグネシウムのお話②

メタルボディのノートパソコンやスマホに使われているよ。

これでわかる! 3つのポイント

マグネシウム合金の性質

密度が1.8 g/㎤でアルミニウムの2/3だよ。軽くて丈夫なので、鉄やプラスチックのかわりに使うことが増えている。マグネシウムにアルミニウムを3〜9 %、亜鉛を1 %加えた合金がよく使われているんだ。燃えやすい性質は弱まっているけど残っているから要注意。

マグネシウム合金の使用例

主に軽量化を目的として、飛行機や自動車の部品、ノートパソコンやスマートフォンなどの外装に使われている。リサイクルしやすいから、環境にもやさしいんだ。値段が安くなれば、もっとプラスチックのかわりに使われるかも?

マグネシウム化合物も多用途に

酸化マグネシウムは耐火材やセメント、制酸薬や下剤に、炭酸マグネシウムは消化剤やスポーツ用滑り止め、肥料に、硫酸マグネシウムは入浴剤や肥料に使うよ。塩化マグネシウムは豆腐をつくるときの「にがり」で苦味はMg^{2+}によるものだ。

マグネシウム合金の使用例

おまけ −234 ℃で超伝導を示す二ホウ化マグネシウムを実用化する研究が進められている。

地殻にたくさんあるのに取り出せなかった!

13番アルミニウムのお話①

ミョウバンは古くから使われていたけど、単体を取り出すのには苦労したよ。

これでわかる! 3つのポイント

アルミニウムの名前の由来

古代ギリシアやローマでミョウバンを「アルメン」と呼んでいたのがアルミニウムの名前の由来。ミョウバンはアルミニウム化合物で、布を染めるときの媒染剤、防火剤、皮なめし剤、濁った水を澄んだ水にする沈殿剤、制汗剤などに使われてきたよ。

アルミニウムの存在

アルミニウムは、地殻中では酸素、ケイ素の次に多くありふれた元素だ。18世紀後半にはアルミナ(酸化アルミニウム)としていろいろな石に含まれることがわかったよ。でも、酸素と強く結びついていて、単体にすることができなかったんだ。

アルミニウムの単離

1825年、デンマークのエルステッドが、塩化アルミニウムを単体のカリウムで還元する方法で、ようやく金属のアルミニウムを分離したんだ(296日めも見てね)。ただし、このときはほんの少量で、純粋なアルミニウムでもなかったらしい。

〈元素の基本情報〉

13
Al
アルミニウム
Aluminum(Aluminium)
原子量 26.98

銀白色の固体

1円玉とアルミホイル

おまけ 現在も、水道の浄水場ではアルミ化合物で濁った水を澄んだ水にしている。

昔は金より高かった!?

13番アルミニウムのお話②

ナポレオン三世がとても大切にしていたよ。

これでわかる! 3つのポイント

アルミニウムが貴重だった理由

エルステッドは高価な金属カリウムを使ったから、アルミニウムをほんの少ししか取り出せなかった。1854年にフランスのドビーユが、カリウムのかわりにもう少し安いナトリウムを使って、アルミニウムをたくさん取り出すことに成功したよ。

パリ万博で注目!

カリウムよりは安いナトリウムだけど、つくるには電気が必要で、やっぱり貴重な金属だったんだ。1855年のパリ万博では、アルミニウムの棒が、宝石で飾られた王冠の隣に特別に展示されて、注目を集めたんだよ。

1867年の第2回パリ万博で展示されたアルミニウム製の扇

ナポレオンとアルミニウム食器

アルミニウムが高価だった頃の話で、とても有名なのがナポレオン三世の食事会だよ。ナポレオン三世は、大事なお客さんにはアルミニウムの食器を、それ以外の人には金や銀の食器を使ったんだよ。アルミニウムは金以上に特別だったんだ。

おまけ 火山の中などでアルミニウム単体「自然アルミニウム」ができることがある。

アルミニウム大量生産のひみつ!?

13番アルミニウムのお話③

溶融塩電解で大量製造できるようになったよ。

これでわかる! 3つのポイント

アルミナ（酸化アルミニウム）の融点を下げる方法

溶融塩電解にはアルミナを高温で融かした液体が必要だよ。アルミナは融点が約2000 ℃もあるから難しかったんだけど、1886年にフランスのエルーとアメリカのホールが氷晶石を混ぜて、融点を約1000 ℃に下げることに成功したよ。

電気の缶詰

氷晶石を混ぜた溶融塩電解で、アルミニウムが安く手に入るようになった。でも、電気はたくさん必要なんだ。1トンのアルミニウムをつくるには、一般家庭の3～4年分の電力が必要だよ。だから、アルミニウムは「電気の缶詰」ともよばれるよ。

〈アルミニウムの製法〉

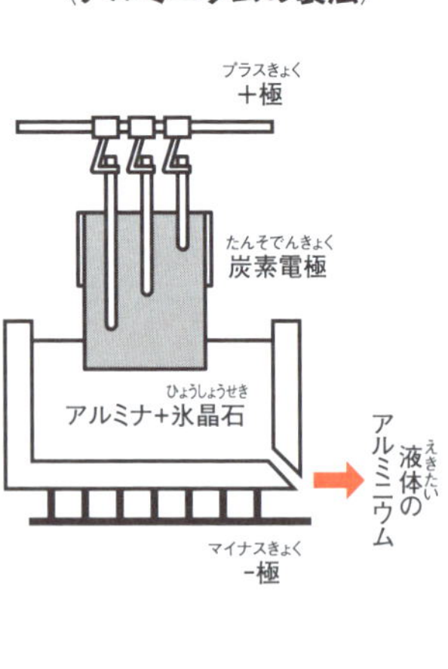

リサイクルの重要性

アルミニウムをリサイクルするとすごく少ない電気ですむんだよ。なんと、新しくアルミニウムをつくるときのたった3 ％のエネルギーでリサイクルができるんだ。資源も節約できて、ゴミも少なくなるから、地球のためにもいいことばかりだね。

おまけ 電気代が高い日本では、現在、アルミニウムの製錬を全くしていない。

アルミニウムのすごい特性と活用法！

13番アルミニウムのお話④

とても使い道が多い軽金属だ。

これでわかる！ 3つのポイント

熱を伝えやすい

アルミニウムは熱を伝えやすいから、アルミ鍋は短時間で温まるし、軽いから扱いやすいよ。でも、酸や塩分に弱いので、調理や保存のときは注意が必要。熱を伝えやすいから、エアコンやパソコンの熱を逃がす冷却装置にも使われているよ。

電気を通しやすく、光を反射する

アルミニウムは銀、銅、金の次に電気をよく通す金属。値段が安くて軽いので、高圧送電線に使われるよ。また、光をよく反射するから、割れない鏡やCD・DVDの反射層にも利用されるよ。保温シートに使われるのも赤外線を反射するからだ。

〈アルミ箔製造のようす〉

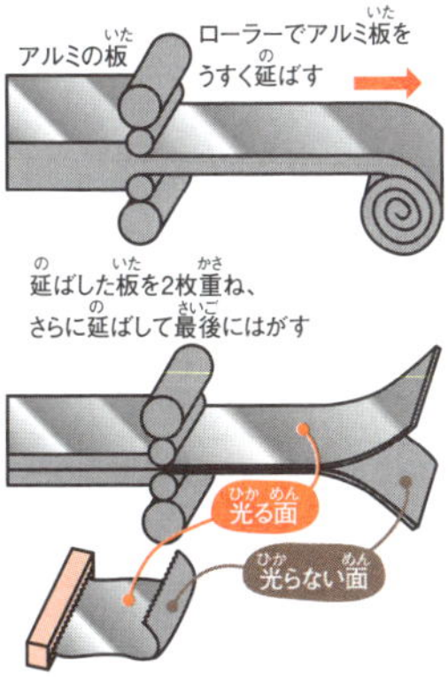
アルミの板
ローラーでアルミ板をうすく延ばす
延ばした板を2枚重ね、さらに延ばして最後にはがす
光る面
光らない面

薄く広がりやすい

アルミ箔（アルミホイル）は、食品の保存や包装に便利だ。空気や水、光を通さない性質があるから、チョコレートや錠剤の包装に使われているんだよ。なお、スナック菓子の袋には、アルミの蒸気をくっつけたフィルムが使われているよ。

おまけ アルミは低温で強くなるので、超伝導関係の装置や宇宙開発にも使われる。

キミの家にもアルミ製品がある!

13番アルミニウムのお話⑤

鉄より身近な金属かもしれないね。

これでわかる! 3つのポイント

1円玉やジュースの缶に使われるアルミニウム

アルミニウムはとても反応しやすい金属だよ。でも、表面が酸化されて皮膜ができ、それ以上は錆びたりしにくい。軽くて安いので、1円玉やジュースの缶に使用。酸には弱いから、ジュース缶の内側は薄いプラスチックでコーティングされている。

家の窓や建材に使われるアルミニウム

軽くて丈夫で錆びにくいから、窓枠や建材にもアルミニウムが使われる。普通はアルマイト加工して、さらに長持ちするようにしてあるよ（126日めも見てね）。毎日開けたり閉めたりする窓にも、アルミニウムの特性が活かされているんだ。

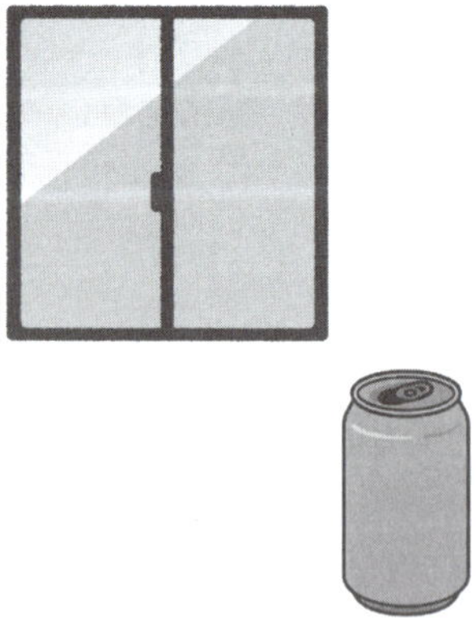

窓とアルミ缶

酸・アルカリの両方に溶ける!

強アルカリ洗剤を入れたアルミ缶が破裂する事故がときどき起こる。アルミニウムは酸にもアルカリにも溶けて、水素が発生するし高熱も出る。だから、アルミ容器に酸やアルカリを入れてふたをすると、破裂する可能性があって超危険!

おまけ アルミで酸化鉄を還元するテルミット反応は3000 ℃にもなり、レールの溶接に使われる。

軽くて丈夫なジュラルミンって？

13番アルミニウムのお話⑥

アルミニウムの長所を生かし、弱点をカバーしたすごい合金だ！

これでわかる！ 3つのポイント

ジュラルミンとは？

アルミニウムは軽くて加工しやすいけど、鉄に比べると弱い。でも、銅4%、マグネシウム0.5%を加えて合金にしたら、軽さはあまり変わらずに、鉄と同じくらい丈夫になったんだ。さらにマンガンを加えて改良したのがジュラルミンだよ。

ジュラルミンの活用

ジュラルミンの軽くて丈夫な特徴を生かして、飛行機、電車、自動車の部品に使われているよ。他にも金属バットなどのスポーツ用品や、現金を運ぶケースなどにも使われている。元のアルミニウムより錆びやすいのが弱点だよ。

ジュラルミンの使用例

その他のアルミニウム合金

ケイ素との合金はすり減りにくいからエンジン部品に、マグネシウムとの合金は海水に強いから船に使われている。ジュースの缶では、ふたにはマグネシウムとの合金、胴の部分にはマンガンとの合金が使用されることが多いよ。

おまけ ジュラルミンには、「ジュラルミン」「超ジュラルミン」「超々ジュラルミン」の3種類ある。

原子
周期表
原子力
元素
科学史
宇宙
生物
光

アルミを守れ! 強さのカギは酸化膜

13番 アルミニウムのお話⑦

アルマイト加工されたアルミニウムはとても丈夫だよ。

これでわかる! 3つのポイント

日本で開発されたアルマイト加工

アルミニウムは空気中の酸素と反応して、表面に薄い酸化膜ができるよ。この膜が中まで錆びるのを防いでくれるんだけど、薄い膜だから弱くて壊れやすいんだ。そこで、厚い膜をつくる「アルマイト加工」という技術が日本で開発されたんだよ。

アルマイト加工の方法

アルミニウムを酸性の液体に浸して+極につないで電流を流すと、表面に厚くて丈夫な酸化膜ができるんだ。ミクロな穴がたくさんあるから白っぽく見えるけど、好きな色をつけることもできる。表面は電気を通さなくなるのも特徴だよ。

〈アルマイト加工をした鍋〉

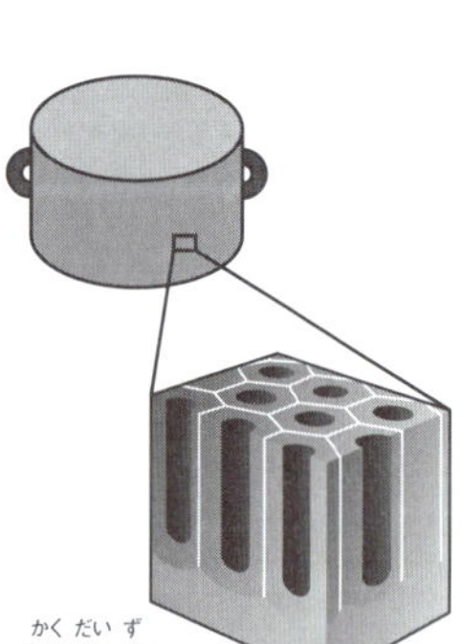

拡大図

アルマイト加工の活躍

アルマイト加工されたアルミニウムやアルミニウムの合金は、傷や錆に強くなるから長持ちするんだ。鍋、やかん、弁当箱みたいな日用品だけじゃなく、自転車のフレームや建物の窓枠、自動車のホイール、電車の車両にも使われているんだよ。

おまけ 濃硝酸にアルミをいれると、表面に酸化膜ができて溶けなくなる(不動態)。

地殻で2番目に多いんだ!

地表のケイ素のお話

ケイ素は酸素と結合し二酸化ケイ素として岩石に含まれているよ。

これでわかる! 3つのポイント

1823年、スウェーデンのベルセリウスが発見

フッ化ケイ素を金属カリウムとともに加熱して還元し、ケイ素の単体を初めて得た。英語の元素名シリコンはラテン語の「火打石」シレックスに由来する。一見すると金属に見えるが金属ほど電流が流れないし、もろいので「半金属」の仲間だよ。

地殻の4分の1はケイ素

地表から深さ15 kmまでの成分は、重さで1位 酸素49.5 %、2位 ケイ素25.8 %、3位 アルミニウム7.6 %、4位 鉄 4.7 %、5位 カルシウム 3.4 %と酸素が半分を占め、ケイ素が1/4もある。ほとんどの岩石はケイ素と酸素が主成分の鉱物集合体だよ。

〈元素の基本情報〉

14
Si
ケイ素
Silicon
原子量 28.09

灰色で金属光沢をもつ固体

溶岩の色と粘りを決める二酸化ケイ素の割合

二酸化ケイ素は別名シリカといい、鉱物石英の成分。石英の無色透明な結晶は水晶、石英が砂状になったものをケイ砂とよぶ。マグマに含まれる二酸化ケイ素が多いほど粘りけが大きくなり、溶岩の色は白っぽくなるよ。

おまけ シリカゲル（乾燥剤）も二酸化ケイ素からつくられる。

半導体の代表的な素材!

高純度になったケイ素のお話

ケイ素は入手が簡単で豊富、純度を高くでき、半導体としての性質をもつ。

これでわかる! 3つのポイント

ケイ素半導体でつくられるトランジスタ

1950年ごろから真空管ラジオは、小さく、消費電力が小さく、性能がよいトランジスタラジオに変わった。トランジスタは電気信号を増幅したりする働きを持つ。使う半導体は当初のゲルマニウムから熱に強く高性能なケイ素になった。

IC、LSIなどとして多くの電子機器に利用

ケイ素は単体でイレブンナインといわれる純度99.999999999 %にでき、さらにホウ素やリンなどを添加してN型およびP型半導体にできる。それらはトランジスタ、集積回路(IC)さらにコンピュータの頭脳(CPU)の重要な構成体になっている。

〈トランジスタのパッケージ〉

電気信号の増幅やスイッチング(入/切)を行う。

アメリカのシリコンバレーという地域

ケイ素に支えられた情報技術に関する先端技術企業が集まる米国カリフォルニア州北部の地域は、シリコンバレーとよばれ、ITや半導体企業が集まっている。シリコン(ケイ素の英語名)はハイテク情報産業の象徴になっているんだ。

おまけ シリコンの単結晶は直径が最大450 mmもあるよ。

水晶振動子（クォーツ）で正しく時をきざむ!

振動するシリコンのお話

クォーツ時計は水晶に電圧をかけて振動させ、正確な1秒をつくる。

これでわかる! 3つのポイント

水晶のふしぎな性質

石英（クォーツ）の無色透明な結晶は「水晶」とよばれ、水晶に力をかけて変形させると電圧が発生し、逆に電圧をかけると変形するというふしぎな性質をもっている。ベル研究所のマリソンとホートンがこの性質を利用して時計を発明したよ。

水晶振動子を使ったクォーツ時計

所定の角度でうすくカットした水晶に電圧をかけると1秒間に32768回振動する。電子回路でこの振動回数を15回2で割ると正確な1秒ができる。こうしてアナログ時計の秒針を動かすモーターやデジタル時計の液晶表示部に信号を伝えている。

〈水晶振動子〉

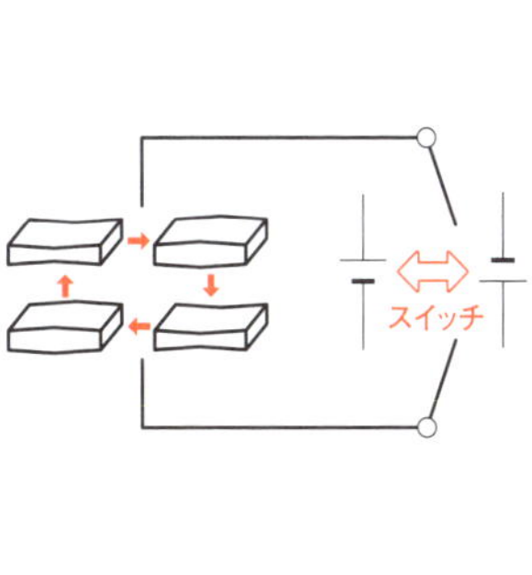

繰り返し発生する水晶の伸び縮みを水晶振動子に利用。水晶に＋または－の電界を交互に加えて振動させる（逆圧電効果）。

水晶振動子が機器どうしをつなぐ

パソコンなどのコンピュータでは、水晶振動子の信号がCPUの動作を制御している。スマートフォンや無線LAN、衛星通信といった通信機器では、水晶振動子の基準信号がデータの送受信を同期させ、データの誤送信や遅延を防いでいる。

おまけ 世界初の市販クォーツ腕時計は1969年に日本のセイコー社がつくったよ。

シリコン（ケイ素）とシリコーンはどうちがうの？

シリコーンのお話

シリコーンは、ケイ素化合物を主成分にする合成高分子のことだよ。

これでわかる！3つのポイント

シリコーンはケイ素からつくられる

シリコーンはケイ素と酸素が交互に繰り返し結合した自然界には存在しない高分子だよ。ちなみに、19世紀後半、実験室で合成されたシリコーンはシリコン（ケイ素）を構成元素とする有機ケイ素化合物のことなんだ。

オイル、ゴム、および樹脂の3つの基本形

シリコーンは非常に軟らかいものから硬いものまでつくることができ、液状のものをシリコーン油、ゴム状で弾性があるものをシリコーンゴム、樹脂状になったものをシリコーン樹脂という。耐熱性があるのでキッチン道具にも使われているよ。

−100〜250 ℃まで大丈夫

耐熱・耐寒・接着・はく離型・消泡・はっ水の性質を活用して、いろいろな製品に使われているよ。熱にも強いので電子レンジ容器や、汚れにくい、電気が通らない、毒性がないので自動車部品、医療器具、食品容器などに使われている。

〈シリコーンのコーティング剤〉

シリコーンは、油状、ゴム状、樹脂状などの形状のものがある。潤滑油、接着剤、コーティング材などに使用。

おまけ 髪の指すべりがよくなるようにシャンプーにシリコーンが含まれることがあるよ。

リンは錬金術師が発見した!

役に立つリンのお話

錬金術師ブラントがバケツ60杯の尿からリンをとりだしたよ。

これでわかる! 3つのポイント

1669年、ドイツの錬金術師ブラントが黄リン(白リン)を発見

ブラントは、「賢者の石」をつくろうと大量の人尿を収集し、煮詰めて濃縮。発生した蒸気が凝縮する様子を観察した。黄色のロウのような物質ができ、青白く光り出したんだ。ギリシア語で「光を運ぶもの」フォスフォロスから命名。

化学肥料の原料

化学肥料には窒素、リン、カリウムが含まれており、リンは開花や実の成る速度をはやめるんだよ。近年はリン酸アンモニウム肥料が多く使われている。農業や工業で利用しているリンはリン鉱石から得られているが、枯渇の危機にある。

殺虫剤の原料

1936年ドイツのシュラーダーが有機リン系殺虫剤としての有効性を見出した。パラチオンは強い殺虫力がある反面、人畜に強い急性毒性があったんだ。今は、低毒性のスミチオンをはじめ100種類以上が使われているよ。

〈元素の基本情報〉

15
P
リン
Phosphorus
原子量 30.97

固体。白リン(黄リン)、赤リンなどの同素体がある

おまけ 「賢者の石」は鉛などを金に変えるなどの働きがあるとされたが実在しないよ。

リンは生命に不可欠なんだ！

〔体内で2番めに多いリンのお話〕

リンは人体にわずか1.1 ％でも人にとって不可欠な元素だよ。

これでわかる！ 3つのポイント

体のどこにもある

リンはカルシウムに次いで2番目に多い体の中のミネラルで、成人の体内に約780 g含まれる。その85 ％が骨組織に、14 ％が軟組織や細胞膜に、1 ％が細胞外液にある。細胞膜は細胞の周りを覆い、主にリン脂質とタンパク質からできている。

体内のリンの85 ％は歯や骨にある

骨と歯は主にリン酸（水素とリンと酸素からなる）とカルシウムが化学的に結びついたリン酸カルシウムからできている。リンは食品に多く含まれ通常は不足しづらいけど、高齢者では骨中リンが減って骨粗鬆症になったりするよ。

〈骨の成分〉

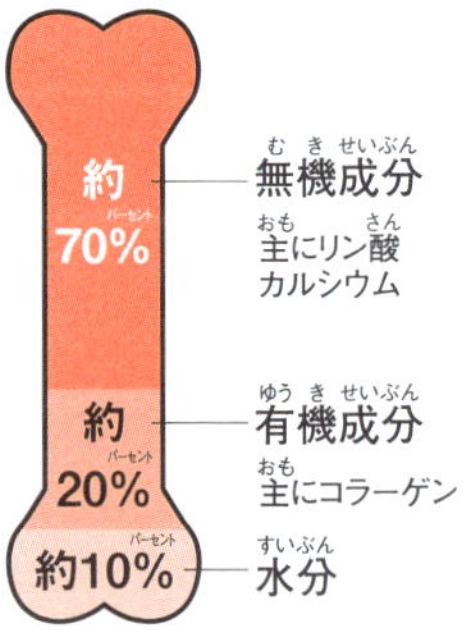

歯と同じ成分のリン酸カルシウムや皮膚などと同じような、コラーゲンという弾力性のあるタンパク質からできている。

エネルギー物質として

生体内でのエネルギー貯蔵物質の代表例はリン酸化合物のアデノシン三リン酸（ATP）。1分子のATPは3つのリン酸をもっており、リン酸が1つはなれるとエネルギーが生まれるんだ。細胞はこれを利用して、動いたり合成したり発光したりできるよ。

おまけ 健康な大人の場合、1年間で約1割の骨細胞が新しい骨細胞に置き換わるよ。

カラフル！同素体たち

十人十色のリンのお話

リン原子のつながり方で、白・紅・赤・紫・黒・黄色と色も違えば性質も違うよ。

これでわかる！3つのポイント

発火しやすく毒性のある白リン（黄リン）

白リンは自然に酸素と反応し発火するため水中に保存する。湿った空気中では発光し、これをリン光と呼んだ。ロウ状で猛毒性、ちょっとニンニク臭がする。実は、黄リンは白リンの表面が微量の赤リンの膜で覆われたものだよ。

マッチの箱の横に塗ってある赤リン

赤リンは比較的安全なので火をつけるマッチに使われているよ。軸木（マッチ棒）の先端に発火性のある頭薬（塩素酸カリウムや硫黄など）が塗られていて、側薬（赤リンなど）を塗った面にこすり火をつけるんだよ。

〈マッチとマッチ箱〉

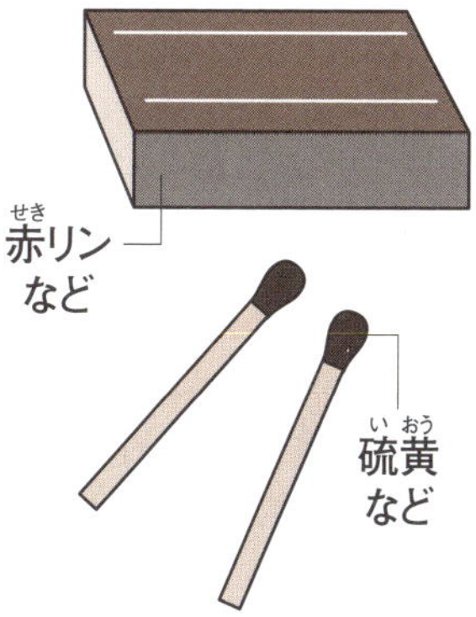

酸化物は乾燥剤や脱水剤に

リンを空気中で燃やすと、十酸化四リンの白色の固体ができる。これはとても水と反応しやすく、この性質を利用して脱水剤や乾燥剤として広く使われているほか、医薬品や農薬の原料としても利用されているよ。

おまけ 昔はマッチに白リン（黄リン）が使われたが、危険なため赤リンになった。

原子
周期表
原子力
元素
科学史
宇宙
生物
光

硫黄って火山で見かける黄色い石？

人類と硫黄の歴史のお話

硫黄は火山で産出。古くから知られていた。サルファーは火の源に由来。

これでわかる! 3つのポイント

英語名サルファーの由来は火の源!

硫黄は古くから人類に知られていた物質で、各地に名前がある。混合物と考えられていたが、1777年にラボアジェが硫黄を元素の一つとした。硫黄を表す英語のサルファーは、火の源を意味するラテン語のスルプルに由来。日本語の硫黄は中国から。

古代から硫黄は燻蒸剤、着火剤に

古代から硫黄は火山で産出。イタリア南部シチリア島のエトナ山が硫黄の最大供給源だった。容易に燃えるので、硫黄をぬりつけた木は着火剤に。燃焼ガスの二酸化硫黄は燻蒸剤、布地の漂白用、防腐剤としてワイン製造などに使われたよ。

硫黄にはいくつかの同素体がある!

硫黄の同素体は、まず、硫黄原子8個が環状に結びついた分子S_8になるもので、結晶形のちがいでアルファ硫黄、ベータ硫黄、ガンマ硫黄がある。自然界にあるものはアルファ硫黄。その他には、多くの硫黄原子が長く連なるゴム状硫黄など。

〈元素の基本情報〉

16
S
硫黄
Sulfur
原子量 32.07

黄色の固体

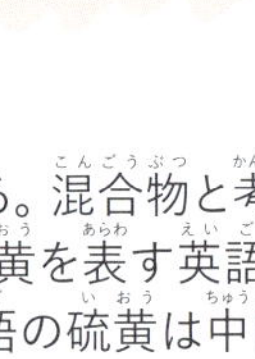

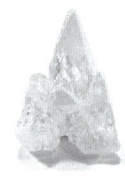

おまけ 日本にもかつて硫黄鉱山があり、硫黄は重要な輸出品だった。

硫黄は私たちの暮らしや健康に関わる!

〈硫黄と人とのかかわりのお話〉

二酸化硫黄や硫化水素は有毒だけど、硫黄は生物には欠かせない元素。

これでわかる! 3つのポイント

二酸化硫黄は大気汚染の原因物質!

生物中の硫黄や地中の硫黄化合物は化石燃料の石炭や原油中に混じり、その燃焼でできた二酸化硫黄が大気汚染の原因に。そのため石炭や石油から硫黄を取り除く装置が普及。人間が出す二酸化硫黄は減ったよ。集めた硫黄は、資源として有効利用。

火山や近辺の温泉で感じる硫黄のにおい

単体の硫黄はにおいがしない。火山やその近辺にわく温泉で硫黄のにおいを感じることがあるけど、においの元は硫化水素(高濃度は有毒)。硫黄泉の泉質は中性から弱酸性。湯の花などの硫黄化合物が混じって、にごり湯のことも多い。

生物は硫黄をアミノ酸の一部として利用

生物は生存のため硫黄が必要。硫黄は、メチオニンやシステインというアミノ酸の構成成分で、これらのアミノ酸はタンパク質に含まれ、また、タウリンに変化する。ネギ、タマネギ、キャベツの香り、ニンニクのにおいは硫黄の化合物。

〈硫黄化合物のいろいろ〉

酸化物	二酸化硫黄、三酸化硫黄
水素化物	硫化水素
有機物	アミノ酸の一部、アリシン(ニンニク)

おまけ 硫黄は空気中で青い炎を出して燃え、二酸化硫黄(気体)になる。

硫黄はどんなところで役に立っているの？

〔硫黄の産業利用のお話〕

硫黄は黒色火薬の原料、天然ゴムの改質剤、硫酸の原料として重要。

これでわかる！3つのポイント

黒色火薬のつくり方は重要な軍事機密！

950年頃中国で発明された黒色火薬は、銃弾や砲弾をうち出すのに欠かせないもの。原料粉末の木炭、硫黄、硝石（硝酸カリウム）の配合は軍事機密だったけど、1200年代にヨーロッパに広まった。威力の源は、黒色火薬の燃焼ガスの膨張力。

べたべたの天然ゴムを実用的なゴムへ！

天然ゴムは暑いとべたつき、寒いと硬くなる欠点があった。1839年、アメリカのグッドイヤーが天然ゴムと硫黄の混合物を加熱したところ、ゴムの構造を硫黄が結びつけ、べたつかない弾力のある実用的なゴムになった。天然ゴムの加硫というよ。

〈硫黄と硫酸の用途〉

硫黄の用途	黒色火薬、天然ゴムの加硫、硫酸・化学工業原料
硫酸の用途	リン酸肥料、鉄鋼のさび落とし、爆薬・洗剤・レーヨンの製造

触媒を使って二酸化硫黄を硫酸に変える

化学肥料や工業原料となる硫酸は、二酸化硫黄と空気中の酸素からつくられる三酸化硫黄（無水硫酸ともいう）を水に溶かしてつくる。カギとなるのは触媒で、五酸化バナジウム触媒に、空気と二酸化硫黄の混合ガスを通して三酸化硫黄をつくる。

おまけ 触媒を使って硫酸をつくる方法を接触法という。

塩素の発見と名前の由来はなに？

塩素の単体と塩素化合物のお話

食塩や塩酸は歴史が古いけど、気体の塩素がつくられたのは比較的新しい。

これでわかる！ 3つのポイント

単体の塩素は18世紀後半に発見

1774年、スウェーデンのシェーレによって単体で気体状態の塩素がつくられた。塩酸と二酸化マンガンを成分とする鉱物粉末を加熱したら、重い黄緑色の気体が得られたよ。塩素が元素単体だと証明したのはイギリスのデービー（1810年）。

英語の元素名はギリシア語の黄緑色から

英語の元素名クロリンは、ギリシア語で黄緑色を表すクロロスに由来。デービーが命名したよ。日本語の塩素は、蘭学者宇田川榕庵が食塩の成分という意味のオランダ語から翻訳したよ。塩素は刺激臭を持ち有毒。他の物質と反応しやすい。

〈元素の基本情報〉

17
Cl
塩素
Chlorine
原子量 35.45
黄緑色の気体

塩素化合物の代表は塩化ナトリウム

単体の塩素がつくられる以前から、塩素化合物は知られていた。塩化ナトリウム（食塩の主成分）は、ナトリウムイオン（陽イオン）と塩化物イオン（陰イオン）からなる。塩化水素（水溶液は塩酸、38日めを見てね）は、水素と塩素が結合している。

おまけ 塩酸は13世紀頃から塩の酸、塩の精、海の酸などの名前で知られていた。

毒ガス兵器にも使われたんだ！

塩素の軍事利用のお話

塩素ガスは呼吸器をおかす。第一次世界大戦で化学兵器として使われたよ。

これでわかる！ 3つのポイント

第一次世界大戦で毒ガス兵器として利用

第一次世界大戦さなかの1915年4月22日、ヨーロッパ西部、ベルギーのイーブルにおいて、ドイツ軍が170 tの塩素ガスを放出。塩素ガスは風に乗って運ばれ、英仏連合軍の塹壕に流入。死者5,000人、中毒者14,000人。

単体の塩素は猛毒!!

塩素ガスは猛毒。0.003 ～0.006 %の濃度で鼻やのどの粘膜をおかし眼や肺にも影響が出て、0.015 %になると血をはいたりのどに炎症を起こす。0.05 %となると呼吸困難で死亡することもある。0.5 %の濃度で5分さらされると命を落とすこわいガス。

〈第一次世界大戦頃に開発の塩素を含む毒ガス兵器〉

兵器の種類	特徴
塩素ガス (Cl_2)	窒息性
ホスゲン (CCl_2O)	窒息性
イペリット ($C_2H_4Cl_2S$)	びらん性
ルイサイト ($C_2H_4AsCl_3$)	びらん性

第一次世界大戦ではイペリットも

第3次イーブル戦で、ドイツ軍は硫黄と塩素を含む液体化合物、イペリット（別名マスタードガス）という毒ガス兵器を使用。ゴムの防護服でもしみこんで皮膚や粘膜をおかし（びらん性という）、死亡させる。蒸気もきわめて有毒な毒ガス兵器。

おまけ イペリットはマスタード（洋がらし）のにおいがする液体。

危険な塩素ガスも安全な水をつくるのに役立つ!!

塩素の殺菌作用のお話

塩素ガスや次亜塩素酸は上水道の殺菌処理剤やプールの消毒剤に使うよ。

これでわかる! 3つのポイント

塩素水溶液のひみつ!

塩素を水に溶かすと一部が水と反応して、次亜塩素酸（38日めを見てね）ができる。アルカリ性では次亜塩素酸イオンになる。これらは、細菌やウイルスを形づくる有機物の一部を酸化して二酸化炭素や水に変えてしまうから、殺菌作用を示すよ。

塩素で水道水を殺菌し感染症流行を止めた

1897年、イギリスのメードストーンという都市で初めて上水道の殺菌消毒に塩素を利用した。日本では1921年に東京と大阪で初めて塩素消毒が行われた。1945年に終戦をむかえると、常に塩素消毒を行うようになり、水からの感染症が減った。

〈塩素と水との反応〉

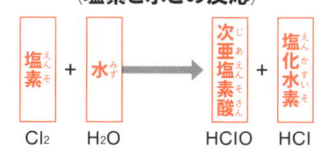

塩素 + 水 → 次亜塩素酸 + 塩化水素

Cl_2 + H_2O → $HClO$ + HCl

次亜塩素酸ナトリウムはプールの消毒剤にも

水酸化ナトリウム水溶液に塩素を吹き込むと、次亜塩素酸ナトリウム水溶液ができる。ウィルスや細菌類に対しては、うすめた水溶液でも強力な破壊力があり、家庭や病院でも安全に殺菌・消毒用に使える。プールの消毒剤にも使われているよ。

〈塩素と水酸化ナトリウムとの反応〉

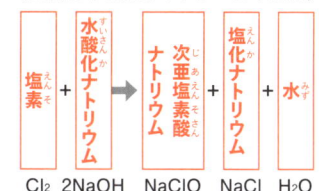

塩素 + 水酸化ナトリウム → 次亜塩素酸ナトリウム + 塩化ナトリウム + 水

Cl_2 + $2NaOH$ → $NaClO$ + $NaCl$ + H_2O

おまけ 体内に進入した細菌を攻撃するために白血球は次亜塩素酸を合成する。

ポリ塩化ビニル（塩ビ）ってなに？

ポリ塩化ビニルのお話

塩化ビニル分子がたくさんつながったポリマーがポリ塩化ビニル。

これでわかる！3つのポイント

ポリ塩化ビニルってなに？

原料分子（モノマー、モノは“1つの”という意味）が何千個もつながり合った長大な高分子のことをポリマーというよ。原料分子が塩化ビニルなので、できあがったポリマーが、ポリ塩化ビニル（略して塩ビ）というプラスチックだよ。

ポリ塩化ビニルはどうやってつくるの？

まずエチレンやアセチレンという有機物に塩素や塩酸を作用させて、原料分子の塩化ビニルをつくる。○○ビニルという分子には二重にかさなる結合があるから、その二重結合を利用して分子同士をつなげ、ポリ塩化ビニルにするよ。

〈ポリ塩化ビニルとポリ塩化ビニリデン〉

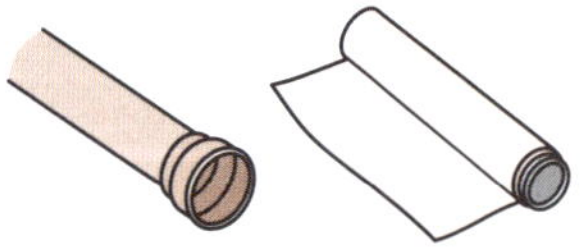

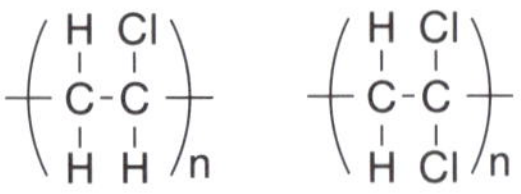

ポリ塩化ビニル　ポリ塩化ビニリデン

あらゆるところで使われている塩ビ製品

しなやかなラップフィルムやビニールレザーから塩ビ鋼板や塩ビ管のようなプラスチックまで、かたさのちがう製品がある。身のまわりではゴム手袋・長靴、プラスチック消しゴムなども。食品ラップには塩素2つのポリ塩化ビニリデンも使うよ。

おまけ ポリ塩化ビニルは、プラスチックの中でリサイクルが進んでいる。

「なまけもの」？アルゴン

18番アルゴンのお話①

アルゴンは、他の物質と極めて反応しにくいことから、名づけられた元素だよ。

これでわかる！ 3つのポイント

「なまけもの」という意味のアルゴン

アルゴンは、レイリー（イギリス）とラムゼー（イギリス）によって1894年に発見された。「アルゴン」とは、ギリシア語で「なまけもの。働かない」という意味だよ。アルゴンは、他の物質と極めて反応しにくいから、そのように名づけられた。

空気中で三番目に多いアルゴン

アルゴンは、空気中に0.93 %含まれている。1 m³の空気なら、なんと9.3 Lも含まれているよ。空気中で、4番目に多い二酸化炭素は、0.41 Lなので、アルゴンがいかに多いかがわかるね。でも、長い間その存在は知られていなかった。

他の物質と反応しにくいアルゴン

アルゴンが長い間見つからなかったのは、他の物質と極めて反応しにくかったからだよ。乾燥した空気から酸素や二酸化炭素を取り除いた気体と、窒素化合物からつくった純粋な窒素に、ほんのわずかな質量の差があることから発見したよ。

〈元素の基本情報〉

18
Ar
アルゴン
Argon
原子量 39.95

無色の気体

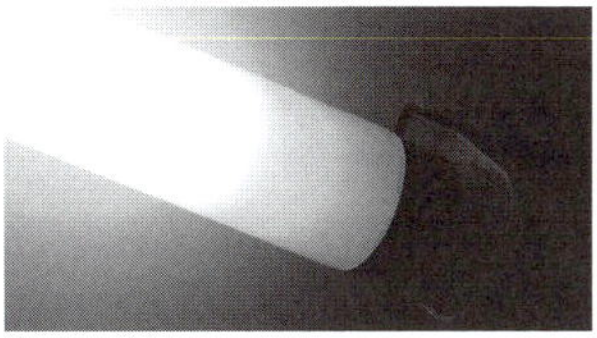

蛍光灯に封入されるアルゴン

おまけ すでに研究し尽くされていると思われた空気からの新元素発見は人々を驚かせた。

アルゴンは身近に活用されている！

（18番アルゴンのお話②）

実は、アルゴンは、溶接に一番活用されているよ。

これでわかる！3つのポイント

アルゴンは溶接するときに使われる

アルゴンは、アーク溶接するときの保護ガスとして利用されている。溶接作業をするときに、アルゴンを吹きつけて、酸素や窒素を吹き飛ばす。他の物質と極めて反応しにくいアルゴンが、酸素や窒素と溶接部分の金属が反応するのを防ぎ、溶接の強さが上がる。

蛍光灯や白熱電球に封入

蛍光灯や白熱電球の中には、アルゴンが封入されている。アルゴンが、フィラメントの気化を抑えることで、長持ちするよ。また、蛍光灯では、アルゴンが電離して、プラズマ状態になり、水銀の放電の開始を助けるはたらきもしている。

二重の窓ガラスに封入

二枚のガラスの隙間にアルゴンガスを封入すると、断熱効果が期待できる。これには、普通の空気より、アルゴンガスの方が熱を伝えにくいという性質が利用されているよ。

アーク溶接はアルゴンガスを吹きつけながら行う。

おまけ アルゴンは、空気を－200 ℃くらいまで冷やし、窒素や酸素と沸点の違いで分離している。

カリウムってなに?

19番カリウムのお話①

植物の灰から見つかったので、名前もそれに関係しているよ。

これでわかる! 3つのポイント

溶融塩電解で分離された、単体のカリウム

1807年、イギリスのデービーは、水酸化カリウムを電気分解して、初めてその単体を得たよ。カリウムは、「アルカリ」を意味するアラビア語からついた。英語のポタシウムは、草木灰を意味する「ポタシュ」で、もともとは壺の灰（ポット・アッシュ）からついた。

〈元素の基本情報〉

19	カリウム
K	Potassium
	原子量 39.10

銀白色の固体

草木を燃やしてできる灰

単体より古い化合物の利用

人類は昔から草木灰を調味料や肉の貯蔵、また土壌改良剤などに使ってきた。また、アルカリ性なので、洗剤としても使われたよ。カリウムを含む硝石やミョウバンも昔から利用されてきた。

単体の特徴

カリウムは、銀白色の金属で、とてもやわらかく、ナイフで簡単に切れる。リチウムに次いで、二番目に密度が小さい。水より密度が小さいため、水に入れると浮き、水素を発生して、紫色の炎をあげながら、水面を動き回る。

おまけ 水と激しく反応し、空気中の酸素とも反応するので、石油に浸して保存する。

激しく反応する! 危険ですごいカリウム

19番 カリウムのお話②

カリウムは、水との反応性がすごく高く、爆発的になるよ。

これでわかる! 3つのポイント

単体は不安定なカリウム

カリウムの原子は、一番外側に電子が1個だけあって、その電子は、いつもとれやすい。外側の電子がとれると、アルゴンと同じ構造になるため安定するんだ。だから、電子をほしがっているハロゲンなどの物質と化合物になって存在しているよ。

金属カリウムの強い還元力

カリウムが、新たな金属を電気分解で取り出した最初の例だよ。また、他の元素発見のときも、金属カリウムが持つ強いパワー（還元力）が、大いに活躍した。相手の酸素を奪ったり、相手に電子を与えたりする力が強い（310日めを見てね）。

〈水と激しく反応するカリウム〉

水にカリウムの小片を入れると激しく反応して燃える。

水に入れると激しく反応する

米粒くらいの小さいカリウムのかけらを、水に入れただけで激しく反応し、紫色の炎をあげる。大きいカリウム単体の塊だと、爆発を起こす。リチウム・ナトリウム・セシウム・ルビジウムの単体も同様に危険だ。

おまけ 水と反応し、爆発の危険がある物質を貯蔵する際は、「禁水」という表示が義務づけられている。

カリウム化合物は、どんなところに使われているの？

19番カリウムのお話③

カリウム化合物は、肥料・火薬・添加物など、いろいろなところで活用されているよ。

これでわかる！ 3つのポイント

草木灰に多く含まれる炭酸カリウム

植物はカリウムを多量に取り込んでいる。したがって、草や木を燃やした灰もカリウムの化合物を多く含んでいる。草木灰は、炭酸カリウムが多く含まれているため、即効性のある肥料として、昔から農業に用いられてきた。また、水溶液は強いアルカリ性になる。

原料になる硝酸カリウム

硝酸カリウムは、天然のものは硝石とよばれ、染料や肥料の原料として、広く使われてきた。また、酸化剤として、黒色火薬には、なくてはならない原料で、重要な戦略物資になった時代もあったよ。食肉を加工するときの、発色剤にも使われるよ。

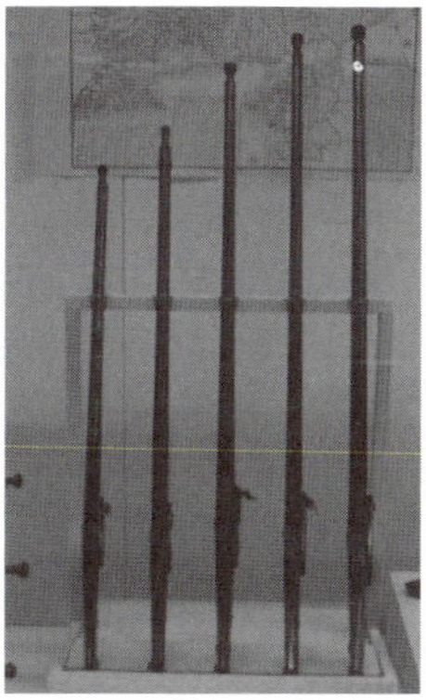

鉄砲には、木炭、硫黄、硝石を粉末にして混ぜてつくる黒色火薬を使用する。

猛毒だけど役に立つシアン化カリウム

「青酸カリ」ともよばれ、耳かき一杯分程度の量で、大人が死亡してしまうほどの猛毒の物質だ。しかし、水溶液が金や銀を溶かすので、鉱石や廃材から、金銀を取り出す時に使用したり、めっきの工程で使用したりする。

おまけ 熱帯地方などで行われる、焼き畑農業も草木灰を肥料に活用する農業。

私たちの体とカリウムは関係するの？

19番 カリウムのお話④

カリウムは、人の体の中で、機能の維持・調整に必須の元素だよ。

これでわかる! 3つのポイント

ほとんどカリウムイオン

私たちの体には、多くのカリウムが含まれている。体重70 kgの人なら、約150 gのカリウムが含まれているよ。細胞中の陽イオンは、ほとんどがカリウムイオンで、ナトリウムイオンと一緒に、神経の信号の伝達に深く関わっている。

人体とカリウム

神経の信号伝達の他にも、体内で、さまざまな器官の機能調整、タンパク質の合成、浸透圧の調整など、生理的な活動全般に広く関わっている。カリウムが足りなくなると、下痢・嘔吐、筋肉の麻痺、呼吸障害など、重い病気を引き起こしてしまう。

カリウムは食品から摂取できる

体に必須のカリウムは、通常、食品から摂取することができる。多い食品の例は、アボカド・イモ類・バナナ・野菜などで、普通の食事からの摂取で十分足りている。日本人の成人が一日にとるカリウムは、野菜からとる場合が最も多い。

〈カリウムが多く含まれる食品〉

おまけ 多すぎるカリウムは、腎臓で排出されるようになっているので大丈夫。

原子
周期表
原子力
元素
科学史
宇宙
生物
光

カリウムには放射性がある!

19番 カリウムのお話⑤

カリウム原子のなかには、放射線を出すものがあるよ。

これでわかる! 3つのポイント

放射性カリウム

自然のカリウムには、中性子の数が20個、21個、22個の同位体が存在する。それぞれ、カリウム39、40、41とよばれている。多いのがカリウム39と41で、この2つは安定している。それに対して、カリウム40は不安定で、放射線を出す放射性カリウムだよ。

自然に食べている放射性カリウム

カリウム40は、そこら中にあって、食品の中にも含まれている。したがって、私たちは自然に放射性カリウムを食べている。体重70 kgの人なら、全部で約150 gのカリウムの内、0.01 %にあたる15 mgが放射性カリウムと考えられる。

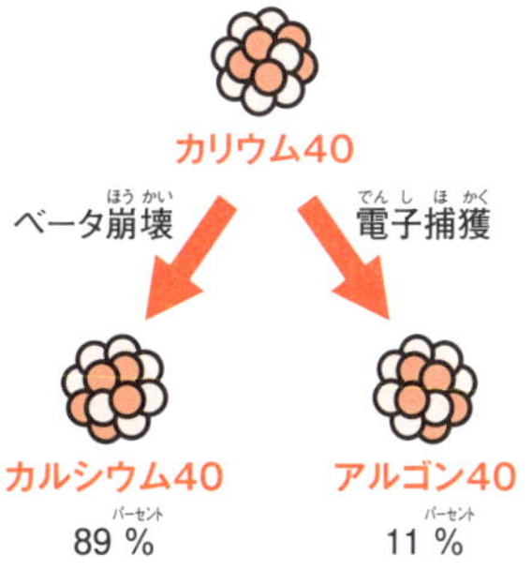

放射性カリウムはカルシウムやアルゴンの原子に変化する。

最大の内部被ばくの原因

放射性カリウムは、人体に取り込まれるため、細胞内にとどまってそこで放射線を出しているよ。最大の人体内部の被ばく原因だよ。カリウム40による体内被ばく量は4000ベクレル、年間だと0.18シーベルトになるよ。

おまけ カリウム40は、年代測定のカリウム-アルゴン法に使われている。

148日め

元素　「原子番号20〜22」の週
月 火 水 木 金 土 日

読んだ!
月　日

カルシウムの名前の由来はなに？

カルシウムの名前のお話

ラテン語で「石灰・石灰岩」という意味のカルクスが語源だよ。

これでわかる! 3つのポイント

ラテン語のカルクスが語源

カルシウムというのはラテン語のカルクスが語源と考えられているんだ。これは「石灰・石灰岩」を意味しているんだ。カルシウムをたくさん含んでいる石灰石を、昔の人も建築材料や肥料として使っていたからだよ。さらにさかのぼると、ギリシア語の「小石、砂利」にいきつくようだよ。

色々なものに含まれるカルシウム

牛乳を飲んで、骨を丈夫にしようという話を聞いたことがあるよね。たしかに牛乳にも骨にもカルシウムが含まれているんだ。でもこれらはカルシウムの化合物で、カルシウム元素は銀白色の柔らかい金属なんだよ。

反応性の高いカルシウム

カルシウムは反応性が高く、自然界には純粋な状態では存在しないんだ。1808年、イギリスのデービーが、生石灰を電気分解して金属カルシウムを初めて単離したよ。それまで石灰は単一の元素からできていると考えられていたんだ。

〈元素の基本情報〉

20
Ca
カルシウム
calcium
原子量 40.08

銀白色の固体

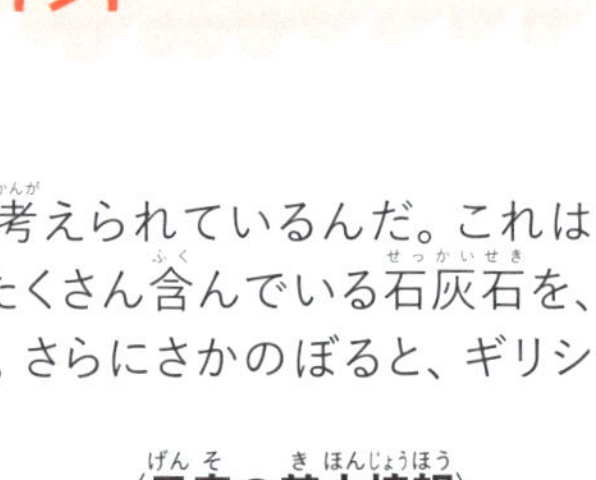

金属カルシウム

おまけ　カルシウムの化合物は石灰石や大理石など色々な岩石にも含まれているんだ。

生物に欠かせない元素はなに？

からだの中でのお話

からだの中の様々な活動で必要になるのがカルシウムだよ。

これでわかる！3つのポイント

カルシウムは骨や歯の主成分

骨や歯はリン酸カルシウムという成分を含んでいるよ。骨を丈夫にするには、カルシウム元素を含んだ食品を摂ることが大切なんだ。乳製品や小魚、野菜などカルシウム元素を豊富に含む食品を日々の食事に取り入れるのが、丈夫な骨をつくる秘訣だよ。

筋肉や神経のはたらきでも大活躍

筋肉が縮んだり、神経に情報を伝えたりするのにもカルシウムが必要なんだ。脳細胞の興奮を抑え、神経伝達を調整することで、気持ちを落ち着かせる役割も果たすんだ。カルシウムがイオンという形になって活躍しているんだよ。

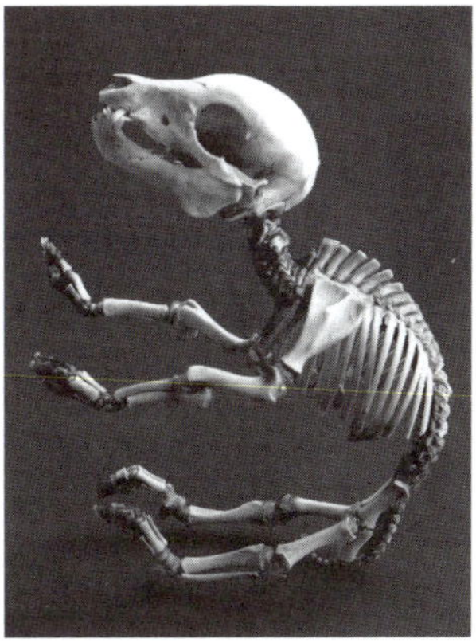
子豚の全身骨格標本

血液凝固にまで関係している

怪我をして出血しても、ほとんどの場合いつの間にか止まっているよね。血液の中の成分が、細かい糸のように変化して固まっていくんだ。この時にもカルシウムイオンが大切な働きをしているんだよ。

おまけ カルシウムは骨の中に蓄えられていて、それを少しずつ使っているんだよ。

ニワトリに石灰石を食べさせている？

自然界にあるカルシウムのお話

自然界に広く分布する石灰石はカルシウムの化合物だよ。

これでわかる！3つのポイント

貝殻もサンゴも炭酸カルシウム

海の中で生活している貝殻やサンゴの主成分は炭酸カルシウムで、自然界で広く見られる物質だよ。これらの生物は自分の周りのカルシウムイオンと炭酸イオンを吸収して硬い貝殻や骨格を作り上げて体を守ったり支えたりしているんだ。

セメントの原料も炭酸カルシウム

建築材料として重要なコンクリートは、石灰石を焼いて粉にしたものが主成分のセメントからできているんだ。セメントに水や芯になるような砂や小石を加えてよく混ぜて時間が経つと固まって硬いコンリートになるんだよ。

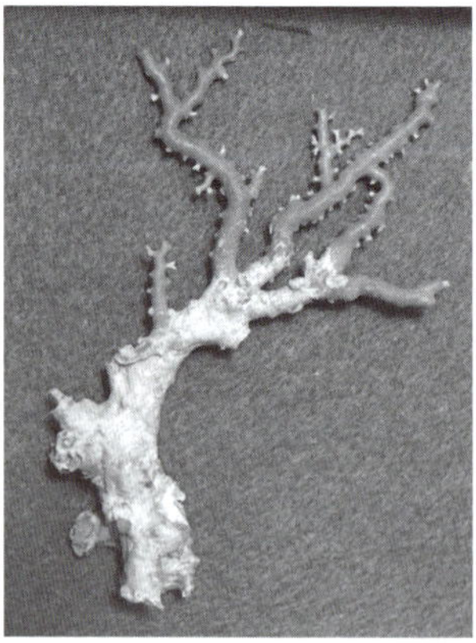

サンゴ

炭酸カルシウムを鶏に食べさせている？

鳥の卵の殻も炭酸カルシウムでできているんだ。毎日のように卵を産むニワトリのメスがカルシウム不足になると殻の薄い卵になるんだ。そうならないように、餌には石灰石を混ぜてカルシウムを補充しているんだよ。

おまけ 石灰石は貝殻やサンゴなどの化石からできることが多いよ。

名前が似ているけれど別の化合物!

生石灰と消石灰のお話

名前が似ているけれど性質が全然ちがう化合物だよ。

これでわかる! 3つのポイント

カルシウムの化合物で最も単純な生石灰

石灰石を1000 ℃以上の高温で焼くと、結びついていた二酸化炭素が除去されて白い粉末になるんだ。それが生石灰とよばれる酸化カルシウムだよ。空気中の水分を吸収する性質があるので、乾燥剤として色々な場面で利用されているよ。

生石灰に水を加えるとできる消石灰

生石灰に水を加えると、激しく反応して熱を発生するよ。この性質を使ってお弁当や飲みものを温める製品があるよ。この時、水を加えられた生石灰は消石灰とよばれる水酸化カルシウムに変わるんだ。

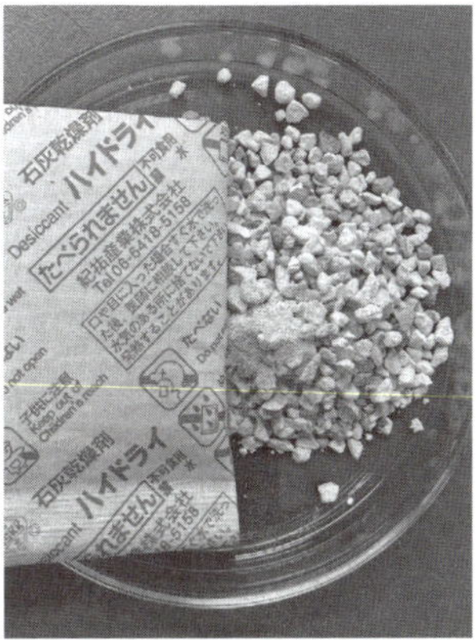

生石灰の乾燥剤の中身

消石灰から石灰水がつくられる

消石灰は少しだけ水に溶けて強いアルカリ性になるよ。この水溶液が石灰水だよ。二酸化炭素を吹き込むと白くにごるので理科の実験ではよく使われるね。でもアルカリ性の水溶液なので取り扱いには注意が必要だよ。

おまけ グラウンドなどに線を引くのに利用されるのは炭酸カルシウムの粉だよ。

スカンジウムの名前の由来は?

21番スカンジウムの名前のお話

あまり知られていないが、屋外競技場のナイター照明などの光源に化合物が使われているよ。

これでわかる! 3つのポイント

予測どおりの物質を発見

1879年、スウェーデンのニルソンは、ロシアのメンデレーエフが周期表を使って予測していた「エカホウ素」と特性が一致する物質を発見したんだ。それはスカンジウムの酸化物で、周期表の正確さを証明する重要な発見となったんだよ。名前は発見者の出身国、スウェーデンがあるスカンジナビア半島から命名されたんだ。

屋外の照明に使われる化合物

野球場などのナイター施設では太陽光に近い光が必要だ。そこで水銀ランプにヨウ化スカンジウムを加えたメタルハライドランプが使われてきたよ。

なかなか研究が進まない金属

この金属は研究が進んでいない金属の一つだよ。価格が高く反応しやすいことが原因だ。現在、燃料電池の電極に酸化スカンジウムを添加すると発電効率が上がると期待されているよ。

〈元素の基本情報〉

21
Sc
スカンジウム
Scandium
原子量 44.96
銀白色の固体

野球場のナイター照明

おまけ 金属スカンジウムは、酸化物が発見されてから58年も経ってから電気分解で取り出せた。

チタンの名前や発見の歴史って?

22番 チタンの名前のお話

ギリシア神話のタイタンが名前の由来の軽金属だよ。

これでわかる! 3つのポイント

2度発見されたチタン発見の歴史

1791年、イギリスの地質学者グレガーはイルメナイトを分析中にチタンの酸化物を発見したよ。この金属元素は、1795年にドイツのクラプロートがルチルから再発見し、「チタン」と命名。1910年、ハンターがついに金属として取り出したんだ。

強くて軽いチタン

チタンは銀白色の光沢を持つ軽量な金属で、鉄の約60 %の密度しかないのに高い強度をもつよ。アルミニウムよりは重たいけれど、耐久性などを考えるとチタンの方が圧倒的に強いので飛行機の部品などにはチタン製のものがあるよ。

〈元素の基本情報〉

22
Ti
チタン
Titanium
原子量 47.87
銀白色の固体

ただしチタン製品は高価なんだ

チタン製品はアルミニウムやステンレスなど他の金属と比べると、価格はかなり高くなるんだ。鉱物から取り出すのが難しいことが理由の一つだよ。色々なところに利用したくても、生産量が増えないと高いままなんだね。

チタン製のカップ

おまけ 強度もあるけれど少しくらいの曲がりだと元に戻る性質もあるよ。

原子
周期表
原子力
元素
科学史
宇宙
生物
光

強く軽く丈夫なチタン合金!

チタン合金のお話

強い、軽い、腐食しない
いいことだらけのチタン合金。

これでわかる! 3つのポイント

強くて軽いチタン合金

チタン合金は非常に高い強度を持ちながら、密度は鉄の約60 %と軽量であるのが特徴だよ。そのため軽量化と耐久性が求められる航空宇宙産業やスポーツ用品に利用されているんだ。強度を保ったまま、複雑な形にも加工できるけれど他の合金よりも加工は難しいんだ。

腐食しにくく熱にも強い

チタン合金は、腐食に非常に強いんだ。塩水中や化学薬品に触れても錆びにくいんだ。耐熱性にも優れていて、600 ℃程度までの高温環境でも平気なので、エンジン部品などにも利用されているよ。

毒性が低くアレルギーも起こりにくい

チタン合金は毒性が低く、アレルギーも起こりにくいので医療分野での応用が広がっているんだ。人工関節や骨プレート、歯科インプラントなど、人体に埋め込まれる医療機器に多用されているよ。

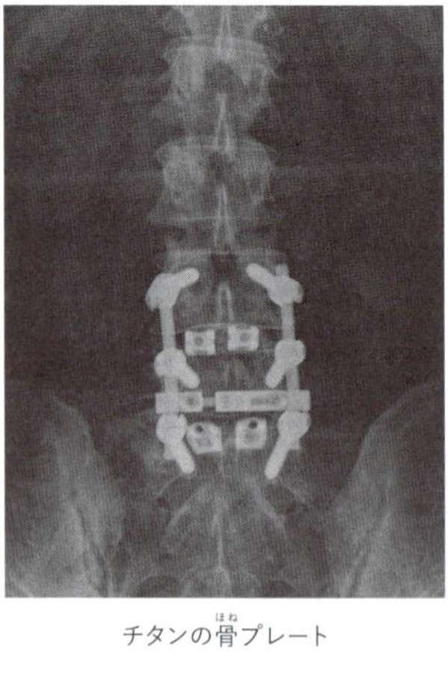

チタンの骨プレート

おまけ 地球上にはたくさんあるけれど、取り出すのは難しいので貴重なんだよ。

155日め

元素　「原子番号23～25」の週
月 火 水 木 金 土 日

読んだ!
月　日

バナジウム、名前の由来と発見のひみつって?

23番 バナジウムのお話

化合物がさまざまな美しい色をあらわすバナジウム。

これでわかる! 3つのポイント

バナジウムの発見者は二人

メキシコのデル・リオが1801年に発見したが、フランスの科学者に依頼した鑑定が誤りだったため発表を撤回。1830年、スウェーデンのセフストレームが再発見した。北欧神話の美の女神「バナジス」にちなんで「バナジウム」と命名されたよ。

バナジウムってどんな金属

1867年、イギリスのロスコーが塩化バナジウム(II)の水素還元により粉末の金属バナジウムを得た。灰色がかった銀白色の金属で、金属としてはやわらかく、展延性があって圧延加工は容易なんだ。

製鋼添加剤としての利用

他の元素と結びつきやすいバナジウムは単体で利用することは少なく、その用途は8割以上が鋼をつくるときの添加剤としてなんだ。ほんの少し鉄に混ぜることで、ビルの建材や橋などに使われる強い鋼ができるんだよ。

〈元素の基本情報〉

23
V
バナジウム
Vanadium
原子量 50.94
銀白色の固体

おまけ ホヤなどの海産生物は海水中のバナジウムを体内にたくさんため込む。

原子
周期表
原子力
元素
科学史
宇宙
生物
光

意味と発見! 名前に込められたクロムの由来

24番 クロムのお話①

顔料や宝石など、色とのかかわりが深い金属、クロム。

これでわかる! 3つのポイント

1797年、フランスのボークランが発見

ボークランは赤い鉛とよばれた鉱石から酸化物を発見。還元して不純ではあるが金属のクロムを得たよ。化合物の色が多彩であったので、ボークランの師アユイの提案でギリシア語で「色」を表すクロマからクロムと命名されたんだ。

宝石に色をつけるクロム

ボークランは1798年、ルビーの赤色、エメラルドの緑色はクロムが不純物として入っていることによることを発見した。ルビーはコランダム（酸化アルミニウム）という純粋な状態では無色透明な鉱物がもとになっているんだよ。

〈元素の基本情報〉

24
Cr
クロム
Chromium
原子量 52.00
白銀色の固体

エメラルドの緑色やルビーの赤色は不純物のクロムによる。

必須元素としてのクロムとその毒性

人にとって微量必須元素で、レバー、豆類、キノコ類などに多く含まれるよ。クロム単体および3価のクロムは毒性がないけど、かつてめっき用途として使うことが多かった六価クロムは、毒性が強く土壌汚染などの問題を起こした。

おまけ コランダムに不純物として鉄が含まれると青い色のサファイアになる。

金属めっきの革命児！クロムめっき

24番 クロムのお話②

いろいろなものをピカピカの銀色にするクロムめっき。

これでわかる！ 3つのポイント

電気めっきの発明

めっきとはある材料の表面を金属の薄い膜で覆って、丈夫さや美しさの向上をはかったものだよ。仏像などにほどこされる金めっきはよく知られているね。電気めっきは、1800年にイタリアのボルタが電池を開発したことで発展してきたんだ。

クロムめっきはとてもピカピカ

クロムめっきは、他の金属めっきと比較して、薬品や摩擦に対して耐久性が強いんだ。光や熱を反射する、美しい光沢を持つなどの特徴があるんだ。クロムめっきには、装飾クロムめっきと硬質クロムめっきの2種類があるよ。

身近なピカピカ銀色の多くはクロムめっき

身近にあって、きれいに銀色に輝いているものの多くはクロムめっきが施されているんだ。水道の蛇口や排水パイプ、自動車の部品、インテリア用品、おもちゃまで、身近な場所で多く使われているよ。

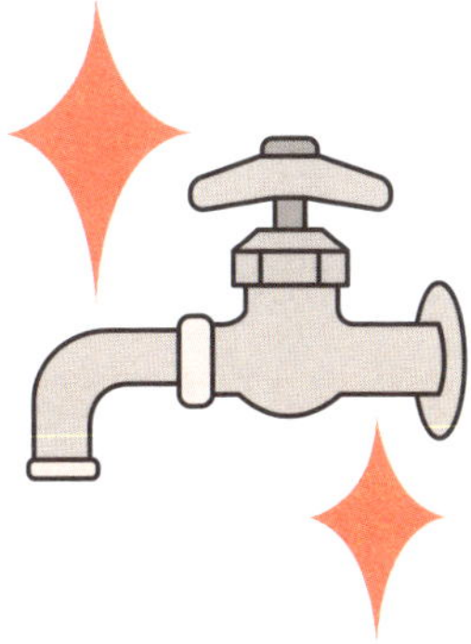

蛇口のピカピカはクロムめっきの効果。

おまけ プラスチックにめっきする技術で、軽量化、材料費の低減、デザイン性の向上を実現。

ステンレス鋼を生み出すクロムの可能性！

24番 クロムのお話③

鉄の一番の弱点、さびの問題を解決したクロム合金、ステンレス。

これでわかる！ 3つのポイント

ステンレス鋼は、大きく3つに分けられる。まず2つは……

鉄にクロム18～20 %、ニッケル8～11 %を加えたものが最もさびにくく、食器、厨房用品、浴槽、屋根材、壁材、鉄道車両など広範囲に使われる。クロム16～18 %のもの、クロム11～14 %のものがある。ニッケルが多いと高価だよ。

磁石につかない18-8ステンレス鋼

3つめは、クロム18 %、ニッケル8 %を含んだもの。ステンレス鋼全体の中で最もポピュラーで、家庭用品から原子力発電設備まで幅広く使われている。磁石につかないので他と区別できる。曲げたりしたところは磁石につくこともあるよ。

ステンレスはなぜさびにくいの？

表面はクロムの酸化物を主成分とする皮膜に覆われているためさびにくいんだ。皮膜は3 nm程度と、とても薄く、厚さ2 mmのステンレス板を富士山の高さ3776 mまで拡大したとして、被膜の厚さはたった5.7 mmしかないんだ。

〈被膜の薄さ〉

被膜の厚さ
約3 nm＝100万分の3 mmとは

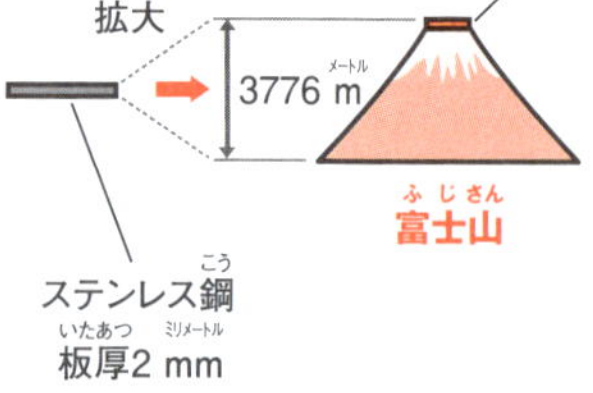

おまけ ステンレスも傷や塩分の影響でさびが発生することがある。

原子 周期表 原子力 元素 科学史 宇宙 生物 光

硬くてもろい! 鉄に次いで広く分布するマンガン

25番 マンガンのお話①

マンガンは地球上に広く分布し、鋼の添加剤などに利用されているよ。

これでわかる! 3つのポイント

マンガンの発見と名前の由来

1774年、スウェーデンのシェーレが鉱石「黒いマグネシーア」(別名マンガネーゼ)に2つの新元素が含まれていることを発見。友人のガーンが単離した。マンガネーゼにちなんでマンガンと命名されたんだ。新元素のもう1つは後にバリウムと判明。

マンガンってどんな金属?

マンガンは、地表や岩石、海水、淡水など地球上に広く存在しているんだ。単体は銀白色、硬くてもろいので、金属材料としての用途はほとんどないんだ。耐摩耗性や強度のある合金、マンガン鋼の原料として使われているよ。

〈元素の基本情報〉

25
Mn
マンガン
Manganese
原子量 54.94

銀白色の固体

製鉄の高炉で脱酸素剤、脱硫黄材に利用

マンガンは、酸素や硫黄と強く結びつきやすい性質を持っているんだ。その性質を利用して、高炉で融けた銑鉄にマンガンを添加することによって、含まれる酸素や硫黄を取り除くことができるんだ。

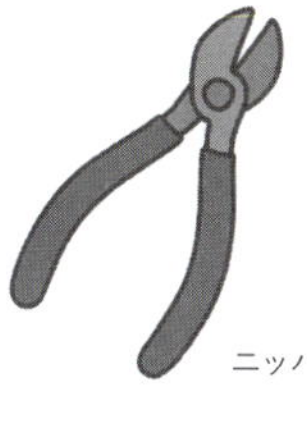

ニッパー

おまけ マンガン鋼は、ニッパーなどの工具に使われる。

乾電池に欠かせない! 二酸化マンガン

25番 マンガンのお話②

電池だけじゃない、二酸化マンガンは昔から使われていたんだ。

これでわかる! 3つのポイント

マンガン乾電池のマンガンとは、二酸化マンガンのこと

マンガン乾電池は身近で安価な乾電池として知られているよ。二酸化マンガンを正極側に使っていることからその名がついたんだ。アルカリ電池も、正確にはアルカリマンガン乾電池といって、同じく二酸化マンガンを正極側に使っているんだよ。

昔から利用されてきた二酸化マンガン

元素として発見されるはるか昔、旧石器時代には顔料として使用されていた。アルタミラ洞窟（紀元前17000～13500年）やラスコー洞窟（紀元前16400～14600年）の壁画の黒色は二酸化マンガンや炭素が使われていたんだよ。

〈マンガン電池の構造〉

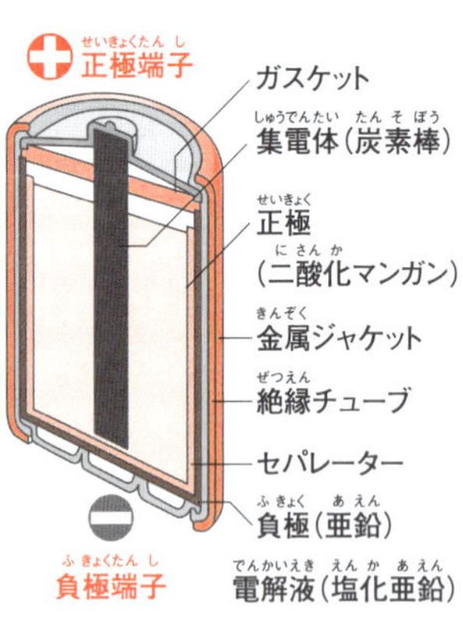

酸素発生の触媒、二酸化マンガン

小中学校の理科の学習で、酸素の発生方法として広く知られているのが、うすい過酸化水素水（オキシドール）を二酸化マンガンに注ぐ方法だよ。過酸化水素水は、二酸化マンガンの触媒作用によって酸素を発生して水になるんだ。

おまけ 古代ローマではガラスを無色透明にするために二酸化マンガンを用いていた。

日本近海にマンガン団塊!?

25番 マンガンのお話③

マンガンノジュールともよばれる海底に眠る鉱物資源、マンガン団塊。

これでわかる! 3つのポイント

マンガン団塊の発見

マンガン団塊は，マンガンと鉄を主成分とする球状のものなんだ。1873年に英国の海洋探検船「チャレンジャー号」が、アフリカ北西海岸沖合の海底で発見したんだよ。その後の調査で大洋のほとんどに広く分布していることがわかったんだ。

マンガン団塊とは?

マンガン団塊はマンガンノジュールともよばれるよ。ノジュールとは化石や砂粒などを核として岩石中の成分が集まって固まったものなんだ。マンガン団塊はマンガン化合物、鉄化合物を多く含み、通常2～4 cmの球形をしているよ。

日本近海のマンガン団塊

日本近海では、小笠原諸島の南鳥島沖で、コバルト、ニッケルなどを含んだマンガン団塊が密集する海域が見つかっているよ。資源に乏しい日本にとって、海洋に広く分布する鉱物資源に対する期待は大きいんだ。

太平洋の深海底から採取されたマンガン団塊

おまけ マンガン団塊は1 cm成長するのに数百万年かかる。

鉄は最古の金属の1つ!

古代から知られる鉄のお話

5000年前から使われてきた鉄は最古の金属の1つだ。

これでわかる! 3つのポイント

鉄の発見の歴史

鉄は今から約5000年も前から利用されてきたんだ。でも、現在のように鉄鉱石からつくったわけではなく、鉄とニッケルを主成分とする隕石である「隕鉄」を原料にして利用されてきたと考えられているんだ。

日本語の鉄は「黒い金属」

漢字の「鉄」は訓読みで「くろがね」だよ。これは鉄の色が黒っぽいことに由来しているんだ。元素記号のFeはラテン語の「鉄」フェッルムなんだけれど、英語もラテン語もその語源の由来はわからないんだ。

〈元素の基本情報〉

26
Fe
鉄
Iron
原子量 55.85

強い磁性を持つ銀白色の固体

ナミビアのホバ隕石

鉄が重要視された理由は資源量

鉄の利用が広がりを見せたのは、その豊富な資源量にあるよ。鉄鉱石は地球上に広く分布していて、他の金属と比べて入手が容易だったんだ。それで「鉄の時代」や「鉄の文化」という言葉が生まれたんだ。

おまけ 古代エジプトのツタンカーメンの墓に隕鉄からつくられた剣があった。

酸素の大量発生で鉄鉱石が生成された！

鉄鉱石ができたお話

酸素が作り出されたことで地球環境の大変革が起こった。

これでわかる！ 3つのポイント

光合成で起こった酸素革命

約27億年前、光合成を行うシアノバクテリアが誕生し、海水中で酸素を生成し始めたんだ。何億年もの間、酸素の泡を放出し続け、海水中ばかりか、大気中にも貯まり始め大気の主成分が窒素と酸素になったんだ。これは「酸素革命」だ。

海底の色が変わる！ 縞状鉄鉱層の誕生

当時の海水に大量に含まれていた鉄イオンは海水中の酸素と結合して酸化鉄に変化して沈澱をはじめたんだ。鉄の赤色層と、鉄が少ない時期の灰色層が交互に堆積し「縞状鉄鉱層」が形成されたんだ。

縞状鉄鉱層

大規模鉱山は北アメリカとオーストラリア

現在採掘している鉄鉱石は、このようにしてできたものだよ。北アメリカやオーストラリアには、厚さが数百m、長さが数百kmもの規模の大鉱床があるんだ。年間6億トンにも及ぶ需要を支えているんだよ。

おまけ 主な鉄鉱石には赤色の赤鉄鉱と黒色で磁力をもつ磁鉄鉱がある。

磁石にくっつく金属は生活の必需品!

磁石のお話

磁石にくっつく鉄の性質は色々なところで活用されている。

これでわかる! 3つのポイント

磁石にくっつく金属

鉄のように磁石によくくっつく、強磁性という性質を持つ金属は他にニッケル、コバルトなどがある。なお、磁石が石の仲間なのは、鉱物の中に天然の磁石（磁赤鉄鉱）があり、昔からふしぎな石として扱われてきたからなんだ。

便利な磁石を利用するには

冷蔵庫に磁石がくっつくのは本体の内側に薄い鉄板が入っているからだよ。ドアがしっかり閉まるのも、磁石が隠されているからなんだ。学校の黒板など磁石がくっつく色々な場所に鉄が隠されていることになるんだ。

日本で生み出されたフェライト磁石

よく見る黒っぽい磁石はフェライト磁石と呼ばれるんだ。酸化鉄が主成分の永久磁石で、安価で錆びたりしないのでよく使われているよ。1930年代に日本で開発されたこの磁石は、現在も幅広い分野で使用されているんだ。

地磁気を利用して南北の方向を示す方位磁針

おまけ ゴム磁石はフェライトの粉末を合成ゴムに混ぜ込んでつくられる。

日本古来の製鉄！たたら製鉄

日本の製鉄方法のお話

日本古来のたたら製鉄は。砂鉄が原料になるんだよ。

これでわかる！ 3つのポイント

砂鉄が変わる、たたら製鉄のしくみ

たたら製鉄は、日本古来の製鉄技術で、鉄と酸素の化合物である砂鉄と木炭を原料として鉄を生み出す方法だよ。「たたら」とよばれる踏みふいごで風を送り、反応させて砂鉄の酸素を木炭で取り除くとスポンジ状の鉄ができるんだ。この鉄をさらに加工して製品にしていくんだ。

鉄と炎の芸術、日本刀

たたら製鉄で生まれた鉄は玉鋼というよ。鍛冶職人は、玉鋼を鍛錬し、折り返して叩くことで不純物を取り除き、独自の模様と高い強度を持ち耐久性に優れた日本刀を完成させたんだ。

消えゆく技術を守れ、たたら製鉄の未来

たたら製鉄は19世紀末以降、西洋からの高炉技術に取って代わられ、姿を消しつつあるんだ。でも、この技術を伝承しようという動きもあるよ。日本独自の伝統技術で文化的価値が高く、歴史や職人の技術を次世代に伝える重要な役割を果たすんだ。

たたら製鉄の原料、磁石につく砂鉄

おまけ 砂鉄は岩石に含まれていた磁鉄鉱などが元の岩石から分離されたものだよ。

鉄を生み出す高炉のしくみとは?

鉄鉱石を鉄にするお話

現代の鉄鋼生産は、鉄鉱石からコークスなどを使って鉄を取り出す巨大な高炉が支えているよ。

これでわかる! 3つのポイント

鉄鉱石から鉄を取り出す

高炉は近代製鉄の心臓ともいえる装置だよ。酸化鉄が主成分の鉄鉱石と、コークス(石炭をむし焼きにしてつくる)、石灰石を投入して鉄鉱石から酸素を取り除いて融けた鉄を取り出す。そのときの反応による熱で炉内温度は2000 ℃以上になるんだ。

大量の二酸化炭素放出削減が課題

高炉技術は、産業革命以降に急速に発展し、現代では1基で年間数百万トンの鉄を生産する規模にまで拡大したんだ。高炉からの廃熱や副産物のスラグ(鉄以外の物質)をリサイクルする技術も進んだが、大量の二酸化炭素放出削減は大きな課題だよ。

神戸製鋼所加古川製鉄所の高炉

高炉革命 グリーンスチール

二酸化炭素排出量を減らしてつくる鉄をグリーンスチールとよぶんだ。コークスは、鉄鉱石から酸素を奪う重要な役割をもつけれど二酸化炭素を排出するんだ。コークスのかわりに水素を使う方法を研究しているんだ。

おまけ 高炉で、一酸化炭素が鉄鉱石(酸化鉄)から酸素を取り除いて鉄にしているよ。

鉄を超えた鉄！超合金の「鋼」

鋼のお話

鉄に炭素を加えて作り出した鋼は鉄よりも優れた金属だ。

これでわかる！3つのポイント

鉄を超えた鉄、鋼の秘密

鉄にほんのわずか炭素を加えると、強度と柔軟性をもった「鋼」という合金ができるんだ。加える炭素の割合で、いろいろな種類の鋼ができるんだ。鋼の誕生は人類に多くの革命をもたらし、建築や輸送だけでなく工具や武器にまで利用されているよ。

鋼の多彩な顔

炭素を加えた炭素鋼は建材や機械の部品に使われるんだ。クロムやニッケルを加えると、腐食に強いステンレス鋼になり、キッチン用品や医療器具に使われるよ。

未来を支える鋼の進化

鋼の技術は時代とともに進化しているよ。ハイテンとよばれる高強度鋼は、薄く軽量化しても強度を維持できる素材だよ。自動車の部品を作り出すために使われることが多い合金だよ。

鋼を利用したタワー

おまけ 鉄にクロムやニッケルを添加し耐食性を向上させたステンレス鋼などもあるよ。

体内に鉄ってあるの?

鉄の重要性のお話

鉄は健康な生活を送るために絶対に必要な元素だ。

これでわかる! 3つのポイント

体内で欠かせない必須ミネラル「鉄」

体内には3〜4 gくらいの鉄が含まれているよ。鉄は主に酸素運搬と代謝に関係しているんだ。赤血球には鉄の化合物のヘムとタンパク質のグロビンからなるヘモグロビンがあり、酸素を全身の組織へ運搬する役割をしているんだ。

体内の倉庫、鉄のストック場所は

鉄は健康維持に必要なミネラルで、体内の3〜4 gのうち約70 %がヘモグロビンとして、筋肉のミオグロビンとして酸素貯蔵を担っているよ。残りの30 %は貯蔵鉄として肝臓や脾臓、骨髄などに蓄えられ、鉄分が不足した時に使われるんだ。

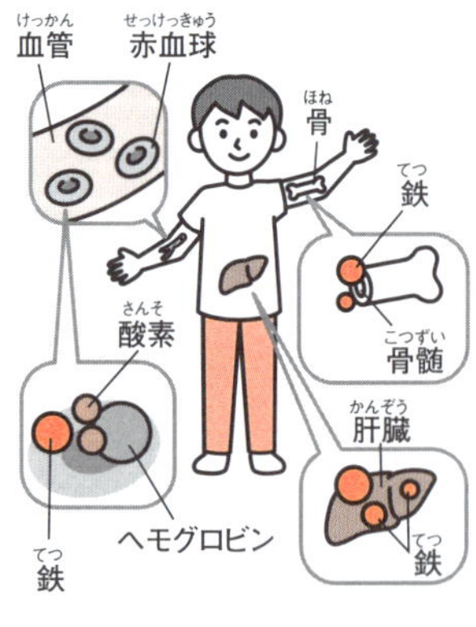

体内に蓄えられる鉄のイメージ

不足は禁物、大切な鉄

鉄分が不足すると貧血が起こり、疲労感を感じたり顔色が悪くなったりするんだ。鉄分を多く含んでいるレバーや赤身肉、ホウレンソウなどとビタミンCを組み合わせて食べると効率よく鉄分を吸収できるよ。

おまけ 鉄分を補うためのサプリメントもあるけれど、過剰摂取の心配があるから注意が必要。

コバルトは主に合金として利用される!

27番 コバルトのお話①

コバルトは合金材料として使われ、リチウムイオン電池の電極や特殊鋼などに使われるよ。

これでわかる! 3つのポイント

1735年、スウェーデンのブラントが発見

ブラント（リンの発見者ブラントとは別人）が発見後も長らく新元素と認められず鉄とヒ素の化合物と考えられた。新元素と認められたのは、1780年にベルグマンが新元素と確認後だ。元素名はドイツ語の「山の精」コボルトにちなむようだ。

合金としてとても優秀!

コバルト自身が強い磁性を持つため、鉄、アルミニウム、ニッケルとの合金のアルニコ磁石、サマリウムと混ぜたサマリウム・コバルト磁石などに使われる。また、ニッケルやクロムなどとの合金は高温や高負荷にとても強くなり、発電所のタービンやジェットエンジンに使われるよ。

〈元素の基本情報〉

27
Co
コバルト
Cobalt
原子量 58.93
銀白色の固体

リチウムイオン電池にもコバルト!

リチウムイオン電池の正極にはコバルト酸リチウムというコバルトとリチウムの化合物が使われている。主に携帯電話などのデジタル機器や電気自動車などで急速に利用が広がっている。

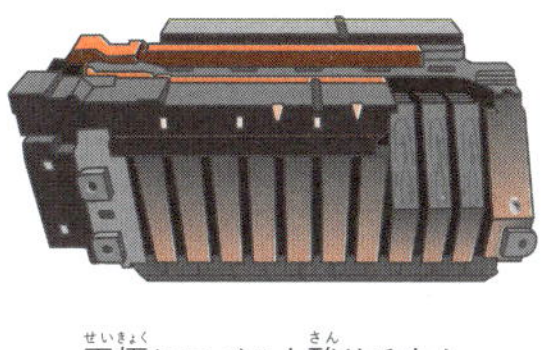

正極にコバルト酸リチウム

おまけ 日本近海の海底にコバルトを多く含むコバルトリッチクラストという資源の存在判明。

170日め

元素 「原子番号27～29」の週 月 火 水 木 金 土 日

読んだ！ 月 日

美しい！コバルトブルー

27番コバルトのお話②

コバルトといえば青、というほど昔から顔料として用いられてきたんだよ。

これでわかる！3つのポイント

顔料として使われてきたコバルトブルーの魅力

コバルトブルーの深い青色は多くの人を魅了してきた。多くはアルミニウムとの化合物で、コバルトが多いと深い青色に、アルミニウムが多いと淡い青色になる。絵具や塗料、ガラスや陶器の色づけにも使われてきた。

乾燥剤のシリカゲルに使われていた

乾燥剤のシリカゲルは乾燥状態で青色、吸湿状態でピンク色に変わる。これは塩化コバルトの結晶が水を吸収すると青色からピンク色に変わる性質を利用したものだ。毒性があるため現在ではコバルトを使わない製品に変わっている。

医療にもコバルトが使われている！

コバルトの放射性同位体にコバルト60があり、ガンマ線を放射する。この性質を利用したガンマナイフという装置により、脳腫瘍などに非常に細く照射して病巣を切り取る。また、医療用器具の殺菌にも利用されている。

〈照射イメージ〉

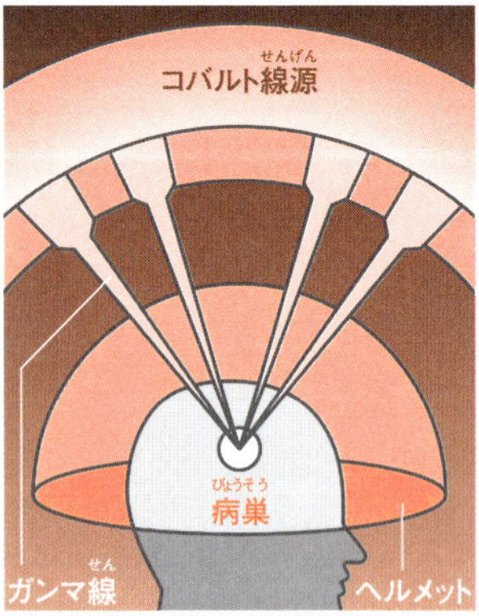

おまけ コバルトが発する色は化合物によって青以外に黄、紫、緑、赤など色々あるよ。

めっきや合金の材料に大活躍!

28番 ニッケルのお話①

硬貨の成分や電気回路のスイッチ部のめっきにも使われるニッケルはさびにくいよ。

これでわかる! 3つのポイント

1751年、スウェーデンのクルーンステッドが発見。その後彼が命名

コバルト発見のブラントの弟子のクルーンステッドが発見したのはドイツ語で「悪魔の銅」クプファーニケルとよばれた鉱石からだった。ニッケル鉱は銅鉱に似ているのに銅を遊離できないので、そうよばれた。1754年にニッケルと命名したんだ。

どうしてニッケルはさびにくいの?

単体では鉄とよく似ていて強い磁性を示す。また、表面にできる薄い酸化膜のおかげで、膜よりも内部には酸素が接触することができず、さびにくい。このために、ニッケルをさびやすい鉄や銅にめっきして使われる。

〈元素の基本情報〉

28
Ni
ニッケル
Nickel
原子量 58.69

銀白色の固体

キラキラきれいなステンレス鋼にもニッケル!

さびにくいステンレス鋼は鉄とクロムの合金だが、この鉄とクロムの合金にニッケルを混ぜることで、よりさびにくさを増す。ニッケルを混ぜたステンレス鋼はクロム・ニッケル系ステンレス鋼とよばれ、産業用や家庭用など幅広く使われている。

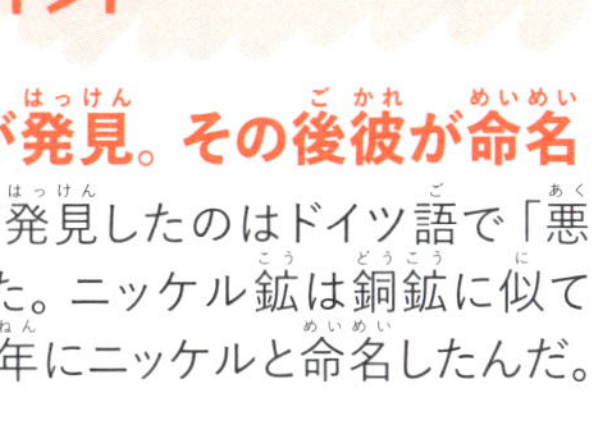

ニッケルめっきの製品

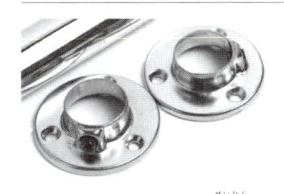

おまけ 地球の中心部の核は主に金属の鉄とニッケルでできていると考えられているよ。

50円、100円 白銅貨の白銅とは?

28番 ニッケルのお話②

白銅とは銅とニッケルの合金。50円や100円の白銅貨は、銅とニッケルの合金だよ。

これでわかる! 3つのポイント

白銅は銅とニッケルの合金

50円硬貨や100円硬貨は白銅貨で銀色をしている。銅は合金になると赤系だけではなく銀色や金色などにもなる。かつて発行された穴なし50円硬貨や1966年までの穴あき50円硬貨はニッケルだけで製造されていたので磁石にくっつくよ。

形状記憶合金にもニッケルなの?

変形させても設計された温度になると元の形に戻ろうとする形状記憶合金はいくつかあるが、ニッケルチタン合金はその代表だ。形状記憶性だけでなく超弾性でもあるので眼鏡のフレームなどにも使われている。

〈昔の穴なし50円硬貨〉

ニッケルだけからできたニッケル貨で、磁石にくっつく。

金属アレルギーの原因はニッケルが第1位?

金属アレルギーは汗などに触れた金属がイオン化して溶け出し、肌などから体内に入り込み、それが免疫のはたらきで拒絶反応を起こすものだ。ニッケルは酸に溶けやすく、ニッケルそのもの以外にニッケルめっきの金属でもかゆみが出やすい。

おまけ 2000～2021年製造の500円ニッケル黄銅貨は、銅72 %、亜鉛20 %、ニッケル8 %使用。

人類が初めて広く使った金属って?

29番 銅のお話①

銅は自然銅として存在し、鉱石から取り出すのも容易だったため、文化や技術など人との関わりは古いよ。

これでわかる! 3つのポイント

銅は人類が初めて実用化した金属だった!

銅は、もともと自然銅として多く産出され、また、銅鉱石から銅を取り出すのも容易だったので古代から知られていた。ローマ時代は地中海のキプロス島が銅の産地だったため、「キプロス島の銅」が転じてラテン語のキュープラムになったようだ。

銅器はアイスマンも持っていた!

アルプスの融けだした氷河から発見されたアイスマン。彼は紀元前3300年頃の人物とされている。所持品には銅製の斧と石器のナイフがあり、石器時代から銅器時代への移行期の人だったようだ。

銅器時代から青銅器時代へ

火を扱う技術が進むと、より高温での製錬技術が発達した。銅はやわらかくて武器としては石器より弱かった。これを補うために、スズを混ぜることで強くできた。これが青銅器である。人類はそれまでの石器を青銅器に置き換え、武器、祭祀用具、装飾品や日用品に使う青銅器時代が到来した。

〈元素の基本情報〉

29
Cu
銅
Copper
原子量 63.55

橙赤色の固体

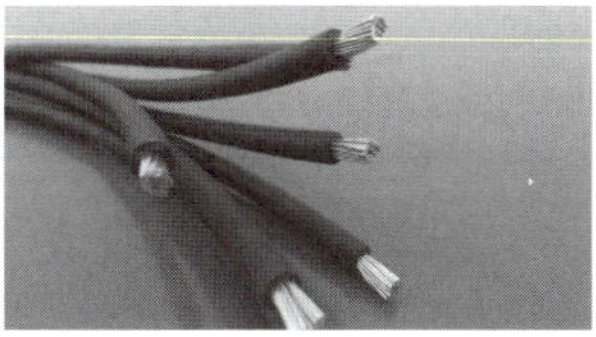

電線には銅線が使われている

おまけ イラク北部では紀元前8700年のものとされる銅製のペンダントが発掘された。

原子
周期表
原子力
元素
科学史
宇宙
生物
光

使い勝手がよい!

29番 銅のお話②

単体の銅は電気や熱がよく伝わり加工もしやすい。銅の合金も数多くあるよ。

これでわかる! 3つのポイント

銅は鉄、アルミニウムに続く消費量第3位の金属

銅の用途は広い。電気や熱の伝わりやすさが銀の次によく、銀よりもはるかに安価なんだ。だから身近では電線や調理器具にも使われているよ。電気工業、建築、自動車、航空機などの分野で重要な役割を果たしている金属だよ。

単体の銅や合金の銅は多方面に使われている

単体の銅はやわらかく、延性や展性に富み、加工がしやすいので、電線だけではなく、パイプや建材に使用。銅の合金には青銅、黄銅（真鍮）、洋銀（洋白）などがあり装飾にも使われる。奈良や鎌倉の大仏は青銅製。時間と共に緑青という錆びに覆われて青緑色になるので青銅というんだよ。

5円黄銅貨：銅60 %＋亜鉛40 %
10円青銅貨：銅95 %＋亜鉛3～4 %＋スズ1～2 %

赤がね色に輝く

一般に金属は銀白色だが銅は「赤がね」とよばれる。銅原子の場合、波長550 nmより短い光の青色から緑色の光を吸収するので残った光が反射されて赤系統の色に見えるんだよ。

おまけ 銅の炎色反応（青緑色）を利用して花火の着色料としても使われている。

人体に必須！の金属

29番 銅のお話③

銅は人の体やその他の動物の体にも必須の大事な大事な元素だよ。

これでわかる！3つのポイント

銅は人体の必須元素

銅は微量必須ミネラルの一つで、体重70 kgの成人の体には約80 mgの銅が含まれている。そのうち半量は骨や骨格筋に、1割は肝臓に、その他は脳や血液などに含まれている。単体で働くのではなく、酵素として働くタンパク質に含まれている。

軟体動物や節足動物の血中では酸素運搬の役割も！

ヒトでは酸素は赤血球中の、鉄が含まれているヘモグロビンというタンパク質によって運ばれている。イカ、タコ、エビ、カニ、昆虫などでは酸素は血しょう中の、銅が含まれているヘモシアニンというタンパク質によって運ばれている。このため、血液の色は青っぽく見える。

〈赤い血と青い血〉

ヒトなど
赤い血（赤血球）

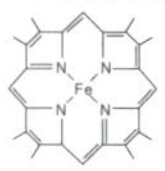

ヘモグロビン

イカやタコや貝など
青い血

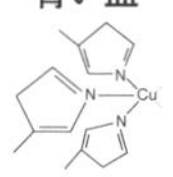

ヘモシアニン

銅イオンの抗菌作用で菌の繁殖を抑える

銅イオンの抗菌作用は銀イオンの抗菌作用より弱いが、銅が身近なこともあり銅の抗菌作用を活かしたものがある。キッチンの水切り、三角コーナーなどに利用され、ぬめりを抑えてくれる。

おまけ 普通の食生活をしていれば銅が欠乏したり過剰になったりの心配はいらない。

トタン板の表面に見られる亜鉛とは?

30番 亜鉛のお話①

鉄に亜鉛めっきしたトタン板は亜鉛が先に腐食して鉄を守っているよ。

これでわかる! 3つのポイント

1746年、ドイツのマルクグラフが亜鉛を単体として取り出す方法を発見

亜鉛は古代から銅との合金として知られていた金属だ。インドでは13世紀には単体の金属亜鉛を得ていたようだ。マルクグラフは亜鉛と硫黄からなる閃亜鉛鉱から大量に亜鉛を取り出す方法を発見した。

元素名の由来は諸説あるが結晶の形からが有力?

亜鉛のドイツ語名は「ツィンク=食事に使うフォークなどの歯の意」に由来するようだ。亜鉛の表面はクシの歯のようにギザギザだからだという。日本語の「亜」は次のという意味で、鉛に似ているからということ。

〈元素の基本情報〉

30
Zn 亜鉛
Zinc
原子量 65.38

青みを帯びた銀白色の固体

亜鉛は亜鉛めっきとして最も使われている

鉄に亜鉛めっきしたトタン板は、亜鉛が鉄よりもさびやすい性質を利用している。外側の亜鉛が湿った空気に触れてすぐに緻密な白さびとなる。このおかげで鉄が保護され、屋根や壁などに使われるだけでなく、家電製品などにも広く使われる。

トタン板

おまけ 亜鉛が一番使われているのは自動車の亜鉛めっき用だよ。

亜鉛と銅の合金「黄銅」とは?

30番 亜鉛のお話②

亜鉛の用途の2番目は銅との合金である黄銅(真鍮)で、金管楽器がそうだよ。

これでわかる! 3つのポイント

紀元前4000年頃から銅との合金「黄銅」として利用

古くから使われている黄銅(真鍮)は加工しやすく、金色で美しいので、ドアノブや金管楽器などに今も使われている。ブラスバンドのブラスは黄銅の英語名で、金管楽器を指す。

亜鉛の他の用途

身近ではアルカリ乾電池などの負極に使われている。亜鉛とアルミニウムの合金はダイカストや型枠などの鋳型に使われている。酸素との化合物である酸化亜鉛(亜鉛華)は白色の粉末で、おしろいなどの化粧品や顔料、医薬品に使われている。

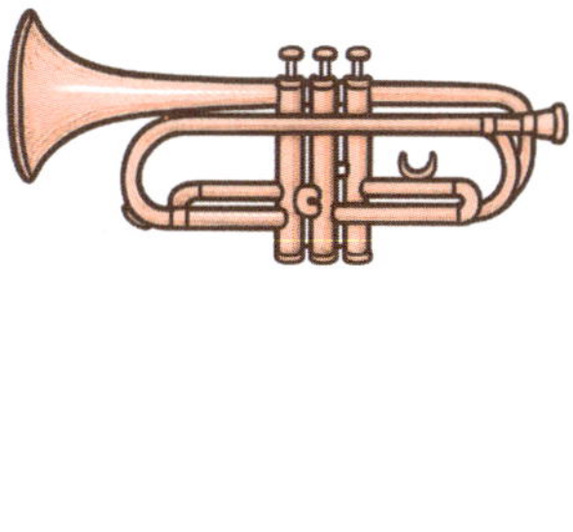

トランペット

亜鉛欠乏症の人は味覚障害を起こす?

亜鉛は必須ミネラルだ。亜鉛が不足すると、免疫低下や味覚障害、貧血、傷が治りにくいなど、いろいろと不調になるよ。摂り過ぎると銅や鉄の吸収を邪魔するので注意が必要だよ。

おまけ 亜鉛を多く含む食品はカキ、豚レバー、スルメ、納豆など。

体温で融ける金属!?

31番 ガリウムのお話

融点が29.8 ℃と体温で融けてしまう金属だが、半導体とLEDに不可欠の元素だよ。

これでわかる！ 3つのポイント

1875年、フランスのボアボードランが発見

メンデレーエフが「エカアルミニウム」としてその存在を予見していた元素だよ。ボアボードランの出身地フランスの古名ガリアから名づけられた。単体の金属ガリウムの融点は29.8 ℃と低いため、手のひらに置くと融けてしまうよ。

ガリウムのほとんどは化合物で半導体に利用

ガリウムの化合物は半導体の材料として利用。中でも窒化ガリウムは日本人がノーベル物理学賞を受賞した青色発光ダイオード（青色LED）の材料だ。ヒ化ガリウムは電子の移動速度が速く消費電力も少ないので、レーザープリンタやスマホなどでも大活躍している。

パワー半導体の材料としても大きな期待

高電圧・大電流を扱え、高温下でも壊れない半導体をパワー半導体とよぶ。それに窒化ガリウムや酸化ガリウムが注目されている。

〈元素の基本情報〉

31
Ga
ガリウム
Gallium
原子量 69.72

青みがかった銀白色の固体

おまけ ガリウムの発見はメンデレーエフの周期表の評価を大いに高めた。

初期の電子産業を支えた元素！

32番ゲルマニウムのお話

真空管に代わってゲルマニウムトランジスタが活躍したよ。

これでわかる！ 3つのポイント

ゲルマニウムとは

ゲルマニウムは1885年ドイツのウィンクラーによって発見された。ゲルマニウムという名の由来はドイツのラテン語名ゲルマニアだ。ゲルマニウムはナイフで傷をつけられないくらい硬い一方、もろいという性質を持つ半金属だよ。

トランジスタはゲルマニウムから始まった

かつて使われていた真空管は動作が安定するまでに時間がかかり消費電力も大きかった。1948年にゲルマニウムトランジスタが発明されると、江崎玲於奈によってトンネル効果が発見されたことで、添加する材料を変えるなどして改良された。すぐに動作して消費電力も小さく、夢の発明となった。

超小型ラジオを生んだトランジスタ

ゲルマニウムのトランジスタを使った超小型携帯ラジオが発売され人気となったが長くは続かなかった。より安定しているケイ素（シリコン）を使った製品にとって代わられたからだ。

〈元素の基本情報〉

32
Ge ゲルマニウム
Germanium
原子量 72.63

青みがかった銀白色の固体

初期のトランジスタラジオ。真空管の代わりにゲルマニウムトランジスタを使用。

おまけ メンデレーエフが「エカケイ素」としてその存在を予見していた元素だよ。

ヒ素は毒にだけ利用される?

33番ヒ素のお話①

化合物が半導体材料や急性前骨髄球性白血病の治療薬にも使われているよ。

これでわかる! 3つのポイント

ドイツのマグヌスが13世紀に初めて分離したとされる

ヒ素は化合物としてギリシア人やローマ人によく知られていた。それらには雄黄と鶏冠石というどちらもヒ素と硫黄の化合物がある。ヒ素の元素名「アーセニク」は黄色の顔料を指すギリシア語「アルセニコン」に由来するようだ。

毒として有名なヒ素

ヒ素は金属と非金属の両方の性質を持つ半金属。単体にも化合物にも強い毒性があり、歴史やミステリー作品の中で殺人の手段として登場する元素である。特に無水亜ヒ酸とよばれる三酸化二ヒ素は昔から毒薬として有名だった。

〈元素の基本情報〉

33
As ヒ素
Arsenic
原子量 74.92

灰色がかった金属光沢の固体

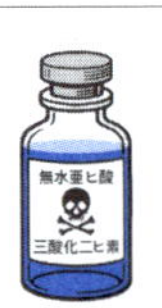

毒薬として有名な物質だが白血病の治療薬にも。

半導体の材料としても白血病の治療薬にも

ヒ素とガリウムの化合物であるヒ化ガリウムは半導体の材料として重要。また、三酸化二ヒ素は急性前骨髄球性白血病の治療薬として承認された。高名な歌舞伎俳優がこれを用いて病気から生還した。「毒と薬は紙一重」なんだね。

おまけ 鶏冠石(成分は硫化ヒ素)は鶏のトサカにいろが似ているので名づけられたよ。

ヒ素を使った毒殺！

33番ヒ素のお話②

無水亜ヒ酸（三酸化二ヒ素）を使った殺人が有名だよ。

これでわかる！3つのポイント

南イタリアの老女トファーニアが売り出した「トファナ水」

中世以降、無水亜ヒ酸（三酸化二ヒ素）は自殺、他殺の毒として、しばしば歴史にも物語にも登場してきた。無水亜ヒ酸は無味無臭だ。16世紀になって、少しずつ摂取すると色白美人になるといわれ、化粧水「トファナ水」が売り出された。

トファナ水は毒殺にも用いられた

例えば、カトリックの教義上から離婚の許されない諸国で、トファナ水を使って夫を密かに毒殺したのだ。その結果、大量の未亡人が出て、驚いた法王庁や政府筋が取り締まったが、一向に減らなかったという。

ヒ素中毒の症状

微量のヒ素を長期間摂取すると慢性中毒となり、皮膚疾患や癌を発症するなどの健康被害が発生。急性中毒症状では、吐き気や嘔吐、意識障害やけいれん、ショックや不整脈などが見られる。いずれも最悪な場合には死に至るよ。

〈和歌山毒物カレー事件〉

1998年7月25日に和歌山県和歌山市園部で発生した毒物混入・無差別殺傷事件。夏祭りで提供されたカレーライスに無水亜ヒ酸が混入され、食べた67人が急性ヒ素中毒を発症。うち4人が死亡。

おまけ 人体にはごく微量の必須元素と考えられており、生体内に常に微量のヒ素が存在。

「石見銀山ねずみ捕り」の成分はなに？

33番ヒ素のお話③

亜ヒ酸を含んだ鉱水を殺鼠剤「石見銀山ねずみ捕り」として売り出したんだよ。

これでわかる! 3つのポイント

実際は世界遺産の石見銀山ではなく、石見国の笹ヶ谷銅・亜鉛鉱山の鉱水

石見銀山ねずみ捕りは、近世から明治時代まで広く使われていた。石見国の笹ヶ谷銅・亜鉛鉱山の鉱水なのに石見銀山をその名に入れたのは、石見銀山が天領として有名だったことからの便乗といわれている。

ヒ素は環境汚染をしばしば起こす

銅や鉛、亜鉛、金、銀などの硫黄との鉱石から金属を取り出す過程で、硫黄と共存していたヒ素が必ず出てくる。鉱石から無水亜ヒ酸を製造していた宮崎県の土呂久鉱山では閉山後も深刻な被害が続き、死者は150名とされる。ヒ素で汚染された地下水を飲まざるを得ない人々もいる。

石見銀山ねずみ捕りの売り子

今は毒殺に使うとすぐにヒ素とわかってしまう

現在、ヒ素は「愚者の毒物」といわれている。19世紀に簡便で鋭敏なヒ素の検出法が開発されて、すぐヒ素中毒とわかってしまうからだ。特に毛髪や爪に残留するため、簡単に検出できる。

おまけ 石見銀山は戦国時代から江戸時代にかけて日本最大の銀山だった。

ガラスの脱色や着色にセレンが使われているの?

34番 セレンのお話

ガラスの鉄分による緑の脱色や、カドミウムとあわせてあざやかな赤に着色ができるよ。

これでわかる! 3つのポイント

1818年、スウェーデンのベルセリウスが発見

硫黄とテルルの陰に隠れて未発見のセレンだったけれど、ベルセリウスがテルルによく似た元素として発見したよ。ラテン語で地球を表す「テルス」から命名されたテルルと対にして、ギリシア語の「月」セレーネにちなんで命名されたんだよ。

ガラスの脱色剤・着色剤として重要

ガラスに酸化鉄が入ると緑色になる。でも少量のセレンを加えると色が消えるんだ。カドミウムと一緒にセレンをガラスに加えるとカドミウムレッドというあざやかな赤色のガラスになり、信号灯や表示灯に使用されているよ。光が当たると電流が流れるので光電池にも使われるよ。

メチル水銀の毒性を軽減しているかも……

海洋中の食物連鎖の頂点にいるマグロや鯨などは生物濃縮で水俣病の原因であるメチル水銀を持っているはず。水銀中毒になっていないのは、セレンが毒を消しているのではと考えられているよ。

〈元素の基本情報〉

34 **Se**

セレン

Selenium

原子量 78.97

半導体性質を持つ

灰色の固体

おまけ 光で電気伝導性が増すのでコピー機の感光ドラムに利用。しかし、毒性のため代替。

とても臭いけど私たちの生活に必要な臭素!

35番 臭素のお話

単体は臭くて猛毒だけど、化合物になるといろいろな分野で役に立つ物質だよ。

これでわかる! 3つのポイント

1826年フランスのバラールが発見

バラールは、濃縮した塩湖の水に塩素ガスを通じて赤黒色の液体を得たんだ。すごい悪臭だったので、ギリシア語の「悪臭」ブロモスにちなんで命名された。室温で液体の非金属元素は臭素だけだよ。皮膚につくと腐食を起こすので危険だよ。

最大の用途は化合物の難燃剤として

陰性が強いハロゲンの仲間で、貴ガスを除くほとんどの元素と化合物をつくるんだ。化合物としては難燃性で安価な素材になるよ。自動車、建材、列車・飛行機の内装材にも利用されるよ。ただ、生物やオゾン層への影響で規制もされているよ。

推し活の写真を「ブロマイド」という理由

デジタルカメラやチェキで撮った写真、自撮りの写真をブロマイドっていうのは、以前の写真機にはフィルムが使われていて、そこには光に反応する臭化銀が使われていたからだよ。「ブロマイド」は臭化銀に由来する言葉なんだよ。

〈元素の基本情報〉

35
Br
臭素
Bromine
原子量 79.90

悪臭のある赤褐色の液体

おまけ ある貝の臭素を含む紫色素の分泌液は、古代に「貝紫」として珍重されたんだよ。

読んだ!
月　日

クリプトンはどうして電球に使われるの?

36番 クリプトンのお話

熱伝導性が低いため、電球のフィラメントが長持ちするんだよ。

これでわかる! 3つのポイント

1898年、イギリスのラムゼーとトラバースが発見

液体空気からキセノンとともにスペクトル分析でやっと発見された不活性ガスだよ。液体空気から得られたアルゴンに、アルゴン以外のものも含まれていたことで発見された。だから、ギリシア語で「隠れた」を意味するクリプトスから命名されたよ。

省エネに貢献!

熱の伝導性が低いクリプトンを電球の中に入れると、アルゴンよりも分子量が大きいので、フィラメントのタングステンの蒸発を抑え電球が長持ちするんだよ。また、複層のガラスでは中空にクリプトンを入れることで断熱効果が上がるんだよ。

他の貴ガスと同様に化合物はあるよ

クリプトンは貴ガスの1つで、化学的に安定している。だから、他の元素と反応しにくく、化合物をつくりにくい。でも、キセノンと同じようにクリプトンでも電気陰性度の大きいフッ素と作用して二フッ化クリプトンという化合物ができているよ。

〈元素の基本情報〉

36
Kr
クリプトン
Krypton
原子量 83.80
無色無臭の気体
貴ガス

おまけ ヘリウムガスを吸うと声が高くなるけど、クリプトンは逆に声が低くなるんだよ。

ルビジウムでどうして地球の年齢が測定できるの？

37番 ルビジウムのお話

ルビジウム87の半減期が約475億年と長いからだよ。

これでわかる! 3つのポイント

1861年ドイツのブンゼンとキルヒホフが発見

紅雲母の発光スペクトルの観測中に発見された。スペクトル線の色が赤という意味でラテン語「濃い赤」ルビドゥスにちなんでルビジウムと名づけられたんだ。宝石のルビーも同じ語源だが、ルビーにはルビジウムは含まれていないよ。

時報サービスはルビジウムの原子時計

ルビジウム原子時計はセシウム原子時計に比べて少し精度は落ちるものの、その誤差は3百年に1秒程度だ。しかもセシウムより安い。だから、正確な時刻が必要なGPSの普及に伴って使用量が増えたんだ。時報サービスにも使われているよ。

地球誕生年代もルビジウムを使って算出

天然のルビジウムには放射線を出す同位体ルビジウム87もあってストロンチウム87に変化するんだ。そこで、ルビジウムとストロンチウムの比から億年単位の年代を測ることができるんだよ。地球の誕生もこの方法で決めているよ。

〈元素の基本情報〉

37
Rb
ルビジウム
Rubidium
原子量 85.47
とてもやわらかい
銀白色の固体

おまけ ブンゼンはルビジウムを見つけただけでなく、単体も取り出しているんだよ。

原子
周期表
原子力
元素
科学史
宇宙
生物
光

花火の鮮やかな赤色を生み出す元素は？

38番 ストロンチウムのお話

ストロンチウムの炎色反応が赤色なので、化合物は花火に使われているよ。

これでわかる！ 3つのポイント

スコットランドのストロンチアン地方特産のストロンチアン石から発見

1787年にイギリスのホープが発見したストロンチアン石には、未知の元素が含まれていることが、友人のクロフォードによってわかったんだ。1808年にデービーが電解法で金属を単離し、ストロンチアン石からストロンチウムと名前をつけたんだよ。

花火の赤色はストロンチウムの化合物

花火の色は、火薬に混ぜる金属元素の種類によって決まるんだ。ストロンチウムの炎色反応は赤。赤い花火には硝酸ストロンチウムが入れられているよ。夜間信号用の照明弾や赤色の発煙筒なども塩化ストロンチウムが使われているんだよ。

医療用としてのストロンチウム

カルシウムと似ているストロンチウムは骨などに貯まりやすい。だから、放射性同位体のストロンチウム89も骨転移した部分に集まりやすく、放射線によってがん細胞を叩いて傷みを和らげる治療に使われているんだ。

〈元素の基本情報〉

38 **Sr**

ストロンチウム

Strontium

原子量 87.62

やわらかい銀白色の固体

おまけ 液晶ディスプレイのガラスには炭酸ストロンチウムが添加剤として使われているよ。

イットリウムとは?

39番 イットリウムのお話

固体レーザーの中でよく使われているYAGレーザーに使われているよ。

これでわかる! 3つのポイント

スウェーデンのイッテルビー村で発見された黒い石

1794年にガドリンが、イッテルビー村で採取したガドリン石を分析し、新元素を含む酸化物(イットリア)を発見。1843年スウェーデンのモサンデルがその酸化物からイットリウムを発見したんだ。レアアース元素の発見への第一歩なんだよ。

YAGは強力な固体レーザー

アルミニウムとの酸化物の単結晶はヤグ(イットリウム-アルミニウム-ガーネット)とよばれ、強力なレーザー光を出せるんだ。金属を切ったりするのに使用するよ。また、美容・医療の分野でもシミ取りや脱毛、歯の治療などに使われているよ。

〈元素の基本情報〉

39
Y
イットリウム
Yttrium
原子量 88.91

やわらかい銀白色の固体

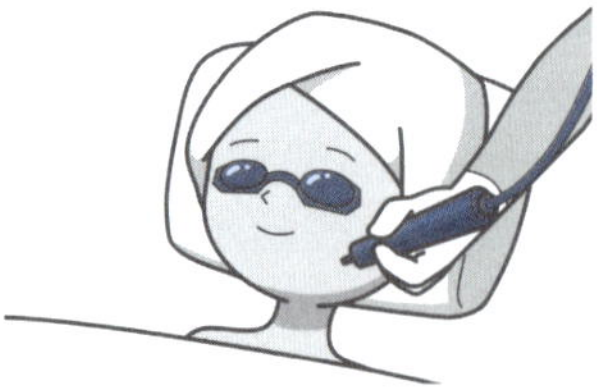

液体窒素(-196 ℃)で超伝導!

物質固有のある温度(転移温度)以下になったときに電気抵抗が0になる現象を超伝導というんだ。液体窒素の温度で超伝導になる最初に発見された物質がイットリウムの化合物だった。この発見によって高温超伝導体の研究が進んだんだよ。

おまけ ユウロピウムと一緒に液晶テレビの赤色の蛍光材料にも利用されているよ。

ジルコニウムは原子炉の材料に使われる！

40番 ジルコニウムのお話

原子炉で発生する中性子をほとんど吸収しないので核燃料を包む被覆管になるよ。

これでわかる！3つのポイント

1789年、ドイツのクラプロートが鉱物の中から発見したよ

スリランカ産のジルコン（ジルコニウムを含む鉱物）を分析して、新しい酸化物を発見したんだ。アラビア語で「金色」の意味のジルコンから名前をつけたんだよ。その後、1824年にスウェーデンのベルセリウスが単体を分離したよ。

原子炉のウラン燃料の被覆管に使用

原子炉では中性子で核分裂をさせる。だから核燃料を包む金属が中性子を吸収すると困るんだ。金属ジルコニウムは金属の中で最も中性子を吸収しにくい。ジルコニウムの利用の大部分は原子炉用といわれているよ。

〈元素の基本情報〉

40
Zr
ジルコニウム
Zirconium
原子量 91.22

銀白色の固体

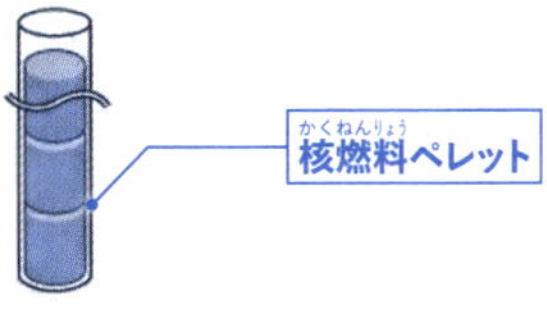

核燃料被覆管（ジルコニウム合金）

ジルコニアはファインセラミックスの材料

ファインセラミックス（高機能の焼き物）は、高度な技術で材料を合わせたり、形をつくったり、焼いたりしたもので、ジルコニアはその材料の代表格。硬くてさびなくて切れ味よく長持ちするので、セラミック製の包丁、はさみなどに使うよ。

おまけ ジルコンやキュービックジルコニアは高屈折率で、ダイヤモンドの代用品になるよ。

ニオブは現代社会でどんな働きをしているの？

41番 ニオブのお話

用途の90 %以上が鉄鋼用、さらに超伝導体になったり大活躍だよ。

これでわかる！ 3つのポイント

1801年、イギリスのハチェットが鉄コルンブ石から発見した

ともに産出し、性質も似ているタンタルと長く同一視されていたことから、ギリシア神話の王タンタロスの娘（ゼウスの孫）ニオベの名前があてられた。ニオブは表面に安定な酸化膜をつくるので電子部品のコンデンサーにも使われれている。

高張力鋼は「ハイテン」とよばれて多用されてる

ニオブや他の元素を添加してつくられる高張力鋼は、同じ強さの鉄鋼材より軽くなるので自動車用の薄板やガスのパイプラインに使われる高張力パイプ、船舶などの重要な材料だよ。

合金は超耐熱性素材

ニオブの融点は2477 ℃。ニオブ主体の合金は耐熱性にすぐれているため、ロケットエンジンに使われている。また、チタン合金へニオブを添加したものは強度・耐熱性を保持して軽量化されるため航空機エンジンに使われている。

〈元素の基本情報〉

41
Nb
ニオブ
Niobium
原子量 92.91

銀白色の固体

ニオブなどを添加した鋼材は高張力鋼（ハイテン）とよばれ、自動車の軽量化に寄与。

おまけ ブラジルが全産出の8割を占め、産地が偏っている。国内産出はゼロだ。

ニオブの超伝導素材としての働きはすごいぞ!

ニオブと超伝導磁石のお話

リニアモーター用の超伝導磁石にチタンとの合金が使われている

これでわかる! 3つのポイント

超伝導体として高い転移温度(−264 ℃程度)を持っているよ

ニオブは単体では最高の超伝導転移温度を持っているよ。超伝導とは抵抗ゼロで電流が流れ続ける現象だ。また、チタンなどとの合金はさらに高い超伝導転移温度を持ち、しかも磁界によってその超伝導状態が壊されにくい特徴を持っている。

リニア新幹線(JR東海)にも積み込まれる予定

超伝導体として車体の浮上に貢献しているよ。コイル状の超伝導体に電流を流すとそれは永久的に流れ続け、それ自体が「磁石」となる。これを側壁下部の同種極間(NN.SS)で反発させ、側壁上部の異種極間(NS)で引き合わせ、安定浮上走行をさせている。

〈車体の安定浮上のしくみ〉

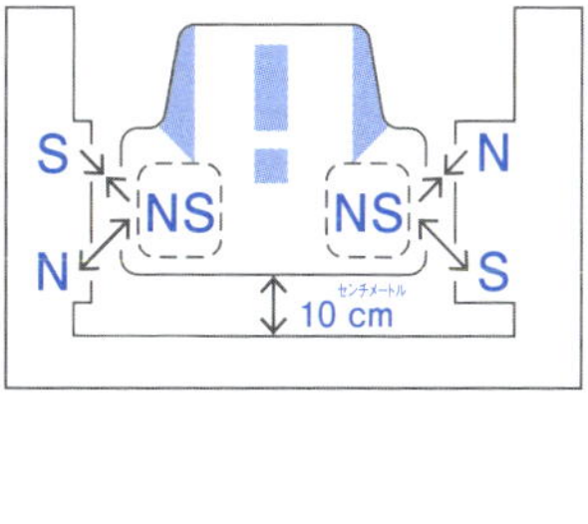

←→ は反発し、→← は引き合う。

「高温超伝導体」は輸送機関への実用段階ではない

1986年頃から開発されている「酸化物高温超伝導体」は転移温度がもっと高温だが、これは脆さがあって線材にしてコイルにするのが難しい。

おまけ 医療分野ではMRI(磁気共鳴画像法)に利用。磁界の精密制御性が画像を高質化。

モリブデンが「高級素材」なのはなぜ?

42番 モリブデンのお話①

純金属はもちろん、合金の主材料としても活躍してるよ。

これでわかる! 3つのポイント

鉛鉱の不純物のなかにあった

1778年、スウェーデンのシェーレは輝水鉛鉱から発見し、さらに1781年シェーレの友人イエルムが金属モリブデンを分離した。輝水鉛鉱は鉛に似ているので、ギリシア語の「鉛」モリブドスにちなんで命名された。もともとは鉛色の鉱石の総称だった。

純金属の持つ特徴

細線や棒、板の形で電極に使われて製品の安定動作に貢献。高い融点（約2623 ℃）を持ち、熱膨張率も小さいので、過酷な環境下でも形状や強度を保つ。密度に比べて強度が大きく、製品の耐熱性と軽量化に寄与している。

〈元素の基本情報〉

42
Mo モリブデン
Molybdenum
原子量 95.95

モリブデンが主材料の合金

99 ％以上のモリブデンを含むTZM合金は、本来の硬さに炭素析出物の働きが加わり純金属より高温での強度が増す。他にモリブデン-レニウム合金とかモリブデン-ゲルマニウム超伝導合金が工業的にも重要。

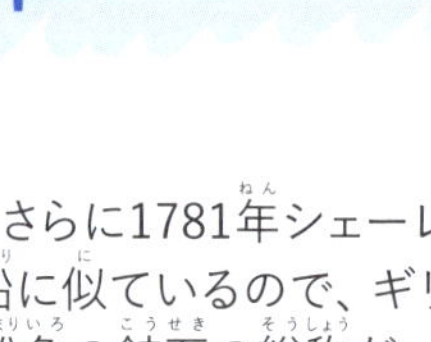
ロケットノズル。

おまけ モリブデン-ゲルマニウム合金の超伝導状態は、強い磁界のなかでも安定している。

モリブデンの添加で高性能の製品ができる!

42番 モリブデンのお話②

モリブデン添加のステンレスは腐食しにくく、クロムモリブデン鋼は強度が強い。

これでわかる! 3つのポイント

「クロムモリブデン鋼」は動く機械部品として最適

鋼にクロムとモリブデンを添加した「クロモリ」は強度が高いため、薄いパイプでも十分な強度を持つ。適度な剛性と柔軟性（しなやかさ）をあわせ持ち、自動車・オートバイ・自転車に使った場合乗り心地が快適だ。

添加合金でステンレスは極めて重要

モリブデンはその90 %以上がニッケルやクロムとの合金として、ステンレス鋼に使われている。モリブデン添加のものは耐腐食性がよい。また、溶接しやすく加工性が増す。半導体・電子産業の他、医療機器にも広く使われているよ。

二硫化モリブデンの活躍

硫黄との化合物二硫化モリブデンは黒鉛のように、層状になってはがれやすい。これを使ったモリブデングリースは摩擦を少なくする潤滑剤に使われている。そこでも、耐熱性が、この製品の性能を保証しているよ。

〈クロムモリブデン鋼の製品〉

「クロモリ」自転車はブランド高級品。

おまけ 石油の脱硫でもMo触媒は活躍。水素とともに硫化水素化して取り除いているんだ。

モリブデンを含む酵素とは?

生物界での働きのお話

モリブデン酵素は空気中の窒素をアンモニアに変換するよ。

これでわかる! 3つのポイント

空気中の窒素分子はそのままでは使えないよ

空気中に78 %もある窒素分子は、窒素原子同士の結びつきが強くて、植物はそのままでは使えないんだ。そこで、その窒素分子をアンモニアに変えて植物が取り込めるようにする窒素固定というしくみが必要だ(96日めも見てね)。

土壌細菌である根粒菌の働き

微生物の中には、マメ科の植物の根に着く根粒菌を代表として、窒素分子を植物が使えるアンモニアに変える働きをするものがいる。これらは窒素固定菌といわれ、共通してニトロゲナーゼという「酵素」(322日めも見てね)を持っている。

〈根粒菌の窒素固定のしくみ〉

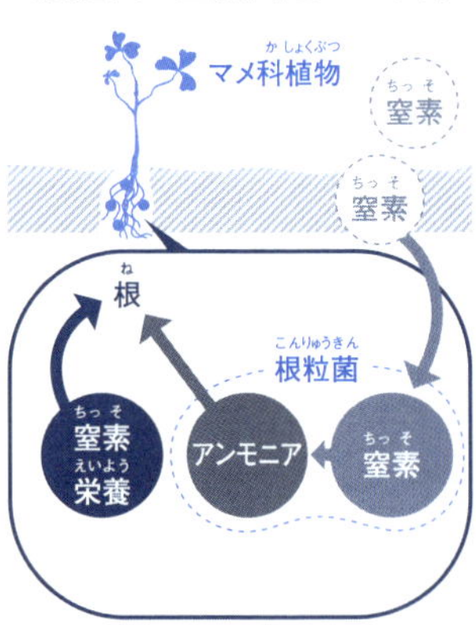

モリブデンの窒素固定

酵素ニトロゲナーゼはタンパク質からできた分子量22万という大きな分子だが、その中心にはモリブデンがいる。窒素分子はモリブデンに捕まると窒素原子同士の結合を弱められ、水素原子をくっつけられてアンモニア2つに別れる。

おまけ 空気中の窒素分子はそのままでは使えないよ。

テクネチウムが「人工原子」ってよばれるのはなぜ？

43番 テクネチウムのお話

人類が初めてつくりだした元素であって同位体はすべて放射性で不安定だよ。

これでわかる！ 3つのポイント

テクネチウムはカリフォルニア大学の加速器内の偏向板にできていた

メンデレーエフの1871年の周期表では、現在でいう43番を未発見として空白だった。1937年、セグレは加速器内で重陽子（重水素原子核）線を浴びたモリブデン製偏向板を見て新元素の生成を直感し譲り受け、ペリエとともに分析し43番を発見した。

半減期は地球の歴史の0.1 %しかない

ギリシア語の「人工の」テクネトスから命名。20種類以上ある同位体はすべて放射性で、自然界に安定な同位体が存在しない。(60日めも見てね) 半減期が420万年以下。地球の歴史は46億年なので原始地球にあったとしても崩壊している。

今も内部でテクネチウムを合成している恒星がある

1952年、恒星の内部に存在していることがスペクトル分析で判明。ウランの核分裂の過程でできると推測された。その後、地球上でも、ウラン鉱石中から微量の存在が確認された。

〈元素の基本情報〉

43
Tc　テクネチウム
Technetium
原子量 99

銀白色の固体

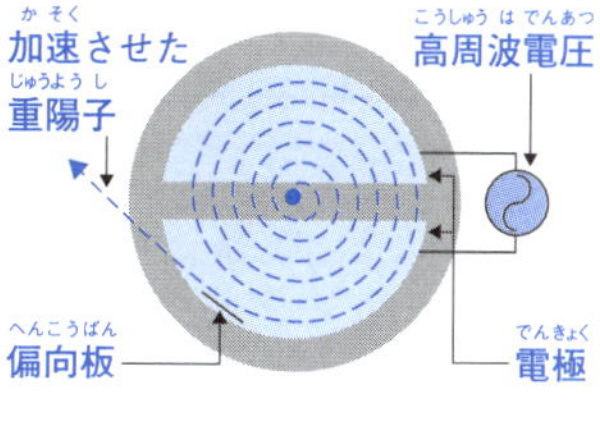

おまけ 宇宙でのテクネチウムの存在は、恒星内部で新たに元素が合成されている証拠だね。

テクネチウムが放射線医学で大きな貢献をしているのはなぜ？

画像診断のお話

ガンマ線が精密な診断画像を与え、半減期が検査時間と一致していて便利だね。

これでわかる！3つのポイント

体内で放出するガンマ線分布の画像化には半減期6時間が使い易い

同位体のなかでもテクネチウム99mは医療（検査）行為と同程度の半減期を持ち、体内に残留しにくいため、医療診断に適している。ガンマ線放出分布画像化（シンチグラフィー）をして異常を表示する。

放射線診断に使う利点

テクネチウム99mは、骨、腎臓、脳など多様な臓器の機能や血流の観察に役立っている。血流の滞っている場所はテクネチウム99mが届きにくいことを使っている。例えば、心筋シンチグラフィーでは、心臓の血流や虚血を評価し、狭心症や心筋梗塞の診断に役立っている。

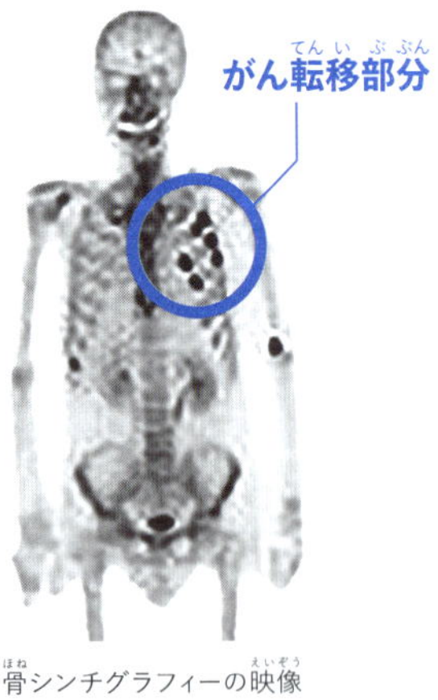

骨シンチグラフィーの映像

がんの転移発見にも寄与しているよ

骨シンチグラフィーは、がんの骨転移の早期発見に有効だ。転移している場所は活発な活動のためテクネチウム99mが貯まりやすい。その分布を画像化して、治療に役立てているんだよ。

おまけ 検査を受けると放射線を浴びるが、得られる情報の価値は十分大きいと判断されてるよ。

科学技術を支える銀白色のルテニウム!

44番 ルテニウムのお話

希少金属のルテニウム。電子機器から触媒まで様々な分野で活用されているよ。

これでわかる! 3つのポイント

白金鉱石から新しい元素を発見!

1844年にロシアのクラウスはロシア産の白金鉱石を精密に分析する中で新しい金属元素を発見。これを、ルテニウムと命名したよ。ルテニウムという名前はロシア西部を指すラテン語「ルテニア」に由来しているんだ。

硬くて熱にも強い金属ルテニウム

ルテニウムの単体は、もろいけど硬くて熱にも強く酸化も腐食もされにくい。金をも溶かす王水にも溶けにくいんだ。そんな性質を活かして他の白金属元素との合金は、万年筆のペン先、あるいは電子機器の電気接点材料に利用されているよ。

〈元素の基本情報〉

44 **Ru**

ルテニウム

Ruthenium

原子量 101.1

銀白色の固体

ハードディスクの容量アップに大貢献

ルテニウムの薄い層をハードディスクの記録部分に挟み込むことで記録部分を5層構造にすることに成功したんだ。結果、同じ大きさのハードディスクでもより多くのデータを保存することが可能になったんだよ。

おまけ 化合物は触媒としてクリーンエネルギーの研究でも活躍している。

色はバラ色？ 貴重な金属 ロジウム

45番 ロジウムのお話①

ロジウムの単体は銀のような光沢を持ち、化合物の水溶液は赤やピンク色をしているよ。

これでわかる！ 3つのポイント

ロジウムの語源は「バラ」？

ロジウムの名前は、ギリシア語の「ロディオス（バラ色）」に由来しているよ。1803年にイギリスのウォラストンが、白金鉱石の中からロジウム化合物を取り出した際、その水溶液が鮮やかなバラ色をしていたことから命名されたよ。

強くさびにくいロジウム

ロジウムは、融点が高く、酸などに侵されにくい。微細な粉末にしてやっと王水に少し溶ける程度。このように化学反応はほとんどしないけれど、触媒としてはとても優秀で、特に自動車の排ガス用に活躍しているよ（200日めも見てね）。

ロジウムの輝きの秘密

ロジウムは光の反射率が約85 %と高いんだ。銀の90 %には少し及ばないけれど、銀のように表面が化学反応で変質して反射率が低下することがないんだ。また、ロジウムは硬くて傷つきにくいから、ずっと輝きを保つことができるよ。

〈元素の基本情報〉

45
Rh
ロジウム
Rhodium
原子量 102.9
銀白色の固体

おまけ ロジウムは採掘量が少なく、金や白金より高価で取引される場合もある。

ロジウムめっきが叶える! 輝きと耐久性

45番 ロジウムのお話②

キラキラで硬く反応しにくいロジウムでめっきすると長くきれいなままで使えるよ。

これでわかる! 3つのポイント

ロジウムめっきとは?

ロジウムを薄く金属表面にコーティングする加工方法のことだよ。例えば、シルバー（銀）製品は長期間使用すると黒ずんでしまうけれど、ロジウムめっきをすると黒ずみを防ぎ、傷がつきにくくなり常に美しい光沢を保つことができるよ。

電子部品にもロジウムめっき

ロジウムは耐久性だけでなく電気伝導性も高い。そのため、ロジウムめっきは、さまざまな電子部品に利用されているよ。例えば、電気接点（スイッチやリレー）や端子部分など、高性能を求められる部品で広く使われているよ。

ロジウムめっきされた製品

ロジウムめっきの弱点

ロジウムめっきは非常に薄い層（数 μm程度）なので長期間使用するうちに摩擦や衝撃で剥がれることがあるんだ。装飾品の場合は研磨剤入りのクリーナーは避け、やわらかい布で優しく拭き、強い力で擦らないようにしよう!

おまけ ロジウムめっきは、プラチナコーティングやプラチナ仕上げともよばれる。

まるで魔法! ロジウムの三元触媒

45番 ロジウムのお話③

ロジウムの用途で最も多いのは自動車の排ガス浄化の触媒なんだ。

これでわかる! 3つのポイント

三元触媒とは?

自動車の排気ガスに含まれる窒素酸化物、一酸化炭素、炭化水素の3つの有害物質を同時に除去する触媒装置のこと。ロジウム、白金、パラジウムが触媒として使われていて、排気ガスによる大気汚染を防いでくれているんだ。

三元触媒でのロジウムの役割

ロジウムは、特に大気汚染や酸性雨の原因とされる窒素酸化物を除去する役割を担っていて、無害な窒素ガスに分解する反応を助けるんだ。触媒として少量でも効率よく働き、耐熱性・耐久性があるので欠かせない金属なんだよ。

〈三元触媒のしくみ〉

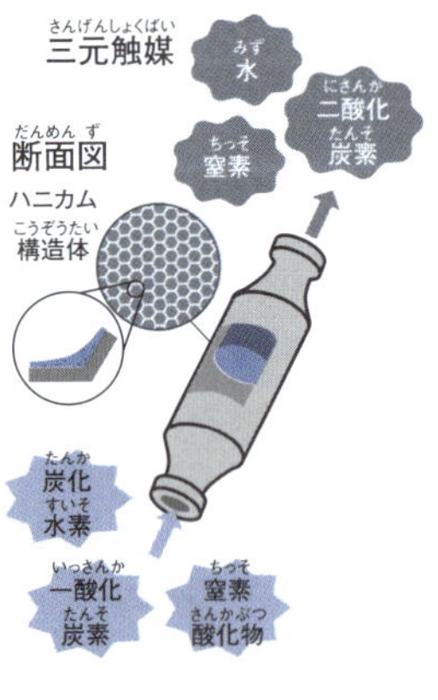

ハニカム構造で三元触媒の効率アップ!

三元触媒のロジウム、白金、パラジウムをハチの巣のような六角形が重なった形（ハニカム構造）をした酸化アルミニウムの上に付着させて排ガスとの接触面積を大きくし、効率的に浄化しているんだ。

おまけ 三元触媒のハニカム構造の壁の厚さは、0.1 mm（新聞紙1枚程度）ととても薄い。

意外と身近!? 貴金属パラジウム

46番 パラジウムのお話①

歯の治療で使用される銀歯やアクセサリーなどで活用される意外と身近な貴金属なんだ。

これでわかる！ 3つのポイント

パラジウムの由来は小惑星!?

1803年にイギリスのウォラストンが発見したパラジウムの名前は、当時注目されていた小惑星「パラス」にちなんでいるんだ。「パラス」はギリシア神話で都市アテネの守護神といわれるアテナの別名。年間の生産量は約200 tにすぎない貴金属だよ。

銀歯はパラジウムの合金

歯の治療で使われる銀歯は、金–銀–パラジウム合金。パラジウムを含めると銀の劣化を防いだり、強度と耐久性がアップして噛む力に耐えながら長時間使用できることから20 %以上が合金に含まれているよ。

〈元素の基本情報〉

46
Pd
パラジウム
Palladium
原子量 106.4

銀白色の固体

装飾品にもパラジウム

パラジウムは、プラチナに似た輝きを持ちながら軽く（密度が約半分）、加工しやすいのが特徴。そのため、細かいデザインや装飾が求められるジュエリーに使われているよ。また、金属アレルギーが出にくいという特徴もあるんだ。

パラジウムの指輪

おまけ パラジウムは白金族の中で耐酸性が最も弱く、酸化力のある酸には溶ける。

触媒としても大活躍！

46番 パラジウムのお話②

パラジウムを触媒とした化学反応の解明に貢献した研究者がノーベル化学賞を受賞！

これでわかる！3つのポイント

日本人がノーベル賞を受賞したクロスカップリング反応とは？

パラジウム化合物を触媒として2つの異なる分子を効率よくつなげて新しい化合物をつくる特別な反応だよ。この反応で、薬やプラスチック、電子材料を簡単につくれるようになったんだ。私たちの生活に役立つものをつくるのに欠かせない技術なんだ。

自動車の排気ガスをきれいにするのに大活躍

三元触媒の1つとしてパラジウムは利用されているよ。一酸化炭素と炭化水素の除去を白金とともに担っているんだ。この自動車の排気ガス処理で、パラジウム需要の実に80 %以上が占められているよ。

〈クロスカップリング反応〉

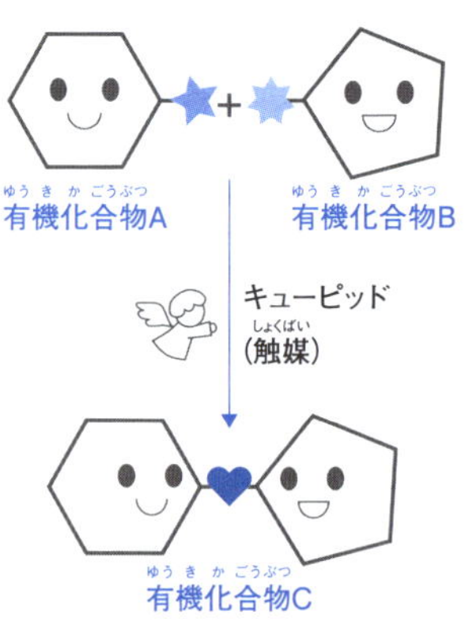

燃料電池の電極にも利用

燃料電池は、水素と酸素を反応させて電気を発生させる装置。クリーンエネルギー技術の代表的な例なんだ。その電極にパラジウムを活用する研究が進んでいるよ。燃料電池の効率を高めてくれることが期待されているんだ。

おまけ アンモニアを分解して水素を取り出す触媒としても研究がすすんでいる。

水素を貯められる？パラジウム

46番 パラジウムのお話③

パラジウムは、自身の体積の約900倍もの水素を吸収して貯めることができるんだ。

これでわかる！3つのポイント

水素エネルギーを中心とした社会を目指すために

水素エネルギー社会とは、エネルギーの中心を「水素」にする未来の社会のこと。水素は、石油燃料に代わる環境にやさしいエネルギーとして注目されているんだ。でも、水素の貯蔵や輸送の方法が大きな課題の一つとなっているんだ。

水素貯蔵の切り札、パラジウム

パラジウムの金属結晶中には小さな隙間があって、その中に水素が入り込むことで貯蔵ができるんだ。一度貯蔵した水素は温度や圧力を調整すると、また取り出すことができるんだよ。このしくみは、とても高い効率性と安全性が特徴なんだ。

〈パラジウムによる水素貯蔵〉

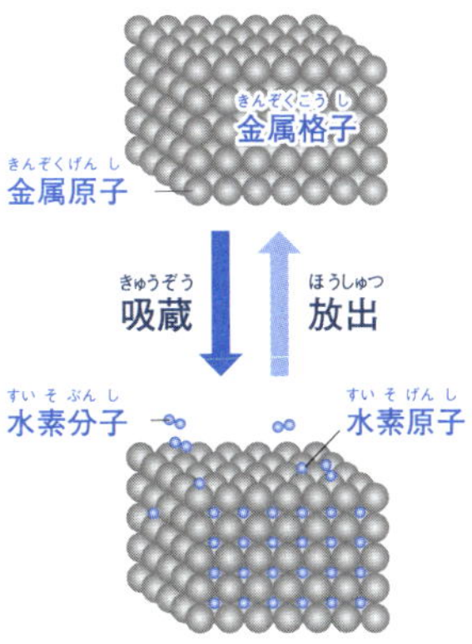

気体ボンベに貯蔵する方法と比べると？

気体ボンベに水素を貯蔵する場合は、高圧（数百気圧）が必要となり、扱いに注意が必要。また、気体が漏れた場合は爆発のリスクも高い。パラジウム貯蔵は、常温常圧に近い条件でも高効率で貯蔵が可能で、漏れの可能性が低いんだ。

おまけ パラジウムより安価で軽量な水素吸蔵合金の開発も進んでいる。

読んだ!
月 日

美しい輝きの銀、ただ硫黄には注意!

47番 銀のお話①

銀色の綺麗な光沢を持つ銀。その輝きは人々を魅了し紀元前から利用されているんだ。

これでわかる! 3つのポイント

銀は古代から知られている金属

元素記号はラテン語の「アルゲントゥム(輝き)」に由来しているよ。加工しやすく光の反射率が高く白い輝きを持つ銀。その輝きは、人々を魅了し「月の金属」ともよばれ宝飾品や貨幣などとして使われてきたんだ。

金よりも高価だった銀!?

中世ヨーロッパでは銀は金より高価なものとされたよ。ただ、アメリカ大陸発見後に大量の銀が流入して値段が下がったんだ。日本では戦国から江戸時代にかけて栄えた石見銀山など多くの銀鉱山が存在していたけど、今はすべて閉山しているよ。

〈元素の基本情報〉

47
Ag
銀
Silver
原子量 107.9
銀白色の固体

輝きを失う理由は硫黄

銀製品は、放置すると黒ずんでしまうことがあるよ。これは、空気中の硫化水素と反応して黒色の硫化銀ができるからなんだ。硫黄泉のにおいの元は硫化水素だから、硫黄泉に入るときは銀のアクセサリーを外しておくと安心だね。

硫黄泉には注意!

おまけ 銀の指輪が黒ずむのは皮ふのタンパク質をつくるアミノ酸の硫黄のせい。

身近な製品を支える銀のすごい特性！

47番 銀のお話②

銀は、電子機器や写真フィルム、抗菌製品など多くの分野で活用される万能金属なんだ。

これでわかる！3つのポイント

銀の特性を活かして身近なものに活用

銀は最もよく電気と熱を伝えるし、金に次いで展延性に富んでいるから電気接点やリード線に広く使われているよ。1 gの銀は1800 m程にまで延ばせるんだ。さびにくくて光の反射率が高いのでガラス表面を銀めっきし、鏡として使用されるよ。

臭化銀は光によって色が変わる！（感光性）

ハロゲン化銀は、光を当てると分解して銀の微粒子ができて色が変わるんだ。特に臭化銀は写真の感光剤として写真フィルムなどに使われていたよ。ただ、今はデジタル技術が進んだことで写真フィルムはあまり使われていないんだ。

銀塩カメラとフィルム

銀イオンの抗菌作用

古代から水に銀を入れておくと水が腐らないことが知られていたよ。銀イオンには、抗菌作用があるとされているんだ。例えば、今でも傷を清潔に保つ包帯や抗菌効果を謳う洗濯機などに銀イオンが使われているよ。

おまけ 小さくても電気の出力が安定している酸化銀電池にも使われている。

便利と危険が同居する金属のカドミウム!

48番 カドミウムのお話

めっきや電池の材料として活用されていたけど、近年その毒性が問題視されているよ。

これでわかる! 3つのポイント

カドミウムの名前は鉱石から生まれた!

1817年にドイツのシュトロマイヤーが古くから医薬としても使われていたカドメイアという鉱物から発見したので、カドミウムと命名されたんだ。この鉱物の名前は古代ギリシアの都市国家カドメイアから産出したことに由来しているよ。

鉄が錆びるのを防ぐカドミウムめっき

カドミウムは、腐食しにくく、はんだに乗りやすいので、鉄や銅をコーティングするめっき材料として広く利用されてきたよ。特に海水に強いので規制が厳しい今でも一部の船舶や航空機の部品などで重宝されているんだ。

ニッケルカドミウム電池は耐久性抜群

この電池は充放電を多く繰り返して使えるため、かつては多くの機器に利用されていたんだ。けれど、日本で起こったイタイイタイ病の原因がカドミウムとわかってから、厳しい制限がかかりリチウムイオン電池などで代替されているよ。

〈元素の基本情報〉

48
Cd
カドミウム
Cadmium
原子量 112.4

銀白色の固体

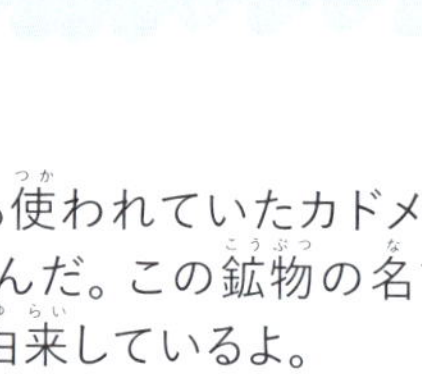

ニカド電池

おまけ 硫化カドミウムは鮮やかな黄色をしていて光センサにも使われている。

スマホの画面で大活躍! インジウム化合物

49番 インジウムのお話

やわらかい金属のインジウム。化合物はタッチパネルなどに利用されているよ。

これでわかる! 3つのポイント

インジウムの発見は分光分析法で!

1863年にドイツのリヒターとライヒが分光分析法を使って新しい元素を発見した際、藍色の光線が観測されたんだ。この美しい藍色の光にちなんで、ラテン語で藍色をあらわす「インディクム」からインジウムと名付けられたよ。

透明で導電性も! インジウム化合物の力

インジウム化合物の中で最も有名なのは酸化インジウムスズ(ITO)! この酸化物の薄い膜は、透明でありながら電気を通す性質を持っていて、スマホやタブレットなどのタッチパネルやディスプレイに利用されているよ。

かつては日本でも産出したインジウム

日本最大の亜鉛鉱山として知られる豊羽鉱山(札幌市)から亜鉛を精製する副産物として大量のインジウムが取り出されていたんだ。ただ、2006年に閉山になってからは輸入に頼っているよ。現在は、リサイクルの技術開発が進んでいるんだ。

〈元素の基本情報〉

49
In
インジウム
Indium
原子量 114.8
銀白色の固体

おまけ アンチモンとの化合物は、高感度の赤外線検出器に使われている。

スズ合金の青銅は世界を変えた!?

50番 スズのお話①

スズは古代から知られる金属の一つ。スズ単体も合金もずっと活用されてきたよ。

これでわかる! 3つのポイント

古代から知られている銅とスズの合金である青銅

石器時代と鉄器時代の間の青銅器時代の主役として世界史に一時代を築いたんだ。現在では、はんだやめっきが主な用途だよ。名前の由来は実はよくわかっていないんだ。例えば、英語名ティン、ドイツ語名ツィンの語源も不明なんだ。

人類の歴史を大きく変えた青銅器

純銅はやわらかいけど、スズと銅を混ぜた青銅（ブロンズ）は硬くて耐久性があり、加工もしやすかったので武器や道具、打楽器などに使われたよ。スズの含有量が少ないと赤銅色、多くなると黄金色に、さらに多いと白銀色に変化するんだ。

〈元素の基本情報〉

50
Sn　スズ
Tin
原子量 118.7

鉄の表面をスズでめっきしたのがブリキ

鉄は錆びやすいけど、ブリキにすると表面が美しく錆びにくいので缶詰などに使われているよ。軽くて加工しやすいから、おもちゃや装飾品にも使われていたんだ。ただ、表面が傷つくと中の鉄が錆びてしまうので注意が必要!

青銅製の鐘

おまけ スズを低温にさらすとボロボロになるんだ。この現象をスズペストとよぶ。

スズ合金はんだは家電製品の電子基板を支えている!

50番 スズのお話②

スズと鉛の合金はんだ。金属の接合に長く使用されてきたよ。

これでわかる! 3つのポイント

金属をつなぐはんだという接着剤

はんだはその融点の低さ、展性、電気伝導性から金属接合に欠かせない材料なんだ。融点184 ℃の共晶はんだ（スズ63 %、鉛37 %）が濡れ性もよくて金属同士を隙間なく接続でき、高品質に仕上がるのでよく使われてきたよ。

高温はんだと低温はんだ

高温はんだは、鉛の含有量を増やして銀やアンチモンなどを配合して融点を高くしたもの。高温の環境で融けてしまうと困る部分に使われているよ。ビスマスなどを配合した低温はんだは、融点は低いものの接着強度がやや劣るのが欠点なんだ。

鉛が入っていない鉛フリーはんだ

鉛の毒性を考慮して現在では鉛フリーはんだが主流なんだ。最初は、鉛フリーはんだの融点は約217 ℃と少し高めで扱いにくかったんだけど、近年では鉛フリー低温はんだの開発も進んでいてPCの基板にも使われているんだよ。

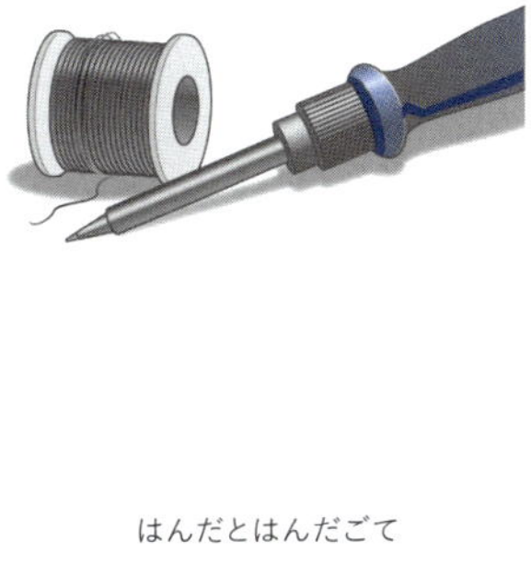

はんだとはんだごて

おまけ はんだは、基板だけでなく配管や装飾品の接合にも利用されている。

酸化スズの進化が暮らしを変える!

50番 スズのお話③

酸化スズは化粧品やガスセンサなど私たちの生活を支える重要な材料なんだ。

これでわかる! 3つのポイント

化粧品などにも配合されている酸化スズ

スズ化合物の仲間である酸化スズの白色粉末は、不透明度を高めるためや増量剤としてメイクアップ製品や日焼け止め、洗顔石鹸、入浴剤などに配合されているんだ。酸化スズは肌に対する刺激がほとんどなく、敏感肌用の製品でも使用可能なんだよ。

危険なガスの増加を知らせるガスセンサ

酸化スズは、ガスセンサの材料として活躍しているよ。200 ℃以上で一酸化炭素やメタンなどの可燃性ガスに接すると、酸化スズの表面で化学反応が起きて電気信号として検出されるんだ。例えば、家庭用ガス警報器などで利用されているよ。

家庭用ガス警報器

その他の酸化スズの用途

酸化スズは、装飾用ガラスの製造にも使われているんだ。ガラス表面に付着させ特別な色合いや透明性を持たせるんだ。また、赤みがかった土器に不透明な白みや光沢を与える釉薬の原料の一つとしても使用されているんだよ。

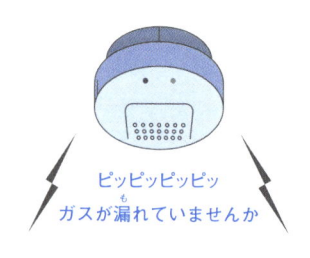

おまけ 酸化スズは、有機合成などの触媒として活躍している。

クレオパトラに愛された元素!?

51番 アンチモンのお話

古代エジプト絵画の女性は輝安鉱（硫化アンチモン）のアイシャドウで飾られていた。

これでわかる! 3つのポイント

絶世の美女クレオパトラもアイシャドウに使ったかも!?

本当かどうかわからないが、古代エジプトの女王クレオパトラが輝安鉱の黒色粉末をアイシャドウに使っていたという。その毒により、ハエが顔に留まったり卵を産んだりするのを防いだようだ。ただし毒性が強いので今は使われていない。

鉛蓄電池の鉛に混ぜると機械的強度が上がる

アンチモンは古代から知られていたが、中世に錬金術師たちが使い、性質を明らかにしたので発見は中世とされる。鉛蓄電池の鉛に数％混ぜて電極を強くしている。

朱肉や難燃剤（防炎剤）に利用

硫化アンチモンは判子の朱肉に利用。三酸化アンチモンはプラスチックや繊維に混ぜて燃えにくくする難燃剤として利用。例えば実験用白衣やカーテンや織物の繊維に混ぜている。アンチモンの毒性のため、かわりの材料の開発も進められている。

〈元素の基本情報〉

51
Sb
アンチモン
Antimony
原子量 121.8

銀白色の固体

古代エジプト女性のアイシャドウ

おまけ ホウ素やヒ素などとともに半金属とよばれ、半導体に近い性質を持っている。

原子
周期表
原子力
元素
科学史
宇宙
生物
光

テルルの合金はDVDなどの光ディスクに使われている!

52番 テルルのお話

DVDのデータ記録や消去にテルルの合金を用いている。

これでわかる! 3つのポイント

1782年、オーストリアのミューラーが発見したが正体はわからなかった

1798年、ドイツのクラプロートが取り出し、この新元素の正体を明らかにし、ラテン語のテルス（地球）より命名。昔から陶磁器、エナメル、ガラスの赤や黄色の色づけに用いられてきた。

ニンニク臭（成分:テルル化ジメチル）を生じる

テルルを取り扱ったり、触ったりすると呼気や汗からニンニク臭（テルル呼気）がするよ。

書き換えできる光ディスクなどに使用

光ディスクの記録層に、ゲルマニウム、アンチモン、テルルでできた化合物を使用。レーザー光で加熱した箇所は、加熱前の結晶状態から非結晶状態になり、データが記録される。記録の再生は、データの記録された非結晶部の反射率が結晶部よりも低いことによっている。データの消去はレーザー光をあてて非結晶を結晶にする。

〈元素の基本情報〉

52
Te
テルル
Tellurium
原子量 127.6
銀白色の固体

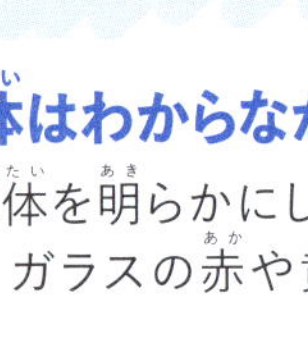

DVDディスク

おまけ テルル、ビスマス、セレンからなる半導体はモーター不要の静かな冷蔵庫に使用。

日本の貴重な輸出資源！

53番 ヨウ素のお話

ハロゲンの仲間。日本のヨウ素生産量は世界第2位で貴重な輸出資源。

これでわかる！ 3つのポイント

海藻灰の研究から見いだしたヨウ素

1811年、海藻灰の研究をしていたフランスのクールトアは、その分析で使った溶液に濃硫酸を加えたら正体不明の紫色の蒸気が発生。さらに蒸気は冷えて結晶になった。驚いたクールトアは友人の化学者に分析を依頼。その結果、新元素とわかった。

ヨウ素は昇華、凝華という変化をする

元素名はギリシア語の紫色（イオーデス）が語源だよ。日本語名のヨウ素は、ドイツ語のヨードを音訳したもの。

千葉県九十九里浜海岸一帯の地下水層に眠る

日本の生産量は世界第2位（1位はチリ）。日本国内での埋蔵量は約490万 t（世界一）と推定され、千葉県がその大部分を占めている。九十九里浜海岸一帯の地下水層（太古の海水）に天然ガスと同時に大量のヨウ素が含まれている。

〈元素の基本情報〉

53
I
ヨウ素
Iodine
原子量 126.9
光沢のある黒紫色の固体

固体 → 昇華 → 気体
気体 → 凝華 → 固体

ヨウ素の固体を加熱すると直接紫色の気体に（昇華）、ヨウ素の気体は冷えると直接固体に（凝華）

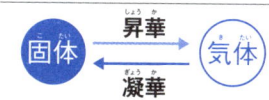

おまけ 海藻類は、海水中に含まれるヨウ素を濃縮して蓄積している。

原子
周期表
原子力
元素
科学史
宇宙
生物
光

甲状腺ホルモン合成に必要!人体に必須の元素

53番 ヨウ素のお話

欠乏すると甲状腺の働きが弱くなり、いろいろな障害が出るよ。

これでわかる! 3つのポイント

甲状腺ホルモンをつくる材料

甲状腺は喉ぼとけのあたりにある。重さは大人で約20 g。甲状腺は甲状腺ホルモン(骨や筋肉の発達を促進し、エネルギーの代謝を促進する)をつくるためにヨウ素を取り込み蓄積する。欠乏すると骨軟化症、甲状腺障害の原因になる。

単体のヨウ素は殺菌、抗ウイルス作用を示す

うがい薬や消毒薬、防腐剤に使われる。ヨウ素は水には溶けにくいので、ヨウ化カリウム水溶液に溶かす。消毒薬のヨードチンキはヨウ素、ヨウ化カリウムを水とエタノールに溶かしたものだよ。他に、ヨウ素はレントゲン造影剤やスマホ画面の偏光板にも使われている。

〈甲状腺の場所〉

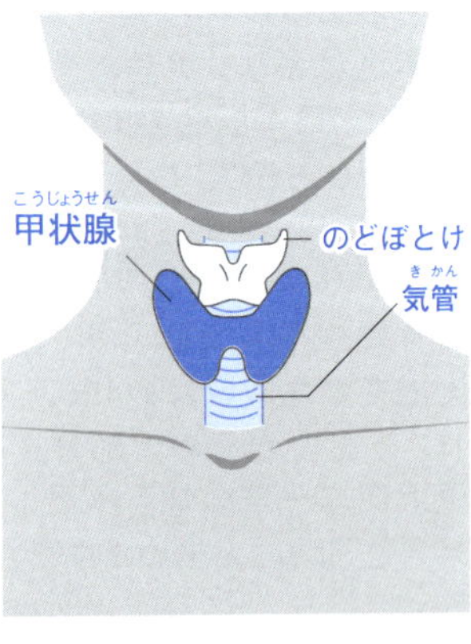

デンプンがあると紫色に(ヨウ素デンプン反応)

ヨウ素をヨウ化カリウム水溶液に溶かしたヨウ素液は、デンプンに加えると紫色になる。

おまけ 日本人は、ヨウ素を蓄積している海藻が手軽に摂取できるので欠乏症は少ない。

なぜ探査機「はやぶさ」で話題に？

54番 キセノンのお話

キセノンは小惑星探査機「はやぶさ」「はやぶさ2」で、イオンエンジンの推進剤に。

これでわかる! 3つのポイント

1898年、イギリスのラムゼーとトラバースが分離

貴ガスの仲間。すでに空気からネオン、アルゴン、クリプトンを取り出していたが、大量のクリプトンを何度も蒸留（分留）して、キセノンを分離した。分離に苦労したこともあり、ギリシア語の「見知らぬもの」というクセノスから命名した。

キセノンを使ったイオンエンジン

電子レンジと同じマイクロ波でキセノンを電離したプラズマ状態（原子が電子と陽イオンにばらばらになった状態）にして、エンジンの出口に負の電界をかけて（乾電池1000個直列分の電圧）、陽イオンを加速してエンジンから噴射させたんだ。

〈元素の基本情報〉

54
Xe キセノン
Xenon
原子量 131.3

無色、無臭の重い気体

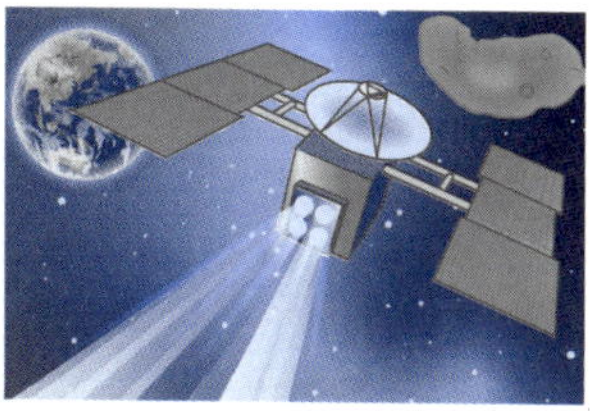

フィラメントを用いないキセノンランプ

ガラス管に入れて電圧をかけ放電させると強力な白色光を放つ。キセノンランプは、フィラメントを用いないため耐久性が格段に増す。ストロボスコープ、スライド映写機、スポットライト、内視鏡、集魚灯など広範囲に利用されている。

おまけ 1962年、キセノンで貴ガスの最初の化合物がつくられたよ。

水に入れれば爆発的に反応!

55番 セシウムのお話

アルカリ金属の仲間。全元素中で最も陽イオンになりやすい（陽性が強い）んだ。

これでわかる! 3つのポイント

1860年、ドイツのブンゼンとキルヒホッフが分光分析法で最初に発見した元素

彼らは濃縮した鉱泉水からすでにわかっている元素を取り除いてから、液を加熱し、分光分析法で新元素のスペクトルを得た。そのときの輝線スペクトルが青かったのでラテン語のカエジウス「空色」をもとにブンゼンがセシウムと命名した。

水に入れると爆発的に反応

性質がわかっているアルカリ金属の中で最も陽イオンになりやすく、低温でも水と爆発的に反応したり自然発火したりする。危険物に指定。融点が28 ℃と金属中で水銀の次に低い。

時間の基準となる元素

同位体の一つであるセシウム133がある波長の電波（マイクロ波）を1回放出するときの電波の振動を91億9263万1770回繰り返した時間を1秒と決めている。そこで現在の時間の基準となるセシウム原子時計が利用されている。誤差は7000万年に1秒程度だよ。

〈元素の基本情報〉

55
Cs
セシウム
Caesium
原子量 132.9

とてもやわらかい銀白色の固体

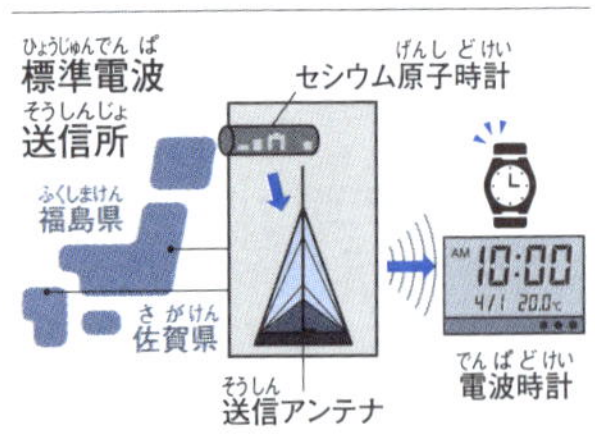

おまけ 同位体のセシウム137（半減期30年）は、ウランの核分裂時に大量にできる。

胃のレントゲン検査で飲む「バリウム」の正体とは?

56番 バリウムのお話

アルカリ土類金属の仲間。胃のレントゲン検査の「バリウム」は硫酸バリウムだよ。

これでわかる! 3つのポイント

イギリスのデービーがボルタ電池を使った電気分解で取り出した

1808年、デービーは酸化水銀と酸化バリウムの湿った混合物を電気分解してバリウムの水銀アマルガムを得た。ただし、水銀を完全に取り除けなかった。すでに知られていたアルカリ土類金属より重いので、ギリシア語の「重い」のバリスから命名。

硫酸バリウムは水に溶けない

硫酸バリウムはX線を通さないのでレントゲン検査の造影剤に利用。硫酸バリウムは水に不溶で人体には吸収されない。もし単体のバリウムなら銀白色をしていて、摂取すると口、食道や胃で水と反応して水素を発生し、水溶性で、強いアルカリかつ有毒な水酸化バリウムになり、胃の胃酸(塩酸)と中和が起こる。

〈元素の基本情報〉

56
Ba
バリウム
Barium
原子量 137.3
銀白色の固体

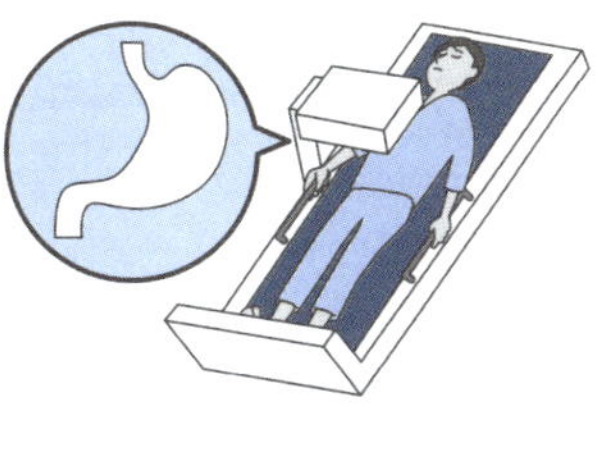

炎色反応が美しい緑色

緑色を出すために硝酸バリウムを花火の原料として利用。チタン酸バリウムはコンデンサーに、硝酸バリウムは白色の顔料に用いられる。

おまけ バリウムイオンが体内に吸収されると筋肉の麻痺が起こり、最悪で呼吸停止に。

ランタノイドというグループとランタンとは？

ランタノイドのお話

ランタンを先頭とする、お互いに極めてよく似た化学的性質を持った15元素グループ。

これでわかる！ 3つのポイント

ランタノイドは「ランタンのような元素」（いわばランタン一家）

57番ランタン～71番ルテチウムの15元素。周期表で見ると、本体から追い出されて下の方に並べられているが、本体に入れると周期表の横幅が広くなりすぎて見づらいので「見た目」をよくするためにこうなっている。

ハイテク製品の材料として重宝

隣り合う元素はお互いに化学的性質がよく似ていて分離が難しかった。今はイオン交換樹脂を用いて比較的容易に分離。ハイテク素材に少量混ぜると性能が飛躍的に向上するため重宝されることが多く、スカンジウム、イットリウムにランタノイドを加えたものが「レアアース（希土類）」。

ランタンはスウェーデンのモサンデルが発見

1839年発見。セリウムに隠されていたので、ギリシア語の「隠れる」ランタネインから命名。酸化ランタンは、ガラスに混ぜると高屈折ガラスになるのでカメラのレンズなどに利用。

〈元素の基本情報〉

57
La
ランタン
Lanthanum
原子量 138.9

銀白色の固体

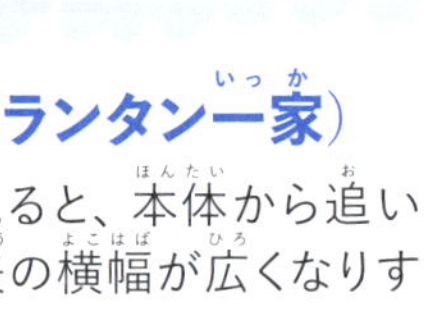

カメラのレンズ

おまけ レアメタルは埋蔵量が少ないか、技術やコストの面から抽出が難しい金属の総称。

ランタノイドで最も多く産出の元素とは?

元素番号58、59番のお話

セリウムだよ。地殻中にスズや銅より多く、最初に発見されたランタノイドだ。

これでわかる! 3つのポイント

セリウムの発見をスウェーデンとドイツの化学者が争った

1803年、スウェーデンのベルセリウスとヒージンガーが同国産の鉱物から発見。ドイツのクラプロートも同年、独立に発見。現在ではこの3人が発見者とされる。1801年に発見された小惑星セレス（ケレス）にちなんで命名された。

セリウムはガラス研磨剤などに利用

酸化セリウムはガラスの研磨剤として利用、また、ガラスに添加すると紫外線を強く吸収するため、サングラスや自動車の窓のガラスに使用。排気ガスに含まれるPM（粒子状物質）を減らすためにディーゼル車のエンジンに触媒として使用。

プラセオジムは1885年、発見

オーストリアのウェルスバッハが発見。ギリシア語の「緑」プラセオスと「双子」のジジモスを合わせて命名。工業用途は少ないが各種の塩類が陶磁器の黄緑色のうわぐすりに利用。青色光を吸収する性質から溶接用ゴーグルに利用。

〈元素の基本情報〉

58
Ce セリウム
Cerium
原子量 140.1
銀白色の固体

59
Pr プラセオジム
Praseodymium
原子量 140.9
銀白色の固体

おまけ セリウムを主に、他にランタンやプラセオジムなどを含む合金は発火合金に利用。

世界最強の永久磁石をつくる元素!

60番 ネオジムのお話

ネオジム、鉄、ホウ素が材料のネオジム磁石は日本人が開発した世界最強の永久磁石だよ。

これでわかる! 3つのポイント

1885年、オーストリアのウェルスバッハが発見

ジジミウムは単独の元素と思われていたが、ウェルスバッハがプラセオジムとネオジムに分離することに成功。ジジミウムは、その後元素から外された。ネオジムはギリシア語の「新しい」ネオスと「双子」ジジモスから命名。

ネオジム磁石は世界一の磁力

1970年代前半に、非常に強い磁力のサマリウム・コバルト磁石が欧米に登場。1982年にこれを超えるネオジム・鉄・ホウ素という3つの元素からなるネオジム磁石を住友特殊金属（現・日立金属）の佐川眞人らが発明し、翌年から生産開始。

〈元素の基本情報〉

60
Nd
ネオジム
Neodymium
原子量 144.2

銀白色の固体

ネオジム磁石にたくさんのクリップがつく。

ネオジム磁石で機器の性能が飛躍的に向上

ネオジム磁石はサマリウム・コバルト磁石と比べて軽く、磁力1.5倍、機械的強度は約2倍。モーターやスピーカーの超小型化、高性能化に寄与。弱点はさびやすく、熱に弱いこと。ジスプロシウムを少量添加して耐熱性を持たせている。

おまけ ネオジム磁石は電気自動車の心臓部のモーターの部品などに使われている。

サマリウム・コバルト磁石はネオジム磁石に次ぐ強さ！

元素番号61、62番のお話

サマリウム・コバルト磁石は高温でも磁力が落ちず、さびにくいのが長所だよ。

これでわかる！ 3つのポイント

プロメチウムは、1947年、ウランの核分裂生成物から発見

元素名はギリシアの神プロメテウスが由来。天然の鉱物からは発見できなかったが、原子炉のウラン核分裂生成物の中から分離した。後年、天然にもごく微量は存在することがわかった。稼働中の原子炉で日々生み出されている。 原子力電池に利用。

サマリウムは人名をつけた最初の元素

1879年、フランスのボアボードランが発見。サマルスキー石から取り出した物質から分離。その石の名から命名。結局、この石を発見したロシアの鉱山技師サマルスキーに由来なので、実在の人の名前がつけられた最初の元素名といえるよ。

高温に強いサマリウム・コバルト磁石

サマリウム・コバルト磁石は、最強の磁力の地位はネオジム磁石に譲るが、高温に強くさびにくいので高温環境での小型モーターなどに使われる。サマリウムの同位体は半減期が長いので、岩石から太陽系の歴史を調べる年代測定に使われる。

〈元素の基本情報〉

61
Pm プロメチウム
Promethium
原子量 145
銀白色の固体

62
Sm サマリウム
Samarium
原子量 150.4
銀白色の固体

おまけ サマリウム・コバルト磁石もネオジム磁石も希土類（レアアース）磁石の仲間だよ。

ユウロピウムとガドリウムってなに？

元素番号63、64番のお話

ユウロピウムはLED電球の蛍光体に使われているよ。

これでわかる！ 3つのポイント

ユウロピウムは、1896年、フランスのドマルセが発見

1896年、分光器の光源をより強力なものにすることでスペクトルを明るくし、酸化サマリウムの中に新元素が存在することを突き止めた。1901年、新元素の単離に成功し、これまで希土類元素が発見されてきたヨーロッパを記念して命名。

ガドリニウムは、1880年、発見

スイスのマリニャクはボアボードランによるサマリウム分離を受け、追試で未知物質を発見。これをボアボードランが1886年、新元素と確認し、最初に希土類元素（イットリウム）を発見したフィンランドのガドリンを讃えて命名。

ユウロピウムとガドリニウムの用途

ユウロピウムは電球型蛍光灯やLED電球の蛍光体に使用。ガドリニウムの化合物はMRI（磁気共鳴画像診断法）で造影剤に使うと腫瘍だけをコントラストをつけて周囲と区別することができる。

〈元素の基本情報〉

63
Eu
ユウロピウム
Europium
原子量 152.0
銀白色の固体

64
Gd
ガドリニウム
Gadolinium
原子量 157.3
銀白色の固体

おまけ ガドリニウムは中性子を吸収する能力が高いため、原子炉の制御に使用。

テルビウムとジスプロシウムってなに?

元素番号65、66番のお話

テルビウム-ジスプロシウム-鉄合金は磁力で大きく伸び縮みする性質を持っているよ。

これでわかる! 3つのポイント

テルビウムは1843年、スウェーデンのモサンデルが発見

純粋な酸化イットリウムと思われていたものをさらに分析し、純度の高いイットリウム、テルビウム、エルビウムの3つに分離することに成功。元々の鉱石の産地のイッテルビーという小さな村の名にちなんで命名。

ジスプロシウムは1886年、発見

フランスのボアボードランが純粋なホルミウムと思われていたものに分光法のスペクトル分析で未知元素が混じっていることを知り、再結晶を何度も繰り返して分離に成功。ギリシア語の「近づきがたい」ジスプロシトスから命名。

磁力で大きく伸び縮みする性質を持つ合金

より小さな磁力で大きな磁歪(磁力で大きく伸び縮みする性質)が得られるテルビウム-ジスプロシウム-鉄合金が開発され、カラープリンタの印字ヘッドや精密加工機械に利用。ジスプロシウムは昼間に光を貯めて夜発光する蓄光顔料に使われる。

〈元素の基本情報〉

65
Tb
テルビウム
Terbium
原子量 158.9
銀白色の固体

66
Dy
ジスプロシウム
Dysprosium
原子量 162.5
銀白色の固体

おまけ 蓄光顔料は放射線による夜光顔料に替わり、その歴史を大きく塗り替えた。

ホルミウム、エルビウム、ツリウムとは？

元素番号67、68、69番のお話

ホルミウムは医療用レーザーに、エルビウムとツリウムは光ファイバーに利用。

これでわかる！3つのポイント

ホルミウムは大パワーの医療用レーザーに利用

1879年、スウェーデンのクレーベが発見。元素名はクレーベの生誕地であるストックホルムのラテン名ホルミアに由来。医療用のホルミウムヤグ（ホルミウムを添加したYAG〔イットリウム・アルミニウム・ガーネット〕）レーザーに利用。

光ファイバーにエルビウム添加で光を増幅

1843年、スウェーデンのムーサンデルが発見。元素名は発見された土地のイッテルビーに由来。石英ガラスの光ファイバーでは長距離を伝送すると強度が弱まるが、要所にエルビウムを添加した増幅器を置くと、伝送距離が大きく延びる。

ツリウムも光ファイバーに添加で光を増幅

元素名の由来には複数の説があるが、スカンジナビアの古名ツーレ（極北の地）由来が有力。光ファイバーに添加して増幅器として使用。エルビウム増幅器が対応できない波長の光を増幅可能。ツリウムファイバーレーザーは胆石粉砕に使用。

〈元素の基本情報〉

原子番号	元素記号	名称	英名	原子量	状態
67	Ho	ホルミウム	Holmium	164.9	銀白色の固体
68	Er	エルビウム	Erbium	167.3	銀白色の固体
69	Tm	ツリウム	Thulium	168.9	銀白色の固体

おまけ ホルミウムヤグレーザーは組織の切開や凝固、止血、結石治療に用いられている。

イッテルビー村の名前をもらった最後の元素！

70番イッテルビウムのお話

イッテルビー村産の鉱石から見つかったので、村の名前がついた4つ目の元素名。

これでわかる！ 3つのポイント

1878年スイスのマリニャクが発見

1843年にスウェーデンのモサンデルが発見していたエルビウムだけの酸化物と思われていた物質から、マリニャクがエルビウムと異なる白い酸化物を分離したんだ。彼は原料の鉱石が産出したイッテルビー村の名前から元素名をつけたんだよ。

イッテルビー村にちなむ元素名の4つ目

すでにイットリウム（Yttrium）、テルビウム（Terbium）、エルビウム（Erbium）の3つの元素がイッテルビー（Ytterby）村の名前を3分割してつけられていたんだ。イッテルビウムはイッテルビーをそのまま丸ごと元素名にしたんだよ。

ガラスの着色剤やレーザー装置に利用

ガラスの黄緑色の着色やレーザーの添加剤に使われているよ。イッテルビウムを含むガラスファイバーを使ったファイバーレーザーは光を増幅させて高い出力と微細加工を可能にし、レーザー切断、溶接、マーキング、穴開けなどに使われているよ。

〈元素の基本情報〉

70 **Yb**

イッテルビウム

Ytterbium

原子量 173.0

銀白色の固体

おまけ イッテルビウム光格子時計は、国際原子時の較正に貢献しているよ。

4つの元素名の由来になったスウェーデンの小さな村!?

イッテルビー村のお話

イッテルビー村は、4つの希土類元素名の由来として有名になった村。

これでわかる！ 3つのポイント

町外れの村という意味のイッテルビー村は「希土類元素の故郷」

スウェーデンの首都ストックホルムから約20 kmのレサルエー島にイッテルビー村がある。村には陶磁器の原料になる長石や石英を掘り出す採石場（現在は廃坑）があったんだ。ここで黒く重い変わった鉱石（ガドリン石）が見つかったんだ。

黒く重い変わった鉱石をガドリンが分析

アマチュア地質学者アレニウス（軍人）は、その鉱石について意見を求めるために対岸にあるフィンランドの化学者ガドリンに送ったんだ。ガドリンが分析したところ鉱物の38 %は未知元素の酸化物であると1794年に報告したんだよ。

イッテルビー村

この村は多くの元素名の由来になったよ

ガドリンが発見した酸化物はイットリア（酸化イットリウム）とよばれたことがきっかけで、その後次々と発見された希土類元素の出所に敬意を表し、イッテルビーに由来する元素たちになったんだよ。

おまけ イッテルビー村の近辺には、「テルビウム通り」「イットリウム通り」などがあるよ。

天然ランタノイド最後の元素ってなに？

元素番号71、72番のお話

ちがう石から天然ランタノイドとして最後に発見されたルテチウムとハフニウム。

これでわかる！3つのポイント

1907年にユルバンとウェルスバッハが発見。命名権はユルバンの手に

1905年にオーストリアのウェルスバッハがイッテルビウムだけと思われた酸化物から新元素を発見、1907年に分離した。同じ年にフランスのユルバンも分離に成功。数カ月早く発表したため命名権を得て、フランスの古名ルテチアから命名されたよ。

ハフニウムは1923年にジルコンから発見

デンマークのボーア研究所で働いていたオランダのコスターとハンガリーのヘベシーが鉱石のジルコンからX線分析と分別結晶を繰り返して発見したんだ。ボーア研究所があったコペンハーゲンのラテン語名ハフニアにちなんで名づけられたよ。

ハフニウムは原子炉の制御棒に利用

ルテチウムはがん検査のPETで、体内の目印物質が出す放射線検出に利用されている。ハフニウムはジルコニウムと化学的性質はよく似ているけれど、中性子に対する性質が正反対で、中性子をよく吸収するので原子炉の制御棒に使われているよ。

〈元素の基本情報〉

71
Lu
ルテチウム
Lutetium
原子量 175.0
銀白色の固体

72
Hf
ハフニウム
Hafnium
原子量 178.5
銀灰色の固体

おまけ ルテチウムの発見をもって、約100年のランタノイド発見の歴史は幕を閉じたよ。

スマホの小型電波フィルターに使われている!

73番 タンタルのお話

タンタルの化合物が特定の範囲の電波を拾い出すフィルターに使われているよ。

これでわかる! 3つのポイント

1802年、スウェーデンのエーケベリがとても苦労して発見した

ニオブと化学的性質が似ていて分離が難しかった元素なんだ。発見後もしばらくニオブと同じ元素と疑われていたくらいだったんだ。だからギリシア神話の神ゼウスによって苦しめられた半神タンタロスにちなんで名づけられたよ。

タンタルってどんな性質なの?

単体は、高融点（金属ではタングステン、レニウムの次で、2985 ℃）で、硬く、展性や延性に富み、さびにくく王水にも溶けない金属だ。だから航空エンジン用の合金添加剤に用いられる。合金は化学プラントの材料になっているよ。

スマホの雑音や混線を防ぐフィルター

特定の周波数帯の信号を取り出すSAWフィルターにタンタル酸リチウムを使用。スマートフォンやTVチューナー、無線LANなどに搭載されている。また、酸化タンタルは、屈折率の高い高性能光学レンズに使われているよ。

〈元素の基本情報〉

73
Ta
タンタル
Tantalum
原子量 180.9
銀白色の固体

おまけ タンタルは無害なので、人工の骨、歯根に使われることがあるよ。

丈夫で強い! 現代に必要な重要資源

タンタルコンデンサーのお話

タンタルコンデンサーは電子機器の性能向上に重要な役割を果たしているよ。

これでわかる! 3つのポイント

コンデンサー(キャパシタ)は蓄電器のこと

コンデンサーとは、電気を貯めることができて、貯めた電気を必要なときに使える部品のことだよ。つまり、充電(電気を貯める)と放電(電気を使う)の両方ができる部品なんだ。そして、タンタルを使ったものがタンタルコンデンサーだよ。

タンタルコンデンサーのよいところ

単体のタンタル粉末を焼き固めて陽極(+極)にしたタンタルコンデンサーは、表面に形成された酸化タンタル膜を誘電体(電気を貯める薄い膜)にして、小型で高静電容量になっているんだ。さらに高温にも低温にも強いため丈夫で長寿命だよ。

電子機器の隠れた担い手

そのため、タンタルコンデンサーはスマホやコンピュータ、テレビ、自動車などの電子機器を小型化、高性能化するためにたくさん使われているよ。そして、電子基板から回収して再利用もできるので、持続可能な資源の1つなんだよ。

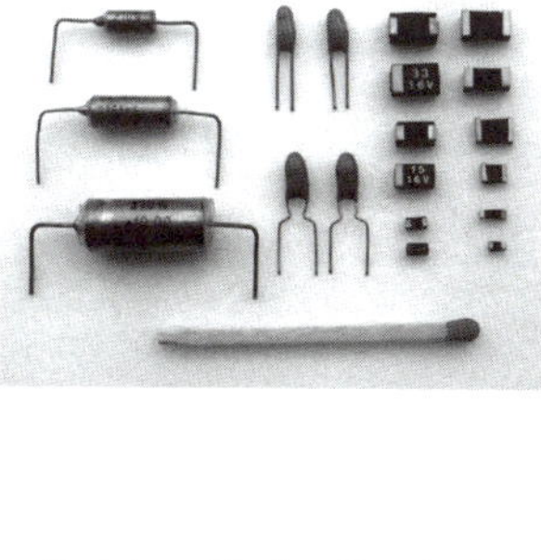

タンタルコンデンサー(キャパシタ)

おまけ タンタルの最大の用途は小型で大容量のコンデンサー用だよ。

原子 周期表 原子力 元素 科学史 宇宙 生物 光

重くて強い！ 工具にも 使われる金属

74番 タングステンのお話①

タングステンの鉱石はスズと混ざると、スズがうまく取り出せなかったんだよ。

これでわかる！ 3つのポイント

1781年、スウェーデンのシェーレがスウェーデン語の「重い石」から命名

「重い石」(現在の名は灰重石）はスウェーデン語でタングステン。それが元素名になったんだ。でも、スズ鉱石と混ざると精錬時にスズを狼（ウルフ）が食べるみたいにスズが減るので、ウォルフラマイトとよばれて元素記号がWになったんだよ。

硬くて強い

タングステンは合金にするととても硬くなる性質を持っている。特に炭素と一緒になるとダイヤモンドに次ぐ硬さ（モース硬度9、ダイヤモンドは10）になり、切削工具や耐摩耗（表面がすり減らない）工具に使われているんだ。

金と同じくらいの密度（重い！）

タングステンの密度は19.3 g/㎤で鉄の約2.5倍、金とほぼ同じだよ。だから、すごく重いんだ。この性質を活かして、釣りのおもりやゴルフクラブのウエイト（おもり)、ハンマー投げのハンマーに使われているよ。

〈元素の基本情報〉

74
W
タングステン
Tungsten
原子量 183.8

銀灰色の固体

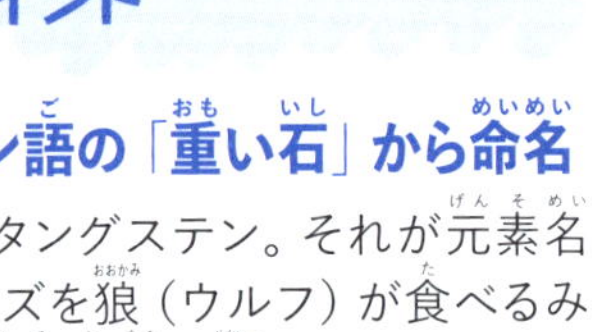

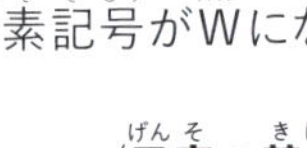

白熱電球のフィラメントに使われた。

おまけ ドイツなど一部の地域では、今でもタングステンをウォルフラムと呼んでいるよ。

混ざると強くなるタングステン!?

74番 タングステンのお話②

タングステンに炭素や他の元素を混ぜて合金にすることで劇的に性質が変わるよ。

これでわかる! 3つのポイント

高い融点

タングステンの融点は3400 ℃。これを利用したのが電球のフィラメントで、2000 ℃を超えた温度で電球を明るくした。また熱に強いという性質を利用して電子レンジのマグネトロン、高温炉用の耐熱材料にも使われているよ。

タングステンで製品をつくるには?

タングステンは融点がすごく高い。鉄みたいに融かして形をつくれない。そこで、粉にして固めてから高温で焼くという方法で製品をつくるんだ。この粉に炭素が混じると、劇的に硬度が高くなって性質が変わることがわかったんだ。

炭化タングステンとコバルトの超硬合金

タングステンに炭素を加えると硬度が高くなる(硬くなる)。これにコバルトも混ぜるとさらに硬くなって、摩耗しにくい、高強度、高剛性の性質を持つ超硬合金になる。耐久性の必要な工具をつくったり、砲弾や戦車の装甲にも使われたりするよ。

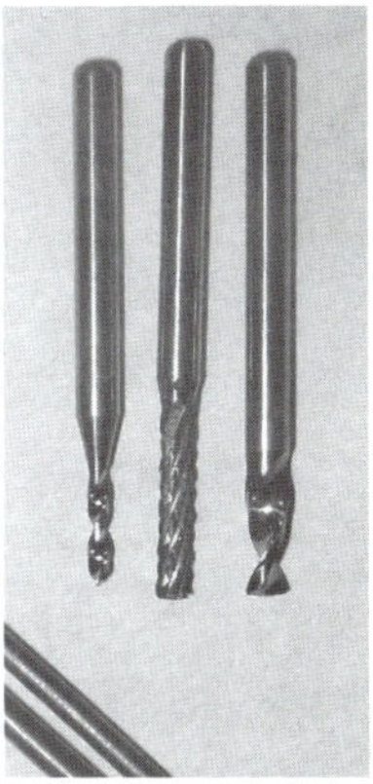

超合金製品

おまけ タングステンに金めっきした金の偽物に注意! 2つの金属の比重はほぼ同じだ。

最後から 2番目に発見された 天然元素って？

75番レニウムのお話

フランシウムの前、安定な元素では最後に発見された、高融点、高密度のとても希少な金属。

これでわかる! 3つのポイント

残り物の分析から発見されたレニウム

1925年、ドイツのノダックとタッケ（後のノダック夫人）とベルクが、コルンブ石から別の元素を丹念に分離した残りの成分をX線分析して発見したんだ。ドイツで発見されたので、ライン川のラテン語名レーヌスにちなんで命名されたんだよ。

硬いだけじゃない、レニウムの用途

金属単体はとて硬く、融点はタングステンに次いで高いので、ロケットノズルなどの耐熱材料に使われているよ。また、石油精製で石油ナフサをガソリンに改質させる触媒に使われているんだ。レニウム触媒はリサイクル可能なんだよ。

〈元素の基本情報〉

75
Re レニウム
Rhenium
原子量 186.2
銀灰色の固体

F15のエンジン

幻のニッポニウム

小川正孝が原子番号43の新元素を発見したとして、1908年にニッポニウムと命名し発表したんだけど、取り消されてしまったんだ。現在ではこの時発見されたものはレニウムだったとわかっているんだよ。

おまけ 大量破壊兵器の開発に利用される恐れがあるために輸出規制されている。

単体は臭くない！オスミウム

76番 オスミウムのお話

化合物のにおいから残念な名前となったけど、単体は無臭のオスミウム。

これでわかる！3つのポイント

臭い金属といわれるが

1803年、イギリスのテナントが、白金鉱石からイリジウムとともに発見したんだ。オスミウムの化合物を酸処理したところ、強い臭気を放つ気体が発生したことから、元素名はギリシア語でにおいを意味するオスメから名づけられたんだ。

オスミウムってどんな金属？

オスミウムは硬くてもろい青白い光沢をした金属なんだ。天然元素としては最も密度が大きいんだよ。常温でもすぐに酸素と結びついてしまう性質があるので、空気中で保存することはできないし、単体での用途はほとんどないんだ。

〈元素の基本情報〉

76
Os
オスミウム
Osmium
原子量 190.2

青みがかった銀色の固体

合金として活用されるオスミウム

オスミウムを添加した合金は摩擦に強く、電気スイッチの接点などに利用されているよ。オスミウムとイリジウムの合金は強い酸性のインクでも溶けない耐食性があり、耐久性も高いので高級万年筆のペン先に使用されているんだ。

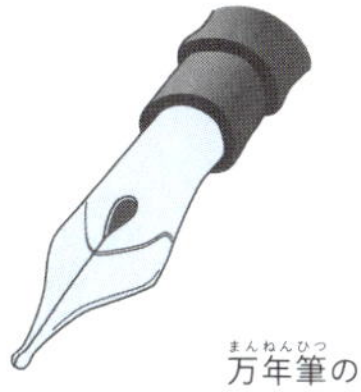

万年筆のペン先

おまけ 四酸化オスミウムは沸点が41 ℃と低く、毒性も強いので注意が必要。

とても硬くてもろい金属!?

77番イリジウムのお話①

高密度で高硬度、酸などに対して強いが、単体では加工が難しく主に合金で利用。

これでわかる! 3つのポイント

イリジウムの発見

1803年、イギリスのテナントが白金鉱石からオスミウムとともに発見したんだ。実験のときに、発見した元素の化合物の色が美しく変化したことから、ギリシア神話の虹の女神イリスにちなんで、イリジウムと命名されたんだよ。

強すぎて単体では使いにくいイリジウム

イリジウムは腐食に対する抵抗力が最も強い金属なんだよ。酸化しにくく、他の薬品に対しても耐性があり、熱した王水にも、なかなか溶けないんだ。とても硬い上に、とてももろく、加工しにくく単体で使うことは難しいんだ。

〈元素の基本情報〉

77
Ir
イリジウム
Iridium
原子量 192.2

銀白色の固体

合金として活用されるイリジウム

特に白金族元素の強度を増すために、合金として利用されるんだ。質量の基準となっていたキログラム原器、長さの基準となっていたメートル原器は、いずれも白金とイリジウムが9:1の割合の合金なんだ。

キログラム原器

おまけ 発見者のテナントは、ダイヤモンドが炭素であることを証明した。

とても重い！地表にはほとんどない金属

77番イリジウムのお話②

イリジウムは、とても重たい元素で、地表付近にはほとんどない貴重な金属だよ。

これでわかる！3つのポイント

地殻にはほとんど含まれず、地下深くマントルや核に多く含まれる

イリジウムは宇宙にはある程度存在するけど、地殻にはほとんど含まれていなくて、地下深いマントルや隕石には含まれているんだ。その理由は、とても重たい元素なので、地球がまだ熱かった時代に沈んでしまったからだと考えられているよ。

イリジウムが示す、巨大隕石衝突

約6600万年前の地層中に比較的多くイリジウムを含んだ地層があるんだ。地表では非常に少ない元素なので、これは隕石由来と考えられているんだ。メキシコに衝突したこの隕石の直径は約10 kmにも及ぶと考えられているよ。

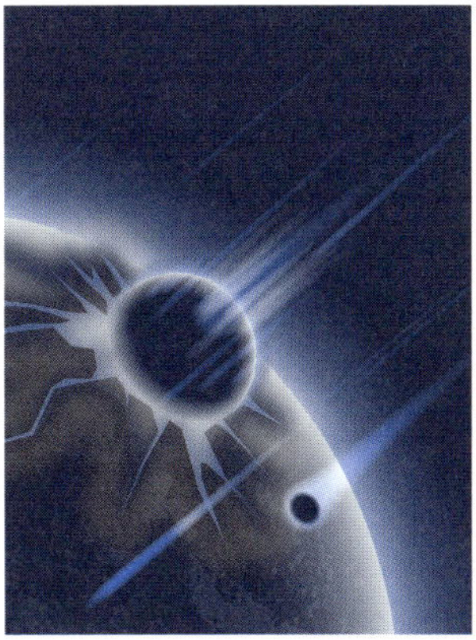

隕石が衝突し恐竜は絶滅することになる。

隕石の衝突が恐竜の絶滅をまねいた

巨大隕石の衝突によって巨大津波と大規模な山火事が発生したんだ。さらに成層圏まで巻き上げられた塵や硫黄が太陽光をさえぎり、地球が寒冷化し、多くの植物が枯れてしまったことが恐竜絶滅の原因の最も有力な説なんだよ。

おまけ オスミウムとともに白金採掘の副産物として採取される。

金よりも希少！な貴金属、白金

78番 白金のお話①

白金はプラチナともよばれ、産出量が金よりもずっと少ない貴金属なんだ。

これでわかる！3つのポイント

川で発見された白金

1735年、スペインの数学者で探検家のウジョーアがコロンビアのピント川で発見したんだ。金よりも白っぽい金属は「ピント川の小さな銀」と呼ばれていて、スペイン語の小さな銀を意味するプラチナが元素名の語源となったんだよ。

金よりも貴重で、高価な貴金属

白い光沢を持つ金属で、化学的に非常に安定であるため、装飾品に多く利用される。有史以来の生産量は約4,500 tと非常に少なく、金の30分の1以下なんだ。そのため、かつては金よりも高値で取引されていたよ。

〈元素の基本情報〉

78
Pt
白金
Platinum
原子量 195.1
銀白色の固体

ホワイトゴールドは全くの別物

ホワイトゴールドを直訳すると白金だけど、金に銀やパラジウムなどを混ぜ色を白金に似せた合金なんだ。複数の種類の金属が入っているから金属アレルギーを起こす可能性が高いけど、本物の白金なら危険性はきわめて低いよ。

プラチナ製の指輪

おまけ 入手し難い貴重なもののたとえとして、プラチナ○○という表現をする。

化学工業の触媒として不可欠!

78番 白金のお話②

装飾品にとどまらず、工業化学の世界で、特に触媒として重要な金属なんだ。

これでわかる! 3つのポイント

触媒として、大活躍する白金

触媒とは自分自身は変化せず、ある化学変化を進める働きをする物質のことなんだ。白金は、それ自身は変化しにくく、触媒としての能力も高いので、長い期間、安定した働きをすることができるんだ。

白金が触媒として働く例

空気中で白金の微小な粉の白金黒に、水素を吹きかけるだけで爆発的に燃えて水ができるよ。商品名ハクキンカイロは火をつけなくてもベンジンが燃えて発熱。白金の表面に酸素分子が吸着し、反応しやすい状態になっているんだよ。

〈ハクキンカイロのしくみ〉

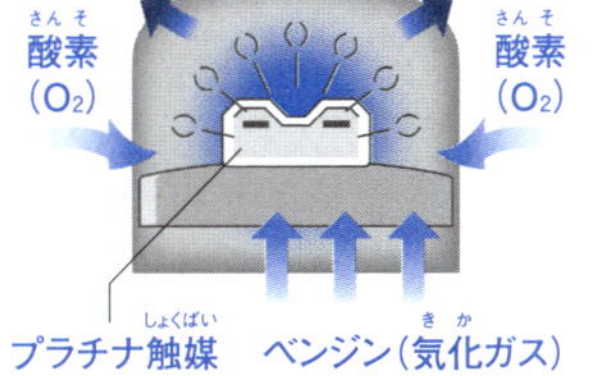

燃料電池に使われる白金

燃料電池は水の電気分解の逆の反応なんだ。つまり、酸素と水素から水ができるときに電流が発生する電池なんだよ。この反応の触媒として白金が使われているんだ。それ以外でも水素に関係する触媒として白金は重要なんだよ。

おまけ 一部の冷蔵庫では野菜長持ちのため、白金触媒でエチレンガスやにおい成分を分解する。

体に優しい？治療をになう金属、白金

78番 白金のお話③

白金は、医療分野においても大きな役割をはたしているんだよ。

これでわかる！3つのポイント

最先端の治療を支える白金

今まで、お年寄りや体力のない患者さんにできなかった手術ができるようになってきているよ。できるだけ体に傷をつけない治療法で、体への負担を小さくするための器具の材料に白金が使われるんだ。その上、薬の材料にもなるんだよ。

体に優しく負担の少ない医療

血管の治療で体内に長くとどまるステントという部品やペースメーカーなどの電極に白金が使われているよ。白金は酸などにも強く、化学的に安定していて、そのまま体内に残っても体に影響を与えにくいんだ。

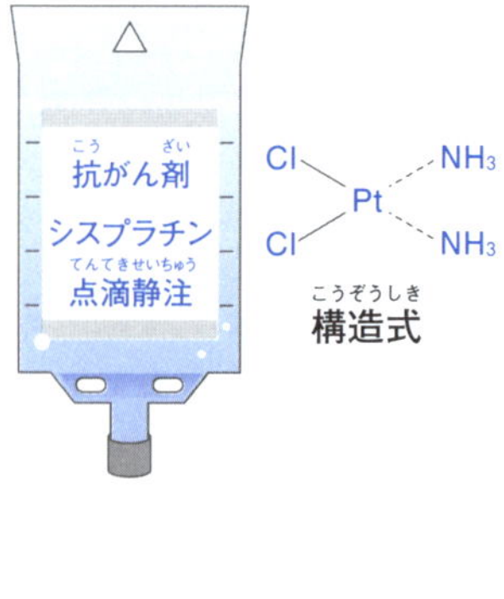

シスプラチン

がん細胞の増殖を阻害する白金製剤

白金製剤のシスプラチンなどが抗がん剤として用いられているよ。この薬はがん細胞の増殖に必要なDNAと結びつくことで、細胞分裂を阻害したり、細胞の自滅を誘導したりする効果が知られているんだ。

おまけ 白金はX線を通しにくいので、透視画像を見ながらの治療がしやすい。

輝き続ける、特別な金属！金の魅力とは？

79番 金のお話①

金色の美しい光沢を持つ金。やわらかくて錆びたり変色したりしないんだ。

これでわかる！3つのポイント

古代から重宝されてきた金

人類にとって最も古くから知られた金属の一つ。英語名ゴールドの語源はインドヨーロッパ語の「ゲル（輝く）」に由来しているんだ。金は、化学反応しにくく純金の塊が採掘できることがあったため古代文明でも装飾品等に使われていたよ。

加工しやすく、時代を超える金

金はやわらかい金属で加工がとてもしやすいんだ。小豆サイズ（約1 g）の金を引っぱると3000 m程度の金の針金に、叩いて広げると1 m² 程の金箔にすることができるよ。薄さはなんと0.0001 mm! もちろん錆びないので輝きは失われないんだ。

今も現役！日本が誇る金鉱山

菱刈金山は、鹿児島県にある日本最大級の金鉱山。この鉱山では、1 tの鉱石から20～30 gもの金が採掘できることがあるんだ。これは、世界でもトップクラスの高品位！ 現在も稼働中で、日本国内の金の需要を支える重要な金鉱山なんだ。

〈元素の基本情報〉

79
Au
金
Gold
原子量 197.0
黄金色の固体

おまけ 金純度は、カラット（K）で表され24Kは純金、18Kは純度75 %を表している。

原子
周期表
原子力
元素
科学史
宇宙
生物
光

使い終わった電子部品が金の宝物に!

79番 金のお話②

電子部品にも金が利用されていて、都市鉱山としても注目されているんだ。

これでわかる! 3つのポイント

電気をよく通す金、電子部品にも大活躍!

金は、電気を通す性質の「電導性」がとても高い金属。さらに、錆びたり腐食したりしないから、スマホやコンピュータなどの電子部品にピッタリなんだ。やわらかくて加工しやすいから小さな集積回路をつくるときにも大活躍しているよ!

意外と少ない!? これまでの金の採掘量

これまでに世界中で採掘された金の総量は約20万 t。これは、水泳競技用の50 mプール4杯程度しかないんだ。様々なところに利用される金だけど採掘される量が少ない貴重な金属。これからは金をどうリサイクルするかが大切なんだ。

都市鉱山で見つかる金の宝物!

使い終わったスマホやパソコンなどの中に含まれる金などの金属資源を都市鉱山とよぶよ。日本には多くの電子機器があり都市鉱山の金の量は世界トップクラス! なんと、その量は約6800 t! 今後はこの資源の有効活用が期待されているよ。

集積回路の山（都市鉱山）

おまけ 海水にも金が溶けているが、超微量のため効率的に回収することが技術的に難しい。

241日め

元素　「原子番号79～82」の週

月 火 **水** 木 金 土 日

読んだ!　月　日

常温で液体!ふしぎな金属、水銀

80番 水銀のお話①

純粋な金属の中で、水銀は常温で液体として存在する世界で唯一の金属なんだ。

これでわかる! 3つのポイント

液体だけど重い?

水銀は液体でその見た目は銀のようにキラキラしてとても美しい光沢を持っているよ。密度が13.6 g/㎤と大きく、とっても重たい液体なんだ。また、表面張力が強いので、こぼれると水滴のように球状になって散らばるよ。

俊足の神様が名前の由来

水銀の英語名であるマーキュリーは、ローマ神話の「メルクリウス」にちなんだ名前なんだ。メルクリウスは俊敏で移動が速い神として知られ、水銀の動きの速さや流動性が似ていることから名づけられたんだよ。

〈元素の基本情報〉

80
Hg
水銀
Mercury
原子量 200.6
銀白色の液体

水銀滴

水銀は不老不死の薬!? 賢者の石!?

古代から水銀は神秘的な物質とされ秦の始皇帝は不老不死の薬として水銀の化合物を摂取したことで健康を害したという伝承があるよ。また、水銀の化合物を含む「辰砂」は赤色の鉱物で賢者の石のモデルといわれているよ。

おまけ 水銀の環境や健康への影響が問題になって、現在では使用が少なくなっている。

水銀の合金アマルガムの活用と健康への影響って?

80番 水銀のお話②

水銀の合金アマルガムは色々な分野で活躍していたけど、近年は使用制限があるんだ。

これでわかる! 3つのポイント

アマルガムの活用方法

水銀やスズのアマルガムは、歯科治療における詰め物として長い間使用されてきたよ。また、砂金から金を取り出すためにも活用されていたよ。砂金の中の不純物は水銀に溶けない性質を利用して、純金を分離していたんだ。

奈良の大仏は金ぴかだった!?

東大寺の大仏は、金を溶かしたアマルガムを塗り、火を焚いて水銀を蒸発させる方法で金めっきしていたんだ。その時使われた水銀はなんと約50t! 今は、金めっきが剥がれてしまって面影はないけれど、当時は金色に輝いていたはずだよ。

水銀による健康被害

水銀やアマルガムは、広く利用されてきたけれど、近年はその姿を消しているよ。理由は、水銀の毒性。日本で起こった水俣病は、メチル水銀が原因だった。ここから水銀の危険性が広く知られ、世界中で使用の制限が行われているよ。

金ぴかだった大仏

おまけ 現在でも一部の蛍光灯には水銀が使用されているが、段階的に使用を減らす方向。

毒性の強さに注意! やわらかい金属 タリウム

81番 タリウムのお話

タリウムはナイフで切れるくらいのやわらかい金属。ただ毒性が強いので注意!

これでわかる! 3つのポイント

タリウムの名前は光の線に由来する!?

1861年にイギリスのクルックスが分光法を使って新しい元素を発見した際、緑色の光線が観測されたことに由来しているよ。光線が、若葉の緑に似ていたため、ギリシア語の「タロス（新緑の小枝）」からタリウムと名づけられたんだ。

犯罪にも使用されたほどの強い毒性

タリウム化合物は殺鼠剤や農薬として利用されていたけれど、その毒性の強さから現在は使用が禁止されているよ。また、タリウム化合物は無味・無臭で混入しても気づかれにくいという特徴もあり、過去には犯罪に使用されたりしたんだ。

放射性同位体のタリウム201は医療で活躍

タリウム201を体内に投与すると、心筋細胞内に取り入れられるので、タリウムが出すガンマ線を画像として映し出して診断できるんだ。半減期が約3日間で投与量は微量なので人体に影響はなく、脳腫瘍などの画像診断にも利用されているよ。

〈元素の基本情報〉

81

Tl

タリウム

Thallium

原子量 204.4

銀白色の固体

おまけ 昔、アメリカでタリウム化合物配合の脱毛クリームが販売されていたが販売中止に。

読んだ!
月　日

鉛は古代文明から使い続けられている!

82番 鉛のお話①

古代文明からよく使われていた鉛。すでにローマ時代で水道管や貯蔵容器として活用!

これでわかる! 3つのポイント

空気中で青灰色となる重たい金属

鉛は銀白色の金属だけど、空気中では表面がびっしり酸化されて青灰色になるよ。また、とても重たいんだ。だから、古来日本では「青金（あおがね）」と呼ばれ、英語名のレッドはゲルマン語「ロッド（重い金属）」が由来になっているよ。

ローマ時代から現在までの活躍の場

鉛は融点が低くてやわらかいので加工しやすく、腐食しにくいため様々なところに使われてきたよ。古代から食器や水道管、中世からは銃の弾丸にも使われたんだ。現在では、放射線を通さないので、レントゲン検査のときにも利用されているよ。

実は中毒症状を引き起こしていた鉛

鉛が原因で、神経痛や脳の病気など中毒症状が起きることがわかったんだ。また、鉛は水に溶けないと思われていたけど、特定の条件では少しずつ溶け出すことがわかったんだ。現在では水道管や他の用途での使用が減ってきているよ。

〈元素の基本情報〉

82
Pb
鉛

Lead

原子量 207.2

銀白色の固体

おまけ 昔、鉛とワインを反応させると甘くなると流行したが有毒の酢酸鉛が生成していた。

原子
周期表
原子力
元素
科学史
宇宙
生物
光

工業と芸術に大貢献！鉛化合物

82番 鉛のお話②

鉛化合物は、バッテリーやガラス製造、顔料にも利用されているよ。

これでわかる！3つのポイント

今でも現役、鉛蓄電池！

鉛蓄電池は、鉛と酸化鉛を電極として用いた電池なんだ。自動車の始動用バッテリーや蓄電システムとして利用されているよ。鉛の毒性や重たいという短所はあるけれど、安価で多くの電力を貯蔵できリサイクル率も高いので現役で活躍しているよ。

酸化鉛でガラスの透明度アップ！

酸化鉛は、ガラスの透明度や光の屈折を高める働きがあるんだ。酸化鉛を含んだ透明度の高いガラスは鉛ガラスやクリスタルガラスとよばれ高級な装飾品に利用されているよ。

〈鉛蓄電池の内部〉

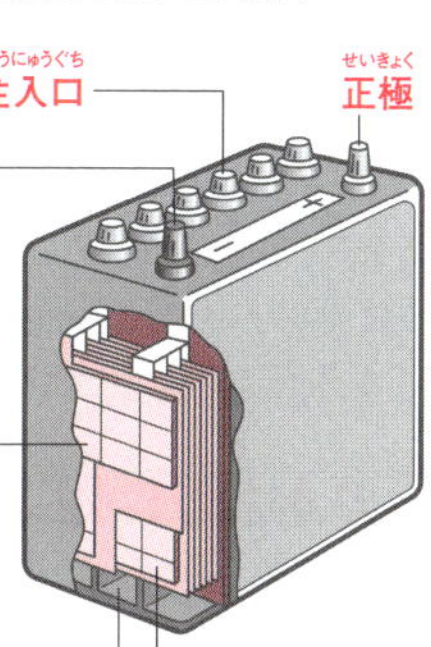

白色の顔料で使われた炭酸鉛

炭酸鉛は鉛白として古くから絵画の顔料として利用され、ルネサンス時代には多くの画家に使われたんだ。発色がよく耐久性も高く、工業用塗料にも使われていたよ。だけど、鉛の毒性が問題視されて以降、多くの国で使用が規制されているんだ。

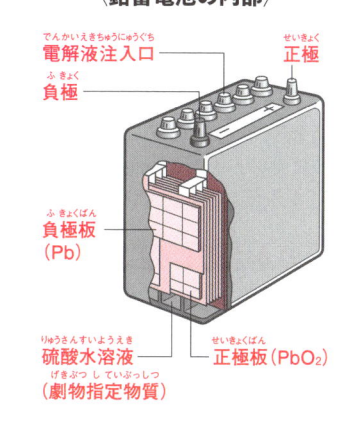

おまけ 鉛ガラスでできたグラスで乾杯すると綺麗な音がなるのが特徴。

「ビスマスは異常液体」とは？

83番 ビスマスのお話

普通の物質は固体から液体になると体積が大きくなるのに、水と同様、その逆なんだ。

これでわかる！3つのポイント

古くから知られていたが鉛・スズ・アンチモンなどと混同されていた

1753年、フランスのジョフロアが鉛などと区別。元素名の由来には諸説あるが、1つはギリシア語の「プシュミティオン」白い粉がラテン語に入り、先頭のプがビになった「ビセムトゥム」にちなむという。

きれいな七色の輝きの結晶をつくる

密度が液体>固体という異常液体なので、固体を加熱して液体にすると、その液体に固体は浮く。一部結晶化したら引き上げると、表面が薄い酸化被膜になり虹色を示す。単体は極めてもろいので他の金属と合金にして使用する。磁石に反発する反磁性が大きい。

鉛のかわりに鉛フリーはんだに使う

性質が鉛に似ているが無害なので、鉛のかわりに散弾や釣りのおもり、ガラスの材料などに利用される。また融点が低い（271 ℃）ので、鉛フリーはんだや低い温度で融ける合金に使用される。

〈元素の基本情報〉

83
Bi
ビスマス
Bismuth
原子量 209.0
銀白色の固体（半金属）

おまけ ビスマスの化合物が下痢止め薬や胃腸薬などの医薬品に使われている。

読んだ！
月　日

キュリー夫妻が最初に発見した、天然放射性元素とは？

84番 ポロニウムのお話

先に発見された元素だよ。強い放射能のため、天然元素の中で毒性が最強といえるよ。

これでわかる！ 3つのポイント

1898年、フランスのキュリー夫妻が発見

数トンのピッチブレンド（ウラン鉱石）から抽出。取り出したのはわずかに数百μg。1μgは、1mgのさらに1000分の1、つまり100万分の1gだよ。マリ・キュリーは当時帝政ロシアの支配下だった、自らの祖国ポーランドにちなんで命名したんだ。

アルファ線源として使用

天然に多いのはポロニウム210で、天然ウランの100億倍のアルファ線を放出。半減期は138.4日。アルファ線源や原子力電池、静電気除去装置に使用。ただし体内に取り込まれると、ごく微量でアルファ線による障害が起きることに注意。

〈元素の基本情報〉

84
Po
ポロニウム
Polonium
原子量（210）
強い放射能を持った銀白色の固体（半金属）

タバコを吸うとポロニウムで被ばく

葉タバコは土壌中からポロニウム210を吸い上げ、それが葉に蓄積。葉タバコから製造されるタバコの喫煙や受動喫煙によって人体に吸入される。世界的には「1日30本のタバコを吸う人は、年間36ミリシーベルト被ばく」との意見が主流のようだ。

たばこの煙で被ばくする。

おまけ タバコにはポロニウム以外の発がん性物質も多種・大量に含まれている。

原子
周期表
原子力
元素
科学史
宇宙
生物
光

原子 周期表 原子力 元素 科学史 宇宙 生物 光

誰も見たことがない元素かもしれない!!

85番 アスタチンのお話

92番までの天然に存在するはずの元素中で地殻に最も含有量が少ない元素だよ。

これでわかる! 3つのポイント

1940年、アメリカのコルソン、マッケンジー、イタリアのセグレが発見

サイクロトロンで加速したアルファ線をビスマスに当ててアスタチン211を合成。不安定な元素だったのでギリシア語の「不安定」アスタトスから命名。第二次世界大戦中だったので、新元素発表は終戦から2年たった1947年だった。

単体のアスタチンを見た人はいない

1937年のテクネチウム、1940年のネプツニウムに次いで、3番目に合成された。天然にもアスタチン215などがごく微量あるが、半減期が1分以下で短寿命。たとえ崩壊する前に塊ができたとしても崩壊熱によって、すぐに昇華してしまうと考えられている。

アルファ線内用療法のアルファ線源に利用

アルファ線は細胞数個分しか透過しない。それでがん細胞への運び役の薬剤を使ってがん細胞に集め、がん細胞をアルファ線で破壊する治療法が開発中だ。

〈元素の基本情報〉

85
At
アスタチン
Astatine
原子量(210)
推定：銀白色の固体(半金属)

おまけ 地球全体で天然元素ではアスタチンは25 g程度と推定(フランシウムも同様)。

放射線のラドンを含む温泉はどんな温泉？

86番 ラドンのお話

放射線を出すラドンを含む。健康に良いのか悪いのかいろいろ調べられているよ。

これでわかる! 3つのポイント

1900年、ドイツのドルンが発見

ラジウムを発見したキュリー夫妻は、ラジウムに接した空気が放射能を持つことを確認したが、ドルンはこれをラジウムが崩壊して気体で放射能を持つ新元素ラドンが生まれたからだとした。「ラジウムから生み出される」から命名。

貴ガスの仲間で最も重い気体

密度は0 ℃で9.73 g/Lで空気の8倍ほど。ラジウムの崩壊によって生まれるが、ラドンも放射能を持つ。ラドン222はアルファ線を放出する。半減期はラドン222で3.8日。

〈元素の基本情報〉

86
Rn ラドン
Radon
原子量(222)

無色の重い気体

ラドン温泉（ラジウム温泉）で放射線被ばく?

様々な温泉の中には130カ所以上もの「放射能泉」とよばれる温泉がある。「微量の放射線はむしろ健康によい」とするホルミシス効果がいわれるが、現段階では放射線のホルミシス効果の根拠はない。また、放射能泉の三朝温泉での調査で地域にがん患者増加という結果はない。

ラドンを含む放射能泉という温泉がある。

おまけ 増富温泉での調査。1年間毎日2時間利用で年間被ばく量は平均0.8ミリシーベルト。

最も短命な放射性元素発見の快挙とは?

87番フランシウムのお話

アクチニウム崩壊時に出ていたアルファ線を、ペレーは見逃さなかった。

これでわかる! 3つのポイント

1939年、フランスのペレーが発見

ペレーがマリ・キュリーの助手になって10年、30歳のときに発見。アルファ線（ヘリウム原子核＝陽子2個＋中性子2個）放出で、陽子が2つ、質量数が4少ない原子ができている! 元素名は、ペレーの祖国フランスに由来。

地殻に多くても30 g

最も遅く発見された天然元素。ウラン235を親として始まる放射性崩壊の過程のアクチニウムの崩壊で生まれる。最も半減期の長いフランシウム223でも21.8分と短命で、地殻に多くても30 gと、ごく微量しか存在していない。

〈元素の基本情報〉

87
Fr
フランシウム
Francium
原子量(223)
推定：銀白色の固体

最も重いアルカリ金属

最も遅いアルカリ金属なので、もし塊が得られたら、その上のセシウムと似たような性質を示すことだろう。つまり、銀白色の金属で、水に投げ込むと瞬時に大爆発を起こすことだろう。ただし、放射性元素なので扱いが難しい。

おまけ ごく微量の化学的性質を調べるとセシウムと類似している。

放射性元素ラジウムに関わる悲しい話とは?

88番ラジウムのお話

マリー・キュリーは白血病で、夜光時計づくりの女工たちは内部被ばくで亡くなった。

これでわかる! 3つのポイント

1898年、フランスのキュリー夫妻が発見

キュリー夫妻は、ピッチブレンドから、先に発見したポロニウムとは別の、もっと放射能が強い塩化ラジウムを1898年に発見。4年かけて10 tと格闘。ついに1902年に、100 mgのラジウムを取り出した。ギリシア語の「放射」ラディウスから命名。

放射性物質の急性障害はすぐわかった

ベクレルはガラスケースに入れた微量のラジウムをポケットに入れておいたら、それで腹部が火傷と同様になった（ラジウム皮膚炎）。それを聞いたマリ・キュリーも腕につけてみたら紅斑（赤いまだらな点）ができた。

長期間にわたる放射線被ばくの影響

マリー・キュリーは、次第に体がむしばまれ、白血病でこの世を去った。ラジウムの放射線で光らせる夜光時計の文字盤を筆で描く女工たちが筆先を口で整えたためにラジウムが体内に入り、がん（骨肉腫）などになった事件が起こった。

〈元素の基本情報〉

88 **Ra**

ラジウム

Radium

原子量（226）

銀白色の固体

おまけ 夜光時計の女工たちは裁判に勝ったが、多くはまもなく亡くなった。

アクチノイドというグループとアクチニウムとは？

89番アクチノイドのお話

アクチニウムを先頭とする、お互いに極めてよく似た化学的性質を持った15元素グループ。

これでわかる! 3つのポイント

アクチノイドは「アクチニウムのような元素」(いわばアクチニウム一家)

89番アクチニウム～103番ローレンシウムの15元素。83番以降はすべて放射性元素だからアクチノイドもランタノイド同様、周期表の本体に入れないで下にまとめて見やすくしている。アクチニウムはその先頭の元素だよ。

92番ウランまでが天然に存在

93番ネプツニウム以降は寿命が短く、人工的につくられた元素。ただし、93番ネプツニウム、94番プルトニウムは天然のウラン鉱石中にごく微量の存在が確認されている。

アクチニウムは1899年、発見

フランスのドビエルヌがピッチブレンド（ウラン鉱石）から発見。元素名はギリシア語の「光線」アクチノスから命名。主にウラン鉱石中にごく微量存在。アスタチン211同様、アクチニウム225の強力なアルファ線でがん細胞を破壊する療法が開発中。

〈元素の基本情報〉

89
Ac
アクチニウム
Actinium
原子量(227)
銀白色の固体

おまけ ドビエルヌはキュリー夫妻の同僚で、夫妻が研究したピッチブレンドから発見。

トリウムってなんだろう?

90番トリウムのお話

トリウムは自然界に一番たくさんある放射性元素だよ。

これでわかる! 3つのポイント

トリウムの名は発見された北欧の雷神トールにちなんでつけられたよ

1828年スウェーデンのベルセリウスが、ノルウェーの海岸にあった黒く重い鉱物から新元素トリウムを発見した。翌年その鉱物は、トリウムを含むのでトール石と命名された。純粋な物質として取り出したのは1890年。

トリウムはどんなところにあるの?

トリウムはトール石やモナズ石という鉱物に含まれる。レアメタル資源のモナズ石（砂状）からレアメタルを採った残りかすにもたくさん含まれている。地中に豊富にあり、ウランの約5倍の埋蔵量があるだろうと考えられている。

トリウムにも放射能があるの?

発見当時はわからなかったが、1896年ドイツのシュミットと、マリ・キュリーが放射線を出すことを別々に発見。その後、マリ・キュリーは自然に放射線を出す能力を「放射能」と名づけた。トリウムはウランの次に放射能を持つとわかった元素。

〈元素の基本情報〉

90 **Th**

トリウム

Thorium

原子量 232.0

やわらかい銀白色の固体

おまけ 天然のトリウムはほぼ100 %トリウム232、半減期が約140億年ととても長い。

原子
周期表
原子力
元素
科学史
宇宙
生物
光

トリウムの使い道って？

90番トリウムの利用のお話

豊富にある放射性元素なので、原子炉などで使われ始めたよ。

これでわかる！ 3つのポイント

トリウムは原子炉の核燃料として注目されている

豊富にあるトリウム232は中性子を照射すると核分裂性のウラン233に変化する。この核分裂連鎖反応で原子力発電ができる。ウランをほとんど産出せず、モナズ石を多く産出するインドや中国で注目され、実用化や開発が進んでいる。

トリウムを核燃料にするといいこと

ウランよりも資源量に恵まれ、原子力発電に必要な核燃料の供給量が増加する。使った後にプルトニウムなどの超ウラン元素を生成しないので核兵器への転用ができない。また核廃棄物の半減期が短いため保管も短くてすむ。

ガス灯

昔はトリウムの発光を利用していた

二酸化トリウムは安定な化合物、融点が3390 ℃で耐火性があり高温で強く発光するのでガス灯やガスランタンのマントルに使われていた。今でもアーク溶接の電極やフィラメントにはわずかにトリウムを含むタングステン合金が利用される。

おまけ 放射性元素であるので、身近な物には使われなくなってきた。

メンデレーエフの予言した91番元素とは？

91番 プロトアクチニウムのお話

**放射線を出して
アクチニウムに変身する放射性元素だよ。**

これでわかる！ 3つのポイント

トリウムとウランの間の91番元素を探せ！ 化学者たちの競争

メンデレーエフの周期表でも空欄だった91番元素。1918年、ドイツのハーンとマイトナー、イギリスのソディらが別々に放射性元素としてピッチブレンドからプロトアクチニウム231を発見した。

プロトアクチニウムはアクチニウムに

プロトとはギリシア語で「元の、先立つ」という意味。アルファ線を出してアクチニウムに変化するのでアクチニウムに先立つ元素と命名した。天然のウラン鉱にもウラン235のアルファ崩壊を経てできたものが非常にわずかに含まれる。

身近な利用法はなく研究に使われる

量が非常に少なく強い放射性のため、身近には利用されていない。半減期が約3万年のプロトアクチニウム231はトリウム230との比率を使って、海底沈殿層の年代測定や氷床コアの分析に利用されることがある。

〈元素の基本情報〉

91 **Pa**

プロトアクチニウム

Protactinium

原子量 231.0

銀白色の固体

おまけ 1913年にファヤンとゲーリングが見つけていたが、91番元素とは気づかなかった。

歴史上初めて見つかった放射性元素!

92番 ウランのお話

最もよく知られている放射性元素。原子炉の核燃料や原子爆弾に利用される。

これでわかる! 3つのポイント

天然に豊富に存在する元素の中で最も重いウランの歴史は意外に古い

1789年ドイツのクラプロートが瀝青ウラン鉱から取り出し、1781年に発見された天王星（ウラヌス）にちなんで命名。後にそれは二酸化ウランであることが判明した。純粋な物質として取り出したのはペリゴーで1841 年のことだった。

放射能発見のきっかけになった元素

1896年フランスのベクレルはウラン塩や金属ウランが目に見えない光（放射線）を出していることを写真乾板の感光から発見した。 ウランは最初に発見された放射性元素。これに着目したキュリー夫妻が続けて他の放射性元素を発見し、放射能という言葉を生み出した。

ウラン235は天然のウランのうち約0.7 %

原子炉では核分裂性のウラン235に中性子を当て核分裂連鎖反応を起こしエネルギーを取り出す。核燃料に使うためにはウラン235を3～5 %に濃縮する必要がある。残りはほぼウラン238。

〈元素の基本情報〉

92

U

ウラン

Uranium

原子量 238.0

銀白色の固体

おまけ 1940年頃までウランは、ガラスが蛍光緑色になる着色料として使われていた。

ネプツニウムとは？

93番ネプツニウムのお話

ウランから人工的につくられたが、自然界にもごくわずかにある放射性元素。

これでわかる! 3つのポイント

ネプツニウムは初めて人工的につくられて発見された超ウラン元素

1940年カリフォルニア大学バークレー校のマクミランとアベルソンがウランに中性子を照射してできた物の中から発見した。ウランの次の元素なので天王星の外側をまわっている海王星（ネプチューン）にちなんで命名した。最初の超ウラン元素。

天然にもごく微量存在したネプツニウム

当初は完全に人工元素だと思われていたが、1951年にウラン鉱石中にごく微量、存在するのが確かめられた。最も長寿命な同位体はネプツニウム237で半減期は214万年。元素の性質はこの同位体で調べられている。

ウラン238に中性子を打ち込むと？

天然ウランのほとんどを占めるウラン238に中性子を照射するとネプツニウム239ができるが、半減期が2.4日ですぐにプルトニウム239に変化してしまう。プルトニウム239は核分裂性なので核燃料を得る大切な反応に一瞬だけ現れるんだよ。

〈元素の基本情報〉

93
Np
ネプツニウム
Neptunium
原子量（237）
銀白色の固体

おまけ ウランより原子番号の大きい93番以降の元素を「超ウラン元素」という。

プルトニウムはパワーがすごい?

94番プルトニウムのお話

プルトニウムはウランよりも強力な放射性元素。

これでわかる! 3つのポイント

プルトニウムは原子炉の中でウランから生まれることがわかった

1940年アメリカのシーボーグらが、ウラン238に重水素核を打ち込むとできるネプツニウム238が放射線崩壊したプルトニウム238を得たことを確認した。ネプツニウム(海王星にちなむ命名)に続き、冥王星(プルート)にちなんで命名された。

ウランよりも核分裂を起こしやすい

ウランよりも少量で核分裂連鎖反応が起き、単位重量あたりの放射能はウランより桁ちがいに強い。原子力発電に伴ってできるプルトニウムは純度が高ければ5 kg程度で原子爆弾になる。

毒より怖い放射線障害

金属のプルトニウムは反応性が高く、粉末になると発火しやすい。単体でも化合物でも有毒だが、核燃料に使われるプルトニウム239を吸い込むと、肺に長くとどまって放射するアルファ線の細胞への影響は大きく、健康への害はより問題視される。肺や骨の発がん性を持つことがわかっている。

〈元素の基本情報〉

94 **Pu**

プルトニウム

Plutonium

原子量(239)

銀白色の固体

おまけ プルトニウムはほとんどが人工だが、天然でウラン鉱石中に微量に含まれる。

プルトニウムの使い道って？

プルトニウム利用のお話

核分裂反応を利用した原子炉や兵器の核燃料として使われているよ。

これでわかる! 3つのポイント

長崎に落とされた原子爆弾はプルトニウムが使われていた

ウランよりも少量で核分裂連鎖反応が起きることがわかって、原子爆弾に利用された。現在でも核兵器に利用されることが多い。使われるプルトニウム239は原子炉内でウラン238に中性子を衝突させて大量に生産されている。

原子炉の核燃料として利用

日本で原子力発電に使われているのは主に濃縮ウランだが、中身の95 %ほどはウラン238だ。そこで、使用済み核燃料には中性子を浴びてできたプルトニウム239が混ざる。これを化学的に分離して二酸化プルトニウムにし、二酸化ウランと混ぜ MOX燃料として再利用している。

〈原子炉の核燃料が再処理されMOX燃料に〉

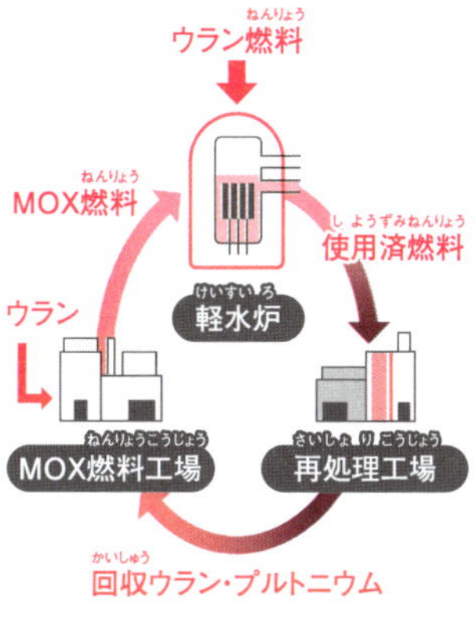

人には影響のない宇宙探査機の原子力電池

プルトニウム238は半減期が87.7年で宇宙探査機などの原子力電池の熱源として利用されている。寿命が長く周囲の環境に左右されずに安定した電力を供給できる。

おまけ プルトニウムをつくりだす高速増殖炉が企画されたが、うまくいかずに中止した。

アメリシウムとは?

95番アメリシウムのお話

原子炉の中ででき、身近なところでも活躍する超ウラン元素。

これでわかる! 3つのポイント

アメリシウムの名はアメリカ大陸から、ユウロピウムに対応している

1944年アメリカのシーボーグらが原子炉内でプルトニウムに中性子を照射してつくった。アクチノイドの7番目の元素で、ランタノイドの7番目のユウロピウムがヨーロッパ大陸に由来したのに対応して、大陸名アメリカから命名された。

アメリシウムはアルファ線源

アメリシウムは原子炉の使用済み核燃料のプルトニウムがベータ崩壊するとできる。半減期が432年のアメリシウム241は強いアルファ線を出すので、アルファ線源として利用される。

煙感知器や薄膜の厚さ計に使われている

アメリカでは煙感知器に使用される。いつもはアメリシウムから出るアルファ線で空気をイオン化して電流が流れるようにしてあるが、煙が入るとイオン化がじゃまされて警報が鳴るようになっている。アルファ線は紙一枚でも止まるので、通過できた量で薄い膜の厚さを測るのにも使われる。

〈元素の基本情報〉

95
Am
アメリシウム
Americium
原子量(243)
銀白色の固体

おまけ 放射性元素であるため、日本では煙感知器には使わなくなった。

キュリウムとは？

96番キュリウムのお話

原子炉内でできるキュリー夫妻の名前がついた超ウラン元素。

これでわかる! 3つのポイント

キュリウムの名はキュリー夫妻に由来、ガドリニウムに対応して命名

1944年アメリカのシーボーグらがプルトニウム239にサイクロトロンを使いアルファ粒子（ヘリウム原子核）を衝突させつくった。アクチノイドの8番目の元素で、ランタノイド8番目のガドリニウムに対応し人物名から命名したよ。

原子炉内でつくられる人工元素

原子炉内でプルトニウム239が何度も中性子を捕らえてその後にベータ崩壊すると少し重い元素の95番アメリシウムに変わる。さらに中性子捕獲とベータ崩壊をすると96番キュリウムが生まれる。半減期が最長でも1560万年と地球の年齢に比べ短いため、天然には存在していない。

〈元素の基本情報〉

96
Cm
キュリウム
Curium
原子量（247）
銀白色の固体

火星上のキュリオシティ

火星探査車キュリオシティに搭載

火星表面の元素を調べる装置、「アルファ粒子X線分光計」のアルファ線源としてキュリウムが利用された。原子力電池として人工衛星や灯台などの電源に利用されることもある。

おまけ ベータ崩壊すると陽子が1個増えるので、原子番号が1つ増え別の元素に変わる。

バークリウム、カリホルニウムとは?

元素番号97、98番のお話

合成発見したカリフォルニア大学バークレー校にちなんで命名された超ウラン元素。

これでわかる! 3つのポイント

バークリウムは合成成功のカリフォルニア大学バークレー校の都市名に由来

1949年アメリカのシーボーグらがアメリシウムにサイクロトロンで加速したアルファ粒子（ヘリウム原子核）を衝突させて合成。アクチノイドの9番目の元素で、ランタノイドの9番目テルビウムに対応し都市名から命名された。研究用だよ。

カリホルニウムも同じバークレーで

1950年シーボーグらバークレーのチームがサイクロトロンで加速したアルファ粒子をキュリウムに衝突させて合成、発見した。カリフォルニア大学、カリフォルニア州にちなんで命名。

カリホルニウムは中性子源として重要

カリホルニウム252は自発核分裂で強い中性子を発生する。壊さずにものの内部の状態を調べる非破壊検査や地下資源の探査などの中性子源として利用される。産業用に利用される最も重い元素。必要なのは100万分の1 g単位だが、微量しか合成できないため非常に高価。

〈元素の基本情報〉

97
Bk バークリウム
Berkelium
原子量（247）
銀白色の固体

98
Cf カリホルニウム
Californium
原子量（252）
銀白色の固体

おまけ 日本語の正式な元素名はカリ「ホ」ルニウム、「フォ」じゃない。注意しよう!

アインスタイニウム、フェルミウムとは？

元素番号99、100番のお話

両方の元素とも水爆実験の原子雲に含まれた灰から発見された超ウラン元素。

これでわかる！ 3つのポイント

1952年アメリカの世界初の水爆実験の灰からシーボーグらが分析発見

水素爆弾はウランを起爆装置に使い、その威力で核融合を起こしすごいエネルギーを放出する。爆心ではある一瞬1 cm^2あたり10^{24}個（1兆×1兆個）の中性子を放出。ウランが中性子をたくさん捕らえベータ崩壊すると新しい重い元素ができる。

物理学者アインシュタインとフェルミから命名

晩年、核兵器廃絶を訴えたアインシュタインが水爆で生まれた元素に命名されるとは皮肉なことだといわれた。イタリア生まれのフェルミはノーベル物理学賞受賞後アメリカに亡命、活躍した。両元素とも原子炉内でつくることができる。研究用。

〈元素の基本情報〉

99
Es アインスタイニウム
Einsteinium
原子量（252）
銀色の固体

100
Fm フェルミウム
Fermium
原子量（257）

水爆は軍事上の秘密だったので公表が遅れた

1954年スウェーデンのノーベル物理学研究所が92番ウランに8番酸素を衝突させ100番元素の合成に成功したが、少し前にシーボーグらは水爆から得たことを伏せて発表していた。機密扱いが解除されシーボーグらに発見の優先権が与えられた。

おまけ 実際に発見された約3年後の1955年に機密扱いが解除され、公表された。

メンデレビウム、ノーベリウム、ローレンシウムとは？

元素番号101、102、103番のお話

加速器を使い合成された超ウラン元素、半減期が短く詳しい性質は不明。

これでわかる！3つのポイント

メンデレビウムは周期表の父、メンデレーエフを記念して命名

1955年バークレーのチームがアインスタイニウムにサイクロトロンで加速したアルファ粒子を衝突させて合成した。メンデレビウムより原子量の大きい元素の生成には、重い標的の元素に加速器で加速したイオンを撃ち込むことが必要になる。

スウェーデンの化学者ノーベルにちなむ

ノーベリウムは旧ソ連、アメリカ、スウェーデンの間で、発見と命名権を争った。1966年旧ソ連のチームが重イオン線形加速器で加速した7番窒素イオンを95番アメリシウムに照射して合成し特定した。1997年に合意。命名はスウェーデンの案。

加速器の父、物理学者ローレンスを記念

ローレンスは、サイクロトロン（円形加速器）を発明、実用化した。1961年バークレーのギオルソらが98番カリホルニウムに5番ホウ素のイオンビームを撃ち込んで合成。周期表ではアクチノイド系列最後の元素。半減期は最長でも11時間。

〈元素の基本情報〉

原子番号	元素記号	元素名	英名	原子量
101	Md	メンデレビウム	Mendelevium	(258)
102	No	ノーベリウム	Nobelium	(259)
103	Lr	ローレンシウム	Lawrencium	(262)

おまけ 人工の重い元素は半減期が短くすぐに放射性崩壊して詳しく性質を調べるのは困難。

ラザホージウム、ドブニウムとは？

元素番号104、105番のお話

アメリカと旧ソ連が合成命名をめぐって対立した超重元素。

これでわかる！ 3つのポイント

冷戦時代、アメリカと旧ソ連は元素の発見でも争うライバルだった

アメリカのバークレーのチームと旧ソ連のドブナ合同原子核研究所のチームが合成、命名をめぐって争い、やっと30年後の1997年に発見者が認められ元素名も決まった。二つの元素とも合成方法はそれぞれのチームで異なっていた。ともに研究用。

核物理学の父ラザフォードを記念した名

ラザホージウムは1969年バークレーのギオルソらが加速した6番炭素イオンを98番カリホルニウムに撃ち込んで合成。元素名は原子モデルの提案、アルファ線や放射性物質の研究などで偉大な業績のイギリスのラザフォードにちなむ。

発見したドブナというソ連の都市名に由来

ドブニウムは1968～70年旧ソ連のフリョロフらが95番アメリシウムに加速した10番ネオンイオンを撃ち込み、1970年ギオルソらのチームが98番カリホルニウムに加速した7番窒素イオンを撃ち込んで合成した。1997年両者の発見が認められた。

〈元素の基本情報〉

104
Rf
ラザホージウム
Rutherfordium
原子量(267)

105
Db
ドブニウム
Dubnium
原子量(268)

おまけ 93番以降の超ウラン元素で、特に104番ラザホージウム以降を超重元素というよ。

シーボーギウムとは？

106番シーボーギウムのお話

初めて元素名に生きている人物の名を使った超重元素。

これでわかる！ 3つのポイント

シーボーグの超ウラン元素発見の業績を称えて命名、決着は1997年

1974年ほぼ同時にアメリカと旧ソ連のチームが合成。アメリカは8番重酸素（質量数18）イオンビームを98番カリホルニウムに衝突させ106番元素を合成した。命名はアメリカの提案。化学的性質は周期表の一段上のタングステンに似ている。

超重元素にしては寿命が長い

人工の重い元素は全て短期間に放射線を出し崩壊する。重いほど不安定になり半減期は短くなる。しかし、シーボーギウムの半減期は最長で3.6分と長く、もっと重い元素の合成の可能性も示した。

シーボーグはどんな人？

1940年代からカリフォルニア大学バークレー校の核化学者として活躍した。94番プルトニウムから元素の合成をリードし、9つの元素の合成と発見に関わる元素発見の巨人。「アクチノイド系列」の命名、重い人工元素とその同位体を特定した功績で1951年ノーベル化学賞を受賞した。

〈元素の基本情報〉

106
Sg
シーボーギウム
Seaborgium
原子量(271)
銀白色の固体(推定)

シーボーグ（1912～1999）

おまけ シーボーグはシーボーギウムが命名された二年後の1999年に亡くなった。

コールド フュージョン法で新元素を合成!

元素番号107、108番のお話

西ドイツの重イオン研究所がぶつける元素の組み合わせを工夫して成功。

これでわかる! 3つのポイント

西ドイツが1970年代に重イオンの加速器を建造して次々に元素をつくった

1981年、83番ビスマスに24番クロムイオンビームをぶつけて107番ボーリウムをつくった。「量子力学の父」物理学者ボーアにちなんで命名。ドイツは的の原子に比較的重いイオンを加速してあて新元素の合成に成功。半減期は最長で61秒。

発見されたハッシウムは数個だけ

1984年、原子番号82番の鉛に26番の鉄イオンのビームを撃ち込んで108番ハッシウムができた。研究所がある西ドイツのヘッセン州のラテン語名ハッシアにちなむ名前。半減期は最長で34秒。

合成した新超重元素が壊れないように

合成した原子核のエネルギーが高いと核分裂しやすい。コールドフュージョン法では安定な鉛やビスマスの標的に加速した重イオンを撃ち込んだ。合成の確率は低くなるが、原子核が合体融合した時のエネルギーが高くなりすぎないようにした。新元素が1個でも確認できる検出器もつくられた。

〈元素の基本情報〉

107
Bh ボーリウム
Bohrium
原子量(272)

108
Hs ハッシウム
Hassium
原子量(277)

おまけ 超重元素のほとんどは半減期が短く実用的には使えないと思われている。

挑戦してもなかなか合成されない元素!?

109番 マイトネリウムのお話

実在の女性物理学者の名前がついた超重元素。寿命は10秒以下。

これでわかる! 3つのポイント

マイトネリウムの名は女性物理学者マイトナーに由来

ドイツの重イオン研究所(GSI)が1982年に83番ビスマスに26番の鉄イオンのビームを撃ち込んで原子を1個合成、検出できた。その同位体の半減期は1000分の5秒だった。GSIのチームが2番目に発見した元素。半減期は最長の同位体で4.5秒。

化学的な性質がまだ研究されていない

合成されても化学的な性質が研究されていない初めての元素。寿命が短いうえに、なかなか合成されないため発見の検証にも時間がかかった。

マイトナーはどんな人?

ドイツのハーンとともにプロトアクチニウムを発見し命名した。また核物理学で大切な核分裂という考え方を初めて計算して示した。これにより共同研究者だったハーンが1944年ノーベル化学賞を受賞。マイトナーは受賞していない。その当時はユダヤ人迫害を避けて亡命中であり、さらに科学者の世界にも女性差別があったんだ。

〈元素の基本情報〉

109 **Mt**

マイトネリウム

Meitnerium

原子量(276)

おまけ ハーンは108番元素の名前の候補にはなったが命名はされなかった。

新元素合成はドイツ重イオン研究所(GSI)の独走! が続いた

元素番号110、111、112番のお話

コールドフュージョン法でドイツ重イオン研究所が続けて合成した3つの超重元素。

これでわかる! 3つのポイント

ダームスタチウムは発見した研究所のある都市名ダルムシュタットに由来

1994年ドイツの重イオン研究所のホフマンらのチームが82番の鉛に28番ニッケルイオンビームを衝突させて3個合成、発見した。日本語の元素名は英語読みの都市名に合わせた。半減期は最長で11.1秒。

レントゲニウムはレントゲンから命名

1994年重イオン研究所の国際チームが合成した。83番ビスマスに28番ニッケルイオンのビームを衝突させて3個合成。2004年日本の理化学研究所でも14個合成できた。レントゲンのX線発見から約100年を記念して命名。半減期は最長で2.1分。

地動説のコペルニクスから命名

1996年コペルニシウムは、重イオン研究所のホフマンらが82番鉛に30番亜鉛イオンビームを衝突させ1個合成。コペルニクスの地動説で太陽の周りを回る惑星と、原子核の周りを回る電子が似ているので、コペルニクスを称え命名した。

〈元素の基本情報〉

原子番号	記号	名称	英語名	原子量
110	Ds	ダームスタチウム	Darmstadtium	原子量(281)
111	Rg	レントゲニウム	Roentgenium	原子量(280)
112	Cn	コペルニシウム	Copernicium	原子量(285)

おまけ 合成できたのが一個だとしても、後にいくつか合成できれば元素合成の証拠になる。

祝! 日本が初めて合成した新元素

113番 ニホニウムのお話

日本の理化学研究所(理研)で初めて合成され、日本に由来する名の超重元素。

これでわかる! 3つのポイント

2004年日本の理研で最初に合成され、命名が認められたのは2016年

30番の亜鉛イオンを加速器で光の速度の10 %、秒速30,000 kmまで加速して83番のビスマスに衝突させた。毎秒2兆5000億個を80日間打ち続けて原子量が83 + 30 = 113の新元素が1個できた。実験開始から約10カ月後のことだった。

新元素ができたのはどうしてわかる?

目には見えない原子が1個、しかも半減期がわずか0.0014秒しかない。できたかどうかは、原子の崩壊によって出た放射線と次にどんな原子に変わったかを調べ確かめる。日本のチームは2005年に2個目、2012 年8月に3個目を合成後、6回連続したアルファ崩壊の仕方とできた元素を確かめ、やっと113番元素の合成を認められた。

新元素を生成する競争は厳しい

アメリカとロシアの合同チームも2013年に117番元素と115番元素からのアルファ崩壊で113番の元素の生成を認められた。タッチの差だった。

〈元素の基本情報〉

113 **Nh**

ニホニウム

Nihonium

原子量(278)

おまけ アルファ崩壊してすでに知られた元素になると新元素の身元の保証になる。

ロシアとアメリカが手を組んだ! 3つの新元素

〔元素番号114、115、116番のお話〕

アクチノイドに重イオンビームを撃ち込むホットフュージョン法で共同研究。

これでわかる! 3つのポイント

ロシアの合同原子核研究所の設立者フリョロフにちなんで命名

1999年ロシアの合同核研究所とアメリカ・ローレンスリヴァモア国立研究所が共同で94番プルトニウムに20番カルシウム48のイオンビームを衝突させて114番フレロビウムを合成。後にアルファ崩壊で112番ができ114番元素の合成が認められた。

研究所があるモスクワ州にちなんで命名

モスコビウムは2004年、同じくロシアとアメリカの共同研究チームが95番アメリシウムに20番カルシウム48のイオンビームを衝突させて1個合成した。2010~2012年には中性子の多い同位体を4個合成。後に117番のアルファ崩壊で生成も確認。

研究所のある都市リヴァモアに由来

リバモリウムは2000年96番キュリウムに20番カルシウム48のイオンビームを衝突させて合成。キュリウムのちがう同位体で実験し114番と112番元素への2回のアルファ崩壊がすでに知られる半減期とエネルギーだったので116番元素と認定。

〈元素の基本情報〉

原子番号	元素記号	名称	英語名	原子量
114	Fl	フレロビウム	Flerovium	原子量(289)
115	Mc	モスコビウム	Moscovium	原子量(289)
116	Lv	リバモリウム	Livermorium	原子量(293)

おまけ カルシウム48は中性子が多い安定した同位体なので超重元素の合成に使われた。

元素の中で一番重い元素?

元素番号117、118番のお話

アメリカとロシアの共同研究チームが合成した最も重い超重元素。

これでわかる! 3つのポイント

アメリカのオークリッジ国立研究所があるテネシー州にちなんで命名

テネシンは2010年アメリカとロシアの3つの研究所の共同チームが、97番バークリウムに20番カルシウム48イオンビームを衝突させて合成、2012年に再現ができた。周期表でハロゲンに属し、他のハロゲンにならい名前の語尾に '-ine' をつけた。

知られている元素で最も重いオガネソン

2002年98番カリホルニウムに20番カルシウム48イオンビームを衝突させて合成。今までに合成できたのは4原子だけ。ロシアの合同核研究所のオガネシアンにちなんで命名。106番元素に次いで生きている人物の名前が使われた。周期表で貴ガスに属するので、語尾に '-on' をつけた。

オガネシアンはどんな人?

ロシアの核物理学者。共同プロジェクトで114〜118番の新元素の合成を中心になって推し進めた。107番以降のコールドフュージョン法も提案したが、合成したのはドイツの重イオン研究所。

〈元素の基本情報〉

117
Ts
テネシン
Tennessine
原子量(293)

118
Og
オガネソン
Oganesson
原子量(294)

おまけ 118番元素もアルファ崩壊で、知られている116番、114番、112番となった。

119番目、120番目の新元素の合成をめざして……

これからの新元素合成のお話

ロシア、ドイツ、アメリカ、日本、中国が新しい超重元素の合成をめざしている。

これでわかる! 3つのポイント

国際協力をしながら日本もホットフュージョン法で新元素の合成をめざす

ニホニウム発見後、理研を中心に装置を改良して、96番キュリウムに23番バナジウムのイオンビームを衝突させて119番、96番キュリウムに24番クロムのイオンビームを衝突させて120番の合成をめざしている。標的はオークリッジ研究所が提供。

各国がねらう新しい超重元素の合成

今までに核科学者は93番から118番までの元素を合成した。重いほど不安定で寿命は短くなり化学的性質がわからない。新元素の合成実験で寿命が長い同位体が見つかれば、化学的性質がわかって役に立つかもしれない。

〈同位体の地図(山が高いほど安定)〉

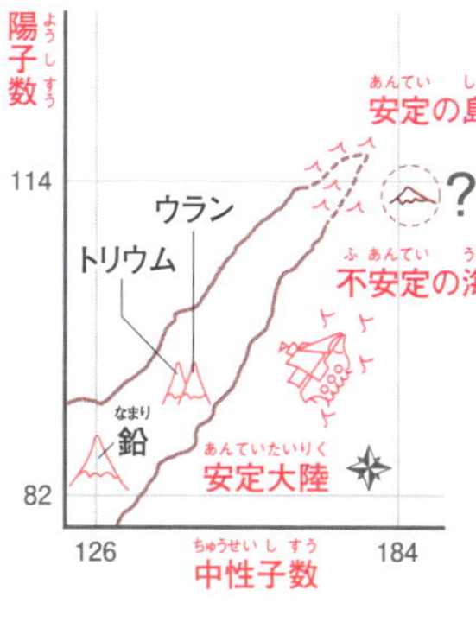

新元素の先にあるのは?

元素はどこまで合成できるのだろう? 人工の超重元素は天然元素とどう違うのか? 理論で予言された長寿命の超重元素はあるのか? まだまだ元素の謎はたくさんある。その解明のためには、より重い元素をつくってみるが一つの方法だ。

おまけ 未来の周期表をつくるため、科学者たちはチャレンジ中!

哲学が生まれた古代ギリシアとは？

古代ギリシアのお話

文明が栄え、知的な議論を楽しんだ市民たちがいたよ。

これでわかる! 3つのポイント

古代ギリシアの哲学者たちが活躍したイオニア地方の植民都市

紀元前8世紀、エーゲ海沿岸を中心に、ギリシア人による「ポリス（都市国家）」が、次々と生まれた。古代ギリシアの哲学者たちが活躍したイオニア地方はエーゲ海に面し、また黒海方面へのルート上にあって各植民都市は商業が発達していた。

ポリスの人々は余暇に知的な議論を楽しんだ

紀元前7世紀には貨幣の採用で、富が商工業者に蓄積し、余裕のある生活ができる市民らが生まれた。市民らは、労働を奴隷にゆだね、広場で自由に議論を交わすことを楽しんだ。余暇（ギリシア語でスコレ）を公共生活や学芸の創造にあてた。

知的な議論から生まれた哲学という学問

古代ギリシアで生まれた学問が、ソクラテスやプラトンに代表される哲学だった。元素に関わる哲学者は特にイオニア地方の植民都市、例えば、タレスはミレトス、デモクリトスはアプデラ、アリストテレスはスタゲイロスで活躍した。

〈イオニア地方のミレトス、アプデラ、スタゲイロス〉

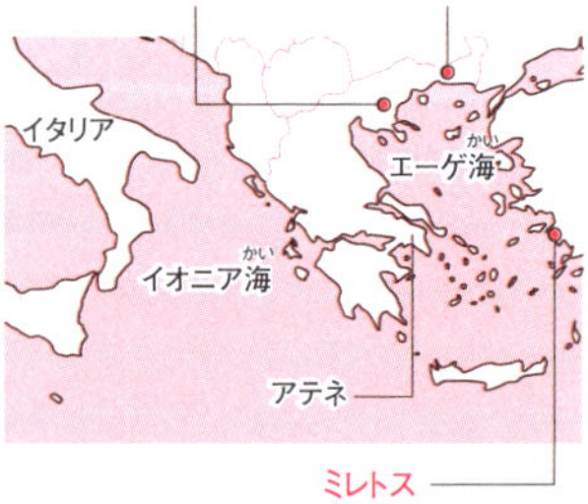

タレス、デモクリトス、アリストテレスが生まれた古代ギリシアの植民都市。

おまけ 余暇（ギリシア語でスコレ）が学校スクールの語源だよ。

哲学の始まりは？

古代ギリシアの哲学者のお話

古代ギリシアに哲学者が現れ、自然や社会の真理を考え始めたよ。

これでわかる！3つのポイント

古代ギリシアの市民は知を愛した

古代ギリシアの市民にとって、好きなこと、楽しいこととは、ギリシア語で「フィロソフィア」(知識を愛する) だった。この言葉はヨーロッパに伝わり英語ではフィロソフィーとなった。日本では明治時代に「哲学」という日本語になった。

哲学は自然や社会の根本原理を追求する学問

哲学は、自然や社会についての真理を探究すること。古代ギリシアの自然の真理を探究した哲学者らは、自然や自然界で起こる変化を注意深く観察した。そして、「すべてのもの、つまり自然はなにからできているか」を考え続けたんだよ。

〈パルテノン神殿(復元図)〉

紀元前432年頃に建設。建設や彫刻の技術が素晴らしく美しい。

未だ「実験」という科学の方法は弱かった

古代ギリシアでは、例えば天体の位置を精密に測ることができた者がいた。しかし、未だ「実験」という科学の方法を鍛え上げていなかった。頭の中だけで考えることに終わっていた。それでも科学につながる考えがいろいろ出されたんだよ。

おまけ フィロソフィアのフィロは「愛する」、ソフィアは「知識」だよ。

哲学の開祖といわれるタレスの考えとは?

哲学者タレスのお話

タレスは「水はおおもと(元素)であり、万物は水からでき、また水に戻る」と述べたよ。

これでわかる! 3つのポイント

広い世界を歩いて、哲学者になったミレトスのタレス

タレス(紀元前624年頃〜紀元前546年頃)は、大貿易商人で、地中海を船で旅し、オリーブ油をエジプトに売りに出かけたりの交易をした。コハク(植物の樹脂の化石)をこすって静電気を発見したことなど、多くの話が今も伝わっている。

万物の要素はなにかという大問題と取り組んだ

液体の水が水蒸気になったり氷になったりする。「金属の変わり方も、生物の体の変わり方も、水の変わり方も姿や形は変化しても、それらのものが、消えてなくならない。"もと" も、みな同じではないだろうか」と考えた。

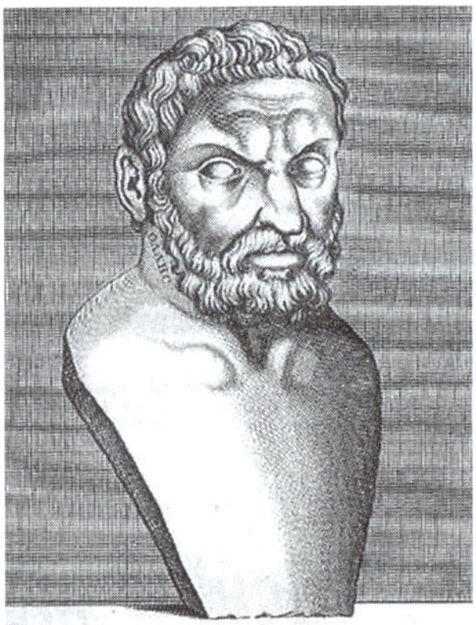

タレスの想像図

根源物質こそ水である!

そこで、タレスは「すべてのものを形づくる "もと" は "水" とするのがふさわしい。万物は、その形こそ千差万別であるが、ただ一つの根源物質(元素)からできていて、形を変えて現れる。この根源物質こそ水と名づけよう」と考えた。

おまけ タレスの元素 "水" は、私たちが飲む水そのものではないようだ。

「万物が原子からできている」原子論者デモクリトスとは?

デモクリトスのお話

万物をつくる“もと”は、無数の粒で、一粒一粒は壊れることがない原子と考えた。

これでわかる! 3つのポイント

タレスの“水”をきっかけに、万物のもと(元素)についていろいろ考えられた

紀元前6世紀～紀元前5世紀頃のギリシアで、ある人は元素を「空気」として、その圧縮と希薄で、それぞれ水と土、火ができ、それで自然界をつくりあげると考えた。また、ある人は、元素を「燃え上がり、消え、いつでも活動する“火”」とした。

原子論者デモクリトスが登場

そんな時代にアブデラに原子論者デモクリトスが登場。富豪の息子で、行ける限りの国々に旅行をし、学者たちの話を聞いて広い知識を得た。物理、天文、動物、植物、鉱物、医学、農業、工学、兵学、政治などすべてについて知り、多数の著作があった。

デモクリトス(紀元前470年頃～紀元前380年頃)の想像図

1世紀まではたくさんの著作があったと推定

今は1冊も残っていないが、古代ローマの博物学者プリニウスの『博物記』はたくさんのデモクリトスの著作に言及している。その後燃やされたり捨てられたりしたと考えられる。

おまけ 原子論はキリスト教などの側から無神論につながると嫌われた。

デモクリトスの原子論とは?

デモクリトスの原子論のお話

一言でいうと「万物はアトム(原子)と空虚からできている」だよ。

これでわかる! 3つのポイント

ギリシア語の「壊れないもの」から「アトム」(原子)とよんだ

デモクリトスは原子論をミレトスのレウキッポスから受けつぎ発展させた。彼は万物をつくる“もと”は、無数の粒になっていて、一粒一粒は壊れることがないと考えた。その一粒一粒を、ギリシア語の「分割できないもの」からアトムとよんだ。

アトムとセットで「空虚」も必要

彼は、もう一つ、大切なことに気づいていた。それは「空っぽの空間」(空虚)、現代の科学の言葉でいえば「真空」だ。原子が、位置を占めたり、動きまわるためには、そのための「空っぽの空間」がなくてはならないと考えた。

“神々”でさえ原子でできている

「原子の並び方や組み合わせを変えれば、ちがう種類の物質をつくることもできる、万物は原子が組み合わされることでつくられている、“火、空気、水、土”も、“神々、霊魂”でさえ例外ではない」と考えた。

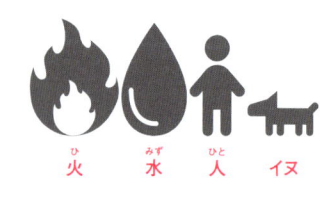

すべての物質は原子からできている。

おまけ アトムとよび始めたのはデモクリトスの師レウキッポスだよ。

アリストテレスの四元素説とは?

アリストテレスの四元素説のお話

「火、空気、水、土の四元素の組み合わせによって万物ができている」との考えだよ。

これでわかる! 3つのポイント

アレクサンドロス大王が皇太子時代の家庭教師だったアリストテレス

スタゲイロスのアリストテレスは、デモクリトス死去の年に7、8歳の少年だった。プラトンの弟子であり、大帝国をつくったアレクサンドロス大王が皇太子時代の家庭教師でもあった。大王は彼を大切にして、学問を研究するための費用を与えた。

多才で広い分野で影響力が強かった

あらゆる分野について本を書き、弟子もたくさんいた。「アリストテレスのいうことなら間違いはない」というのが、学問をする人たちの気分だった。

アリストテレスの四元素説

古代から中世までアリストテレスの4元素説が支配的だった。例えば、鍋に水を入れて火にかけると、火の性質の1つの「熱」は、水の性質の1つである「湿」と一緒になって「空気」になって立ち上る。水が蒸発してしまうと、火の性質の「乾」と水の性質の「冷」と一緒になると、土になる、というわけなんだ。

〈アリストテレスの4元素説〉

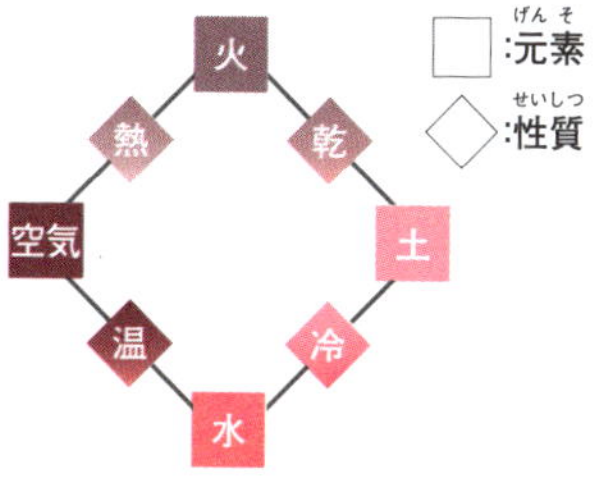

4つの性質と構成される元素

火：乾・熱	水：温・冷
土：乾・冷	空気：温・熱

おまけ 古代中国では五行思想の火・水・木・金・土の5元素説が信じられていた。

原子論 vs アリストテレス！四元素説

原子論が追放されたお話

原子論は現代科学の柱だが、アリストテレスの四元素説は2000年もの間支配的だった。

これでわかる！ 3つのポイント

アリストテレスは人間の五官（5つの感覚器官）で経験できる範囲で考えた

アリストテレス「原子がどんなに小さくても、広がりを持っているのだから自分自身の部分を持っているはず。原子がその部分に分割できないのはあり得ない」。原子はひどく強固とか壊すことができないと反論しても実証できる技術はなかった。

真空が理解しづらかった

アリストテレス「見たところ空っぽの空間にもなにかが詰まっている」。反原子論側は「自然は真空を嫌う」と主張。真空の発見はトリチェリーの真空実験で1643年。原子とその運動の実在は1905年アインシュタインのブラウン運動の論文を待たねばならなかった。

アリストテレス（紀元前384年～紀元前322年）の想像図

生命や霊魂が原子でできているというのか！

原子論側は生命も原子、霊魂を他の物質から離れた独自の丸い原子と考えた。多くの人は生命が生命なき原子からつくられるイメージを持てなかった。今も生命と物質の関係は大問題。

おまけ アリストテレスの多様な業績は間違いもあったが、近代科学の誕生に貢献した。

二酸化炭素ってどんなガス?

二酸化炭素発見のお話

石灰石から逃げた気体が二酸化炭素だった。

これでわかる! 3つのポイント

石灰石はどこへ消えた?

1700年代半ば、スコットランドのブラックは、石灰石を焼いたり、石灰石に塩酸をかけたりすると、もとの石灰石よりも軽くなることを実験で調べた。そこで彼は、「軽くなったのは目に見えないなにかが石灰石から逃げたのではないか」と考えた。

石灰石から気体が逃げている?

ブラックは、この「目に見えないなにか」を捕まえるため、塩酸の中に石灰水を入れて出てきた気体を集めることに成功した。これはもともと石灰石の中に固定(閉じ込めること)されていた空気なので「固定空気」とよんだんだ。

〈固定空気〉

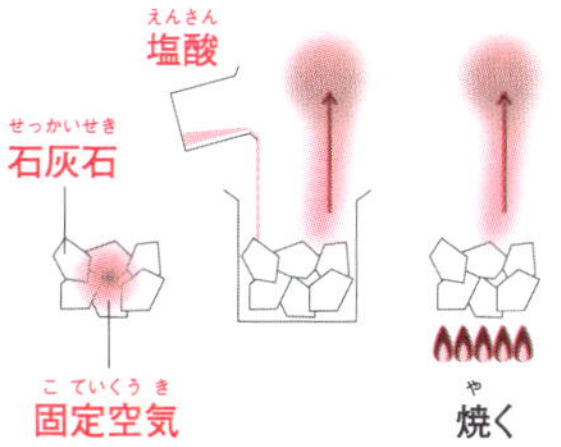

「固定空気」は空気と別物

後にブラックは集めた「固定空気」の性質を調べ、その中ではロウソクの火が消え、動物は死んでしまうなど、普通の空気とはちがう性質を持っていることを明らかにした。人間の吐く息にも同じものが含まれていることも発見したんだ。

おまけ 二酸化炭素を溶かすと白くにごる石灰水は、石灰石を焼いて水に溶かしてつくるよ。

「フロギストン説」ってどんな説?

フロギストン説のお話

「ものが燃えるのはフロギストンが出ていくこと」と考えた説だよ。

これでわかる! 3つのポイント

ものが燃えたときできる炎から熱と光が出ることはふしぎだった

ものが燃えることをふしぎがった昔の人たちは、燃えているものからなにかが出ていっていると考えたんだ。だってロウソクの炎を見れば、熱と光、ときにはススや煙も出ていくのだから。

飛び出すのはフロギストン

18世紀初め、ドイツの医師シュタールは、ものが燃えるとき「燃えるもと」フロギストンがその中から飛び出していると考えた。この説は当時の科学者たちに影響を与え、酸素や水素の発見者も、この説を大いに信じていたんだ。

〈フロギストン説〉

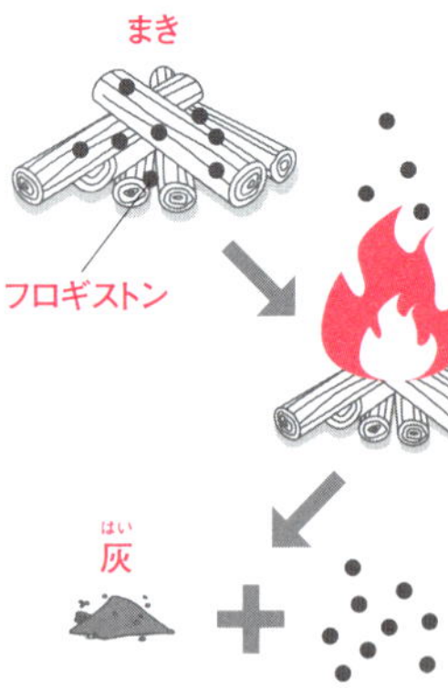

アリストテレスの4元素説でも

4元素のうちの「火と空気」は、地球の中心から遠いところ、つまり上のほうに住み処があり、上の方へ帰って行く。逆に「土と水」は下の方へ帰っていくと考えていた。つまり火には「軽さ」があるとも考えられていたんだ。

おまけ 「フロギストン」はギリシア語の「燃える」という意味の言葉からつけられた。

酸素を発見! プリーストリの実験

酸素の発見のお話

発見者のプリーストリはこれを「脱フロギストン空気」とよんだ。

これでわかる! 3つのポイント

ロウソクが燃えるには空気が必要

1674年イギリスの医師メイヨーは、ロウソクが燃えたりネズミが呼吸したりするとき、空気の一部が使われることを発見していた。研究好きの牧師プリーストリは、呼吸や燃焼に使われる「きれいな空気」を捕まえて正体を調べようと思った。

赤い水銀が決め手になる

水銀は燃やすと赤い物質になり、その赤い物質を強く熱すると再び水銀に戻る。プリーストリはこれを、水銀が「きれいな空気」を吸い込んで赤くなり、水銀に戻るときに吸い込んだ「きれいな空気」を吐き出すのではないかと考えた。

〈プリーストリの実験〉

ついに捕まえた「きれいな空気」

そこで彼は真空のガラス容器の中に赤い水銀を入れ、大きなレンズで日光を集めて加熱し、出てきた空気を集めた。この空気の中でロウソクは激しく燃えるので、これをフロギストンを含まない「脱フロギストン空気」と名づけたんだ。

おまけ 赤い水銀は、今の物質名では酸化水銀。水銀が酸素と結びついている。

シェーレはこうして酸素を見つけた!

もう1つの酸素発見のお話

シェーレはプリーストリと別な方法で酸素を発見していた!

これでわかる! 3つのポイント

空気は2種類の気体の混合物だ

スウェーデンの薬剤師のシェーレは、空気を硫肝(多硫化カリウム)などある種の薬品に触れさせておくと、約3割が減ることに気づいた。しかも残った空気の中でものは燃えない。このことから彼は、空気は2種類の成分からできていると確信した。

空気の約3割が燃焼に関係する

シェーレは、リンやろうそくなどを空気中で燃やしてもやはり約3割の空気が減ることから、空気は約3割がフロギストンを受け取って燃焼に関係する部分で、残りが燃焼に関係しない部分であることを示したんだ。

〈レトルトを加熱し膀胱に気体を集めた〉

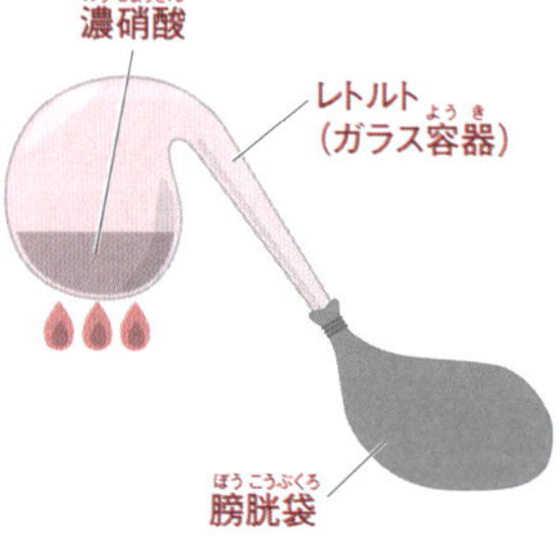

当時はゴムやポリ袋がないため豚や牛の膀胱が利用された。

フロギストンと強く結びつく空気を捕まえる

彼は濃硝酸を加熱して出てきたガスを牛の膀胱袋に集めた。このガスはろうそくの炎をとても明るく輝かせたことからこれを「火の空気」とよんだ。これが現在の酸素だったんだ。その後も彼はさまざまな酸素発生法を見つけたんだよ。

おまけ シェーレはプリーストリより2年も前に酸素を発見していたのに、発表で先を越されたんだ。

びっくり! 水素発見の物語

水素発見のお話

キャベンディッシュはとっても危ない実験をしたんだ。

これでわかる! 3つのポイント

「燃える空気」はフロギストンか?

1766年、イギリスのキャベンディッシュは、亜鉛などの金属に硫酸や塩酸をかけると発生する気体について研究した。この気体はとても軽くよく燃える性質があることから「燃える空気」と命名し、これはフロギストンではないかと考えた。

「燃える空気」の重さを測る

キャベンディッシュは「燃える空気」と普通の空気のちがいを調べるため、「燃える空気」だけを集めて正確に測れる実験装置をつくって測定した。するとこの「燃える空気」は普通の空気の12分の1の重さしかなかったんだ。

〈キャベンディッシュの実験装置〉

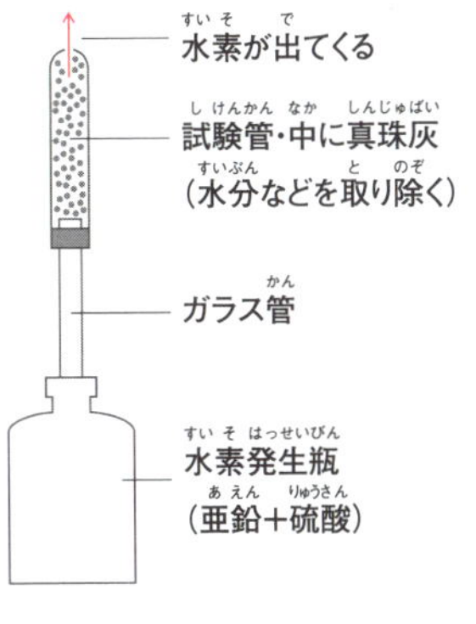

空気と混ぜて火をつけドッカン!

水素に空気を混ぜて点火すると爆発が起こる。彼はいろんな割合で空気を混ぜて点火してみた。もしかしたら死ぬかもしれない実験だ。その結果、燃える空気:普通の空気=3:7で大爆発することを突き止めたんだよ。

おまけ キャベンディッシュは人間嫌いで、特に女性は大の苦手だったそうだ。

窒素を発見した人は誰?

窒素発見のお話

ダニエル・ラザフォードといわれるけれど、実は他にも発見者はいた。

これでわかる! 3つのポイント

18世紀後半に空気は単一の元素からできていないとわかりはじめた

空気には、燃焼と呼吸に関係する気体と、無関係の気体があるとわかりはじめた。関係する気体は酸素、関係しない気体は窒素だと後にわかるが、当時はフロギストン説が信じられていたため、これらの気体はなかなか新元素とはならなかった。

窒素の発見者は複数いたよ

窒素の発見はラザフォード、あるいはラザフォードとシェーレが発見者とされる(92日めを見てね)。ラザフォードは窒素中ではものが燃えないし、ネズミが窒息死することから、これを「だめな空気」または「毒のある空気」とよんだんだ。

〈ラザフォードの実験〉

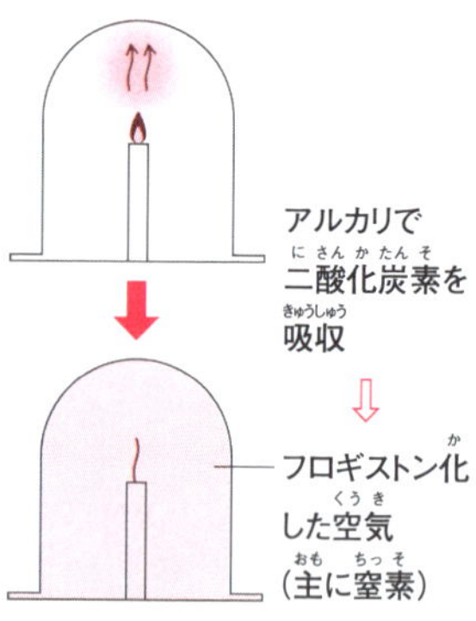

かつて窒素の別名はアゾトだった

フロギストン説を信じる人は、窒素はフロギストンで飽和しているので「フロギストン空気」とよんだ。1789年、フランスのラボアジェは窒素が新元素であることを確認し、アゾト(生命がないという意味)と命名した。

おまけ ラザフォードはブラックの弟子で、やはりフロギストン説を信じていたんだ。

多くの化学者が信じていたフロギストン説!

フロギストン説信奉者のお話

シュタールからおよそ100年間、フロギストン説は正しい理論とされていた。

これでわかる! 3つのポイント

フロギストン説ともうひとつ「火の粒子説」もあった

火の粒子説は、1674年のイギリスのボイルの考えを引きついだもの。スズをガラスの容器に入れて加熱し燃やすと、スズの重さが少し増加するのは、ガラスを通り抜けるほど小さい「火の粒子」がスズに吸収されたためだという考えだ。

酸素の発見者プリーストリの場合

当時の気体発見者はみなフロギストン説を信じる人ばかりだった。特にプリーストリはキャベンディッシュの水素＝フロギストンの考えに賛成し、ラボアジェの考えが出されても終生考えを変えなかった。また、フロギストン説発祥地ドイツではなかなかフロギストン説を変えなかった。

酸素発見のプリーストリ（1733～1804）。最後までフロギストン説を信じていた。

当時の化学者が持っていた考え

「火や空気という元素は〈軽さ〉を持つ」「火の粒子は重さを持つ」という考えだけではない。当時、その正体がわからなかった「光」と「熱」は、「光素」・「熱素」という元素とされていた。

おまけ フロギストン説は今の考えと全く逆。だからこそ新しい理論を生み出す契機になった。

ラボアジェはどうして「近代化学の父」といわれるの?

ラボアジェのお話

精密な実験をもとに、近代的な化学理論の体系をつくりあげた人だからだよ。

これでわかる! 3つのポイント

フロギストン説を否定して燃焼理論を確立

フランスのラボアジェは、それまで世の中に信じられていた「フロギストン説」(282日めを見てね)に疑問を持ち、精密な天秤をつくらせて燃焼に関する実験を何度も繰り返し、フロギストンが無くても説明できる新しい燃焼理論を打ち立てた。

「質量保存の原理」を見抜いていた

ラボアジェの優れたところは、それまでの化学者が重要視していなかった「重量の変化」に注目して実験したところだ。彼の実験の基本となる考え方は、反応の前後で物質全体の重さは変わらないという、質量保存の原理だった。

近代化学最初の教科書を書いた

ラボアジェは大がかりな実験装置を駆使して様々な実験をし、元素の研究をした。そして多くの化学現象は元素の結びつきの決まりによって整理できることや、化合物を成分をもとに命名する方法などを『化学原論』(1789) にまとめた。

ラボアジェ (1743〜1794)

おまけ ラボアジェの本業は税金を集める仕事だったので、フランス革命で斬首刑にされたんだ。

ついに「フロギストン説」が揺らぐ!

フロギストン説衰退のお話

燃焼とは火の粒子がつくのでもフロギストンが出るのでもなく酸素がくっつく現象だ。

これでわかる! 3つのポイント

火の粒子説をやっつけた!

ラボアジェはボイルの実験（287日めを見てね）を、スズを入れた容器全体と、スズの重さを燃焼前後で比較した。全体の重量は不変なので、スズは容器中の空気と結合して増加し、火の粒子が外から入ったのではないことを明らかにした。

脱フロギストン空気が手がかり

ラボアジェはプリーストリが発見した「脱フロギストン空気」が燃焼時に結合する空気だと考えた。そこで彼は図のような装置で12日間水銀を熱し続けた。熱した水銀は赤い水銀になり、空気は吸収されて右の容器の水銀は高さが増した。

〈ラボアジェの実験〉

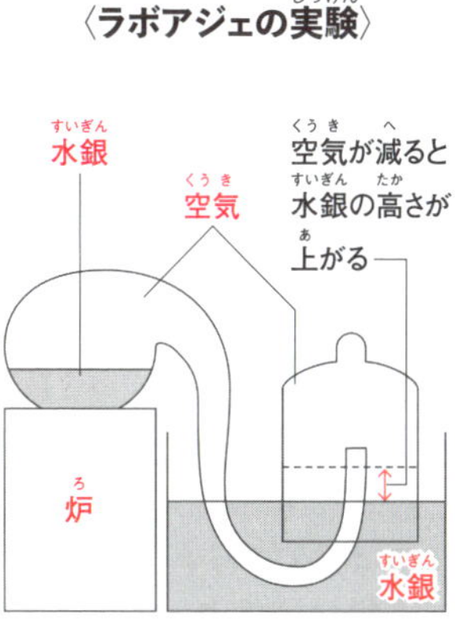

精密な測定の勝利

彼は吸収された空気の体積を測り、できた赤い水銀をフラスコに入れて加熱した。赤い水銀が水銀に戻り、出てきた空気の体積は、吸収された空気の体積と同じだった。これでラボアジェはフロギストンの存在を否定したんだ。

おまけ ラボアジェは動物の呼吸も燃焼の一種で、酸素との結合反応であるとした。

ラボアジェの元素表ってどんなもの?

ラボアジェの元素表のお話

それまでわかっていた33種の元素を分類して表にまとめたものだよ。

これでわかる! 3つのポイント

科学史上初めての元素分類表

ラボアジェは「元素」を「それ以上分解できない物質」であると定義した。彼が元素と考えたものの中には化合物や混合物、光やカロリック(熱素)も含まれていたが、基本物質を整理した最初の元素表で、近代化学の基礎を築いた分類表だ。

元素を4種類に分類した

彼は元素を「自然界に広くあるもの」「非金属」「金属」「土」の4種類に分類し、それぞれ5個、6個、17個、5個、合計33個の元素を挙げている。その中には、水素、酸素、硫黄など、現在でも元素とされているものが25 個あった。

〈ラボアジェの元素表〉

自然界に広くあるもの	光、カロリック(熱素)、窒素、水素
非金属	硫黄、リン、炭素、塩酸根、フッ素根、ホウ酸根
金属	アンチモン、銀、ヒ素、蒼鉛(ビスマス)、コバルト、銅、錫、鉄、マンガン、水銀、モリブデン、ニッケル、金、白金、鉛、タングステン、亜鉛
土	石灰、マグネシア、バライタ、アルミナ、シリカ

カロリック(熱素)は重さのない元素?

熱素が増加すれば温度が上がり、減少すれば温度は下がるという「カロリック説」を当時の化学者は信じていた。ラボアジェもその一人で、金属が燃焼すると、熱素に結合していた酸素が固体となって金属と結合すると考えたんだ。

おまけ 光と熱がエネルギーであることは19世紀になってわかったんだ。

ドルトンってどんな人?

ドルトンのお話

近代的原子論の基礎を築いたイギリスの化学者だよ。

これでわかる! 3つのポイント

気象観測が大好きで子ども好きな優しい先生

イギリスのドルトンは貧しい家に生まれ、わずか12歳で塾の教師になり家計を助けていた。毎日決まった時間に気象観測を行うなど規則正しく質素な生活を送り、33歳からは個人教授で子どもたちに科学と数学を教えて生計を立てていた。

気象の疑問から原子の探究へ

ドルトンは研究対象を気象から空気へ広げた。当時、空気は密度のちがう酸素と窒素がなぜ2層に別れず混ざっているのか疑問だった。それを彼は「原子は熱の雰囲気に囲まれていて、同じ種類の原子は熱によって反発するため」と考えた。

〈ドルトンの考えた反発しあう原子〉

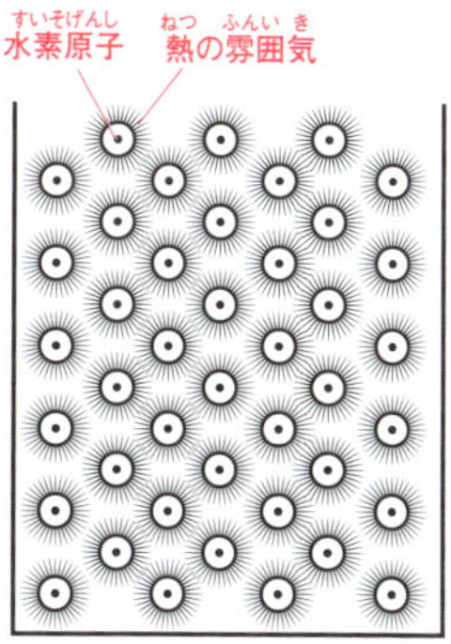

当時はまだ水素分子の存在がわかっていなかった。

ドルトンの考える原子とは

「物質はそれ以上分割できない『原子』でできている」「異なる原子は異なる質量を持つ」。これは『ドルトンの原子説』とよばれているが、彼の研究はこの仮説が正しいことを前提として進められたため、当時は強い批判もあったんだ。

おまけ ドルトンは色覚異常だったので、色覚異常のことをドルトニズムとよぶことがあるよ。

原子の重さはどうやって決めたの？

相対的質量のお話

原子の重さは水素原子の重さを基準にして求めたよ。

これでわかる! 3つのポイント

原子の重さを求めるきっかけは、気体の水に溶ける量のちがい

気体が水に溶けていく現象に研究を進めたドルトンは、重い気体ほどよく溶けて軽い気体は溶けにくいと思い、気体の粒子の重さが水に溶ける量に関係すると考えた。そしてそれを確かめるには「原子の重さを求めればいいのだ」と考えたんだ。

原子の重さは「相対的質量」で表した

原子はとても小さくて軽いので、直接重さを測ることはできない。そこでドルトンは最も軽い水素原子を1として、他の原子はその何倍になるのかで表そうとした。これを「相対的質量」といい、今でいう「原子量」だ。

原子量の求め方

「同じ種類の原子は重量もかたちも同じ」という前提のもとで彼は原子量を求めた。水は水素：酸素の重量比が1:8だ。水素と酸素の原子が1個ずつ結合しているとすると、酸素の原子量は8となる。こうして36種の原子量を求めたんだ。

〈ドルトンの原子量表〉

元素	原子量
水素	1
酸素	7
窒素	5
炭素	5.4
リン	9
硫黄	13
アンチモン	40
銅	56
亜鉛	56
鉛	95
銀	100
水銀	167

当時の測定精度が低かったため、酸素が8ではなく7になっている。

おまけ ドルトンの原子量は間違いも多かったけど、その後の近代化学研究の基礎となったよ。

原子
周期表
原子力
元素
科学史
宇宙
生物
光

最初の元素記号はどんな記号だったの?

ドルトンの原子の図のお話

円の中に図形やアルファベットを描いたとても複雑な記号だった。

これでわかる! 3つのポイント

原子のイメージを大切にして

ドルトンは1808年に『化学哲学の新体系』という本を著した。その本の中に描かれている原子の図は、全て同じ大きさの円で描かれていた。これはドルトンの考える原子の様子をそのまま表しているからだ。

原子の種類のちがいは円の中に

例えば、酸素原子の記号はただの円だけだが、水素原子は円の中に点を描き、窒素原子は縦棒を描いた。金はゴールドのG、アルファベットの頭文字で表した。ドルトンはこのようにして原子の種類のちがいを区別したんだ。

〈ドルトンの原子記号表〉

複合原子も表せる

水は水素と酸素が結びついた複合原子（今では化合物）なので、○⊙と表した。現在では水は水素原子2個と酸素原子1個が結合していることがわかっているが、ドルトンはそれぞれ1個ずつ結合していると考えたんだ。

おまけ ドルトンは球体で、立体的な原子模型もつくっていたんだ。

ドルトンの原子量はその後どうなったの?

(ドルトン以降の原子量のお話)

ベルセリウスが原子量決定に大きな貢献をしたよ。

これでわかる! 3つのポイント

ドルトンの原子量の改善に取り組んだ

スウェーデンのベルセリウスはドルトンの論文で原子量の意義を認め、原子量を改善する研究をした。彼は、同じ結晶形の化合物は原子の個数の比が似ていることを原子量の算定に適用するなど、原子量の精度を上げる工夫を重ねた。

ドルトンと同じジレンマに悩まされた

ベルセリウスもドルトンと同様、化合物は成分の原子が何個ずつ結合しているかは推定するしかなかったため、当時の化学者には受け入れられなかった。それでも1808年から10年間にわたり、45種の元素についてそれらの化合物を2000件以上も分析することを繰り返したんだよ。

精度の高さは並外れた努力のたまもの

彼の原子量表は1814年に発表され、18年と26年に改訂された。1826年の原子量表の値は現在の原子量とほとんど変わらない精度だ。でもまだナトリウム、カリウム、銀は2倍の値だったよ。

〈ドルトンとベルセリウスの原子量の比較〉

	ドルトンの原子量	ベルセリウスの原子量1826年	現在の原子量
水素	1	1.00	1.0008
炭素	5.4	12.25	12.01
窒素	5	14.16	14.01
酸素	7	16.00	16.00
ナトリウム	21	46.54	22.99
リン	9	31.38	30.97
硫黄	13	32.19	32.07
カリウム	35	78.39	39.10
鉄	60	54.27	55.85
銅	56	63.31	63.55
亜鉛	56	64.52	65.39
銀	100	216.26	107.9

おまけ 原子量は1860年カニッツァーロが提示したもので、ようやく認められるようになった。

原子
周期表
原子力
元素
科学史
宇宙
生物
光

電池による電気分解で新元素発見!

デーピーの電池活用のお話

デーピーはボルタの電池による電気分解によって新しい元素たちを発見したよ。

これでわかる! 3つのポイント

ボルタが電池を発明

1800年、イタリアのボルタは、銅板と亜鉛板など2種類の金属の間に食塩水で湿らせた布をはさんで何段にも積み重ねたボルタの電堆（パイル）を1799年に発明と公表した。このボルタ電池によって、人類は初めて持続的に流れる電流を手に入れた。

デーピーは電気分解でカリウムなどを得た

ボルタの発明は、またたく間に世界中に広がり、電池によって水の電気分解などの研究が流行した。イギリスのデーピーは、1807年、250枚もの金属板を使って、当時の最強の電池をつくった。水酸化カリウムや水酸化ナトリウムを加熱し液体にして電気分解することで、金属のカリウム、ナトリウムの小球を得た。

デーピー（1778〜1829）

デーピーは電気分解で新元素を続々発見

さらに同様にしてバリウム、ストロンチウム、カルシウムを発見。

おまけ デーピーが行っていた王立協会（ロンドン）の講演は大人気だった。

カリウムの強力な還元力とは？

還元力の強い金属のお話

酸化物（酸素との化合物）などから酸素を取り除く大きなパワーのことだよ。

これでわかる！ 3つのポイント

中学理科で学ぶ酸化・還元

ある物質が酸素と結びつくと、「物質は酸化された」といい、酸化物ができる。逆に酸化物から酸素を取り除くと、「物質は還元された」という。金属の酸化物の場合、金属の酸化物から酸素を取り除いて金属だけにすることが還元だよ。

金属化合物から金属を得るのが還元

金属の酸化物からだけではなく、もっと広く、非金属元素＋金属元素の化合物から金属を得るのも還元というよ。例えば酸化アルミニウムだけではなく塩化アルミニウムからアルミニウムを得る（取り出す）のも還元というんだ。

〈カリウムがちょっかい……〉

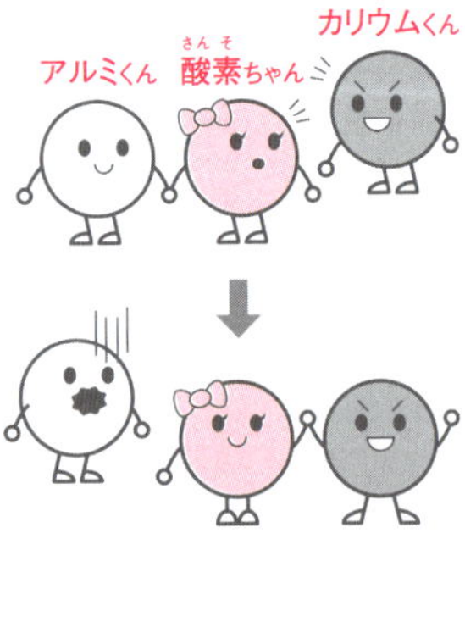

カリウムの還元パワーでアルミニウムを分離

1825年に、デンマークのエルステッドがアルミニウムの分離に成功し、1827年にはドイツのウェーラーがエルステッドよりも純粋なアルミニウムを取り出した。塩化アルミニウムをカリウムの還元パワーでアルミニウムと塩化カリウムにしたんだ。

おまけ カリウムはとても陽イオンになりやすいので還元パワーが強いんだよ。

続々と新元素発見に導いた分光分析法とは?

分光分析法のお話

加熱した物質からの光を分け、その輝線スペクトルから元素を特定する方法だ。

これでわかる! 3つのポイント

スペクトルは、波長のちがいで光を分解し、波長の順に並べたもの

ニュートンは三角プリズムを使って太陽光を赤色から紫色に分けた。この色の帯のことをスペクトルという。太陽光でできる虹のように色が帯のようにつながったスペクトルを連続スペクトルという。

様々な元素の炎色反応を調べ分光分析法発明

ドイツのブンゼンとキルヒホッフは共同で、元素の炎色反応を調べて、1859年、用いる物質が微量でも元素を特定できる分光分析法を開発。物質を炎の中で加熱して出る光を分光器に通すと、元素の種類ごとに、いくつかの特定の波長のところだけが光る輝線スペクトルを得た。

分光器によって新元素が次々と発見された

早速、二人は濃縮した鉱泉水から新元素ルビジウムとセシウムを発見。その後、この方法で、他の研究者たちがタリウム、インジウム、ガリウム、スカンジウム、ゲルマニウムなどの新元素を発見。

1859年当時の分光分析の装置

おまけ 学校の理科室にあるガスバーナーはブンゼンが発明したブンゼンバーナーの一種だよ。

元素を分類しようとする試みはなぜ始まったの?

元素分類が始まったお話

元素は1830年までに55種、1860年代に約60種類が知られるようになったからだよ。

これでわかる! 3つのポイント

1860年代には約60の元素の諸性質、特にそれらの原子量がわかってきた

フランスのラボアジェの『化学原論』(1789年刊行)には33種の元素表掲載。そのうち現代の化学でも元素なのは25種である。元素は1830年までに55種まで増え、1860年代には約60種が知られた。天然に存在する元素約90種の3分の2にあたる。

よく似た「三つ組元素」

ドイツのデーベライナーは、元素のうちには3個1組でよく似た性質を示すものが少なくないとし、1829年、これらを「三つ組元素」とした。例えば、「鉄-コバルト-ニッケル」。また、「カルシウム-ストロンチウム-バリウム」では、原子量はそれぞれ40、88、137で、(40+137)÷2=88.5だった。

〈三つ組元素の例〉

	リチウム	ナトリウム	カリウム
原子量	7	23	39

	マグネシウム	亜鉛	カドミウム
原子量	24	65	112

発見されたばかりの臭素の原子量を予言

このことは、「塩素-臭素-ヨウ素」で、1826年、臭素が発見されたとき、デーベライナーは、塩素とヨウ素の原子量の平均から臭素の原子量を81と予言。実際に80と確認されて、大きく注目された。

おまけ 「三つ組元素」の考えは元素の分類から周期律の発見に至る第一歩になった。

元素を円柱のまわりに配列した「地のらせん」とは？

地のらせんのお話

円筒の上に原子量に従ってらせん状に配列した独創的な周期表だよ。

これでわかる！ 3つのポイント

フランスのシャンクルトワは元素の周期性の最初の発見者か!?

シャンクルトワはフランスの地質学者、鉱物学者。1862年に初めて元素を原子量の順に並べた人物である。つまりメンデレーエフよりも前に元素の周期性を発見しているといえるだろう。

縦に似た性質の元素が並んだ

彼は、円周が16単位（酸素の原子量とほぼ等しい）の単位の円筒表面の原子量のらせん図に元素を配置すると、原子量が16増すごとに、縦の同列に戻ってくることに気づいた。つまり、縦に似た性質の元素が並ぶことを発表した。

〈地のらせん〉

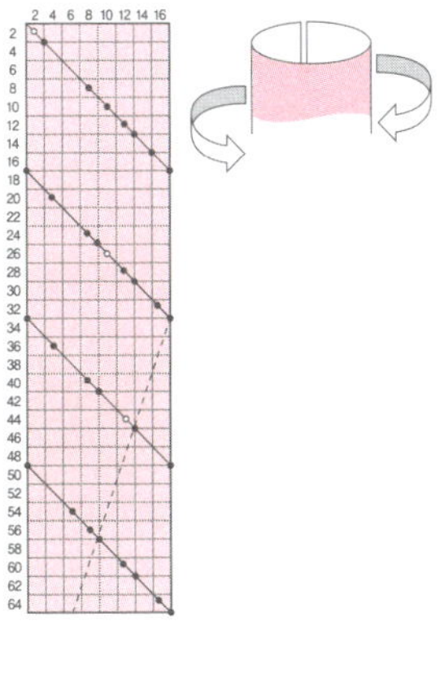

化学者たちに認められなかった

彼は円筒の上の図を「地のらせん」（地のねじ）とした。この考えは周期律（性質が周期的な規則性を持つこと）の発見であった。しかし、彼が地質学者であり、論文がわかりにくかったなどから、一般の化学者の注意をひくことはなかった。

おまけ 論文のアイデアがわかる図が欠落（出版社のミス）のため読んでも意味不明だった。

「オクターブの法則」ってなに?

「オクターブの法則」のお話

原子量順に並べると、音階のように8番目ごとによく似た元素が現われるという法則だ。

これでわかる! 3つのポイント

命名は音階(低いドから次の高いドまでの8つの音程が1オクターブ)から

1865年にイギリスのニューランズは、当時知られていた約60の元素を原子量の順に並べると、8番目ごとに性質のよく似た元素が繰り返し出現すると発表。音階からオクターブの法則と名づけた。

8番目ごとは貴ガスがなかったから

当時はまだ貴ガスが発見されていなかった。具体的には、リチウムから8番目はナトリウム、フッ素から8番目は塩素など。ただし、原子量の大きい元素には当てはまらなかった。

〈原子増加量〉

H	Li	Be	B	C	N	O
1	7	9	11	12	14	16
F	Na	Mg	Al	Si	P	S
19	23	24	27	28	31	32
Cl	K	Ca	Cr	Ti	Mn	Fe
35.5	39	40	52	48	55	56

発表当時は全然認められなかった

この考えは、「地のらせん」と並んで周期律の発見といえた。しかし当時のイギリスの化学界は、荒唐無稽だと否定。マイヤー、メンデレーエフの周期律の意義が認められるようになってから周期律提唱の先がけとして評価されるようになった。

おまけ 発表当時は無視どころか嘲笑さえ受けたんだ。

周期律の発見でマイヤーとメンデレーエフの関係は？

マイヤーとメンデレーエフのお話

二人は独立に研究し、ほとんど同時に周期律を公表したよ。

これでわかる! 3つのポイント

マイヤーとメンデレーエフは、独立に研究し、ほとんど同時に周期律を公表

ドイツのマイヤーとロシアのメンデレーエフは、ともに教科書執筆中にこの考えを発展させた。二人とも原子量と合わせて原子価など化学的性質を元に元素を配列し、元素単位の物理的性質や化学的性質の周期性を発見。

マイヤーの周期律発見

マイヤーは、1864年、『最新の化学理論』を著し、元素を原子量と原子価の順に並べ、不完全な形ではあるが周期律を説明。さらにその後に考察を加え、1869年、詳細な結果として元素の周期律を発見。著書は化学の基礎原理普及に大きく貢献。

マイヤー（1830〜1895）

メンデレーエフの周期律発見

メンデレーエフは『化学の原理』を執筆。元素を原子量の順に配置し、しかも原子価の同じ元素が上下に並ぶように、何段にも重ねて並べてみた。こうして周期表の最初の形ができ、1869年、空欄にした未発見元素の性質も予測した周期表を発表。

おまけ メンデレーエフの『化学の原理』は、周期律研究を反映し、生前8回版を重ねた。

原子
周期表
原子力
元素
科学史
宇宙
生物
光

メンデレーエフってどんな人?

メンデレーエフのお話

元素をわかりやすく伝える教科書を書き、周期律を発見した優れた教育者だったよ。

これでわかる! 3つのポイント

1834年、14人兄弟の末っ子として誕生

高等師範学校を抜群の成績で卒業(21歳)し、中学校教師を経てサンクトペテルブルク大学の化学の講師になった。当時のロシアは大規模な政治社会の改革の真っ最中だったので、西洋留学のチャンスが巡ってきた。

サンクトペテルブルク大学の化学の教授となる

彼はドイツのハイデルベルク大学、ブンセン研究室のもとに留学する機会を得た。帰国後、講師から助教授に、1865年には教授になった。そのとき、教科書『化学の原理』を書きはじめたことが元素の周期律発見のきっかけになった。

メンデレーエフ(1834〜1907)

学生運動で大学を去る

1890年56歳の時、サンクトペテルブルク大学で学生運動が起こった。彼は学生と大学の仲介役を積極的に務めたが、彼の取り次いだ文部大臣への嘆願書は受けとられず、抗議して大学を去った。

おまけ 彼の葬列には約1万人の市民が参加し、最前列には学生が周期表を掲げたそうだ。

メンデレーエフはどのように元素の周期律を発見したの？

周期律発見のお話

元素の基本性質は原子量と考えて、全元素の原子量と化学的類似性をまとめあげたよ。

これでわかる！ 3つのポイント

まずアルカリ金属元素とハロゲン元素を原子量順に並べてみた

メンデレーエフが元素をわかりやすく教えるための教科書を執筆中、アルカリ金属とハロゲンについて考えた。どちらの族も原子価1（今でいう1価の陽イオンと陰イオン）、それぞれ族の中の化学的性質は似ていて、原子量最小はリチウムとフッ素だ。

他の元素はどうだろう？

リチウムとフッ素を点線でつなぎ、フッ素からナトリウムに帰ってナトリウムと塩素を点線でつないで原子量順に1つの順序をつくる。この中間に他の元素を並べてみたら、アルカリ金属元素とハロゲン元素のような横並びはできないか？

〈メンデレーエフが考えていたこと〉

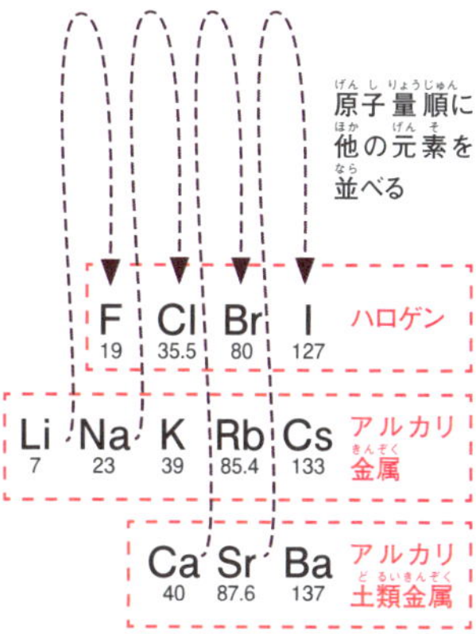

周期律の存在を発見

同様にアルカリ土類金属のカルシウム、ストロンチウム、バリウムを考えた。どれも原子価2でそれらの単体・化合物の性質はよく似ている。この試みを、すでにわかっている元素族の枠を超えて広げ、1869年に第一論文が出された。

おまけ メンデレーエフが最初にメモした周期表は、カップの跡のついた封筒の裏だった。

304日め

科学史 「周期表(しゅうきひょう)ができるまで」の週 月 火 水 木 金 土 日

読(よ)んだ！ 月(がつ) 日(にち)

まさか予言者(よげんしゃ)!? 空席(くうせき)に入(はい)る元素(げんそ)を予測(よそく)

〜周期表(しゅうきひょう)の完成(かんせい)までのお話(はなし)〜

メンデレーエフは当時(とうじ)の原子量(げんしりょう)を訂正(ていせい)し、今後発見(こんごはっけん)される、と未知元素(みちげんそ)を空席(くうせき)にしたよ。

これでわかる！ 3つのポイント

ベリリウムを巡(めぐ)る混乱(こんらん)

1869年(ねん)までベリリウムは原子価(げんしか)3と考(かんが)えられ、同(おな)じ原子価(げんしか)のアルミニウムと化学的性質(かがくてきせいしつ)が似(に)ているとされていた。例(たと)えば濃硝酸(のうしょうさん)と反応(はんのう)せず、水酸化(すいさんか)ナトリウム水溶液(すいようえき)には簡単(かんたん)に溶(と)けて水素(すいそ)を発生(はっせい)するなどが挙(あ)げられる。原子量(げんしりょう)は13.5とされた。

原子量(げんしりょう)から炭素(たんそ)と窒素(ちっそ)の間(あいだ)に置(お)かざるを得(え)ない

このままでは周期律(しゅうきりつ)がひっくり返(かえ)ってしまう。だが彼(かれ)はベリリウムの原子量(げんしりょう)が正(ただ)しく決(き)められていないと判断(はんだん)。その酸化物(さんかぶつ)が酸化(さんか)マグネシウムに似(に)るという文献(ぶんけん)を見(み)つけ、原子価(げんしか)2で原子量(げんしりょう)9としてカルシウムなどの並(なら)びに配置(はいち)した。

混乱(こんらん)はメンデレーエフによって解決(かいけつ)

大勢(おおぜい)の化学者(かがくしゃ)から勝手(かって)に原子量(げんしりょう)を変更(へんこう)と批判(ひはん)されたが、数年後(すうねんご)に実際(じっさい)に原子量(げんしりょう)9となり、混乱終了(こんらんしゅうりょう)。1870年末(ねんまつ)までの2年弱(ねんじゃく)の研究(けんきゅう)で、メンデレーエフによる周期律(しゅうきりつ)を表(ひょう)にした周期表(しゅうきひょう)が完成(かんせい)。未発見元素(みはっけんげんそ)の性質(せいしつ)の予言(よげん)にまで進(すす)んだ。

〈メンデレーエフの最初(さいしょ)の周期表(しゅうきひょう)〉

ОПЫТЪ СИСТЕМЫ ЭЛЕМЕНТОВЪ.

ОСНОВАННОЙ НА ИХЪ АТОМНОМЪ ВѢСѢ И ХИМИЧЕСКОМЪ СХОДСТВѢ.

			Ti=50	Zr=90	?=180.
			V=51	Nb=94	Ta=182.
			Cr=52	Mo=96	W=186.
			Mn=55	Rh=104,4	Pt=197,4.
			Fe=56	Rn=104,4	Ir=198.
			Ni=Co=59	Pl=106,6	Os=199.
H=1			Cu=63,4	Ag=108	Hg=200.
	Be=9,4	Mg=24	Zn=65,2	Cd=112	
	B=11	Al=27,4	?=68	Ur=116	Au=197?
	C=12	Si=28	?=70	Sn=118	
	N=14	P=31	As=75	Sb=122	Bi=210?
	O=16	S=32	Se=79,4	Te=128?	
	F=19	Cl=35,5	Br=80	I=127	
Li=7	Na=23	K=39	Rb=85,4	Cs=133	Tl=204.
		Ca=40	Sr=87,6	Ba=137	Pb=207.
		?=45	Ce=92		
		?Er=56	La=94		
		?Yt=60	Di=95		
		?In=75,6	Th=118?		

Д. Менделѣевъ

おまけ メンデレーエフは未発見(みはっけん)の元素名(げんそめい)をその前(まえ)の元素名(げんそめい)に「エカ」をつけてエカ○○としたよ。

メンデレーエフは周期律発見の最大の功労者!

予言した元素発見のお話

予言した元素のうち3つが16年以内に発見された。

これでわかる! 3つのポイント

周期表発表から5年後、予言した最初の元素が見つかる

1875年、フランスのボアボードランは、亜鉛の硫化鉱物を分光法で分析し、新元素ガリウムを発見した。エカアルミニウムとよんだ元素の予想値は原子量が68、密度が6.0 g/㎤だったが、ガリウムは69.9と5.95 g/㎤でよく一致していた。

エカホウ素・エカケイ素も発見される

その後も79年にスカンジウム（エカホウ素）、86年にゲルマニウム（エカケイ素）が発見され、彼が特に詳細に性質を予言した3つの元素が発見されたことで彼の予想が正しかったことが認められ、周期律が受け入れられていったんだ。

〈エカアルミニウムの予測とガリウムの比較〉

性質	エカアルミニウムEa	ガリウムGa
原子量	68	69.72
融点(℃)	低い	29.78
密度(g/㎤)	6	5.904
酸化物の組成	Ea_2O_3	Ga_2O_3

ガリウムは現在の数値のため、発見当時(本文)の数値と異なる。

イギリスの王立協会がデービーメダル授与

1882年、化学分野で重要な発見をした人に授与されるデービーメダルを、メンデレーエフとマイヤーの二人が授与された。現在メンデレーエフの名ばかりが残るのは、改訂作業を晩年まで続け、より完成度の高いものにしたからだよ。

おまけ メンデレーエフは1906年ノーベル賞の候補になったが、わずか1票差で落選した。

周期表に新しい仲間が加わる！

貴ガス発見のお話

安定していて化合物をつくらない気体だから、気づかれなかった元素の仲間だよ。

これでわかる！3つのポイント

アルゴンを発見したレイリーとラムゼー

1892年、気体の密度を精密に測定していたイギリスのレイリーは、空気から得た窒素は化学変化で得た窒素よりわずかに重いことを発表した。これを知ったスコットランドのラムゼーは、その理由を探る研究を申し出て、二人の共同研究が始まった。

不活性で重い気体を分離

ラムゼーは空気から酸素・窒素を除去しても残る気体を取り出すことに成功した。この気体は重く、どんな薬品とも反応しなかった。二人はこれを新元素だと確信し、アルゴンと命名した。

周期表に新たな列が加わる

ラムゼーはウラン鉱に含まれる窒素からヘリウム、液体空気からクリプトン、キセノン、ネオンと、アルゴンに似た性質の気体を発見した。これらは現在「貴ガス」とよばれる。メンデレーエフの周期表には貴ガスが入る場所がなかったので、新たに列を増やして表に収めたんだ。

〈空気中の貴ガスの重量%〉

元素名	存在比率（重量％）
ヘリウム	0.00007％
ネオン	0.00127％
アルゴン	1.28％
クリプトン	0.000331％
キセノン	0.000037％

おまけ 貴ガスの発見には、19世紀末からの空気の液化技術が大きく関わっているんだ。

メンデレーエフのあとの周期表はどうなったの？

周期表完成までのお話

メンデレーエフの時代にはわからなかったことが発見され、問題は全て解決したよ。

これでわかる! 3つのポイント

メンデレーエフの周期表以降、放射能の発見、原子の内部がわかり始めた

19世紀末から20世紀初頭にかけて、原子が実際にあること、放射線を出しながらの放射性崩壊、同位体の存在、原子が電子や原子核からできていることなど物質への見方が革命的に変わる出来事が続いた。これらは周期律の考え方に影響を与えた。

大きな転機はラザフォードの原子核の発見

ラザフォードは原子の内部に正電荷を持った原子核を発見。後に中性子の発見で正電荷は陽子が持っていることが判明するが、ファン・デン・ブルックはその前に周期表の原子の序列番号、つまり原子番号が正電荷量に関係すると推論した。でもそれは実験で確認したわけではない。

〈ラザフォードが考えた原子モデル〉

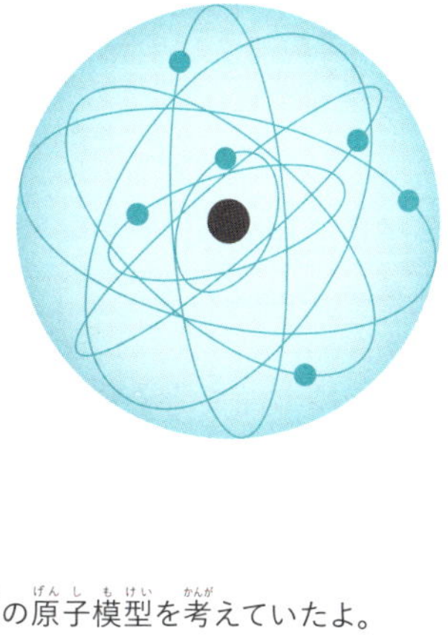

モーズリーが原子番号を実験で明らかにした

モーズリーは原子番号との間に見られる規則性を発見した。周期律の原子は原子量ではなく、原子核の正電荷量に比例した、整数で1ずつ増加する原子番号で並ぶことが実験でわかったんだ。

おまけ ラザフォードの数年前、日本の長岡半太郎は土星型の原子模型を考えていたよ。

X線が語った!? 元素の素顔

モーズリーの法則のお話

元素から出るX線は原子番号と関係があった。

これでわかる! 3つのポイント

「特性X線」に注目したモーズリー

イギリスの物理学者モーズリーは、ラザーフォードのもとでX線の研究をはじめた。彼が注目したのは　金属元素に加速した電子(陰極線)を当てると出る特有のX線(特性X線という)だった。彼は30種類以上の特性X線を測定した。

原子番号の本当の意味がわかった!

その結果、特性X線の波長の逆数の平方根と原子番号が比例の関係という驚くべき事実を発見した。元素の原子核の電荷数(今でいう陽子数)が原子番号に従って1ずつ増加することを確認したんだ。これは後にモーズリーの法則とよばれた。

原子量逆転のわけや未発見の元素の存在が判明

元素の周期律が原子量ではないとわかると、カリウムとアルゴン、ニッケルとコバルト、ヨウ素とテルルの間で原子量の逆転が起きていたがそのわけがわかった。原子番号43,61,72,75,85,87の中に未発見の元素があることもわかった。

モーズリー(1887~1915)

おまけ モーズリーはノーベル賞受賞も確実といわれたが、27歳の若さで戦死したんだ。

地球の構造は層になっている！

地球の構造のお話

地球は中心から核、マントル、地殻の3層構造。中心部は鉄、表面は酸素が主な元素。

これでわかる！ 3つのポイント

内部構造─地球の内側

核の部分は高温（5千 ℃以上）で、主な成分が鉄やニッケルの液体、さらに中心部は固体。その外側のマントルは主にかんらん岩という重い岩石でできていて緑色。かんらん岩をつくる主な鉱物はかんらん石で、鉄とマグネシウムを含むよ。

表面その1─陸と海

地球の表面は岩石でできている。岩石の種類は花こう岩と玄武岩等の火成岩やれき岩、砂岩等の堆積岩。岩石の成分は多い順に酸素、ケイ素、アルミニウム等だ。岩石の多くは二酸化ケイ素を含み、海水は約96.6 ％の水と3.4 ％の塩分だよ。

〈地球の内部構造と主成分の元素〉

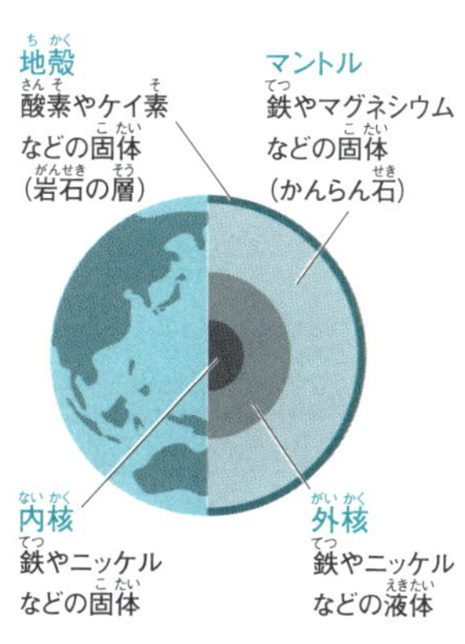

表面その2─大気

地球の表面の外側には大気がある。大気も地球の内側と同じように層構造になっていて、各層では地球のどの場所でもほぼ同じような組成と密度分布。大気の主な成分は窒素が約78 ％、酸素が約21 ％で、他に二酸化炭素等も含まれるよ。

おまけ 地表付近で一番多い酸化物は二酸化ケイ素だよ。

地球全体で一番多い元素ってどれ？

地球の元素のお話

地球をつくる元素の重さ比べ、No.1は鉄、No.2は酸素だよ。

これでわかる! 3つのポイント

地球全体の元素組成

地球を構成している元素は鉄、酸素、ケイ素、マグネシウム、ニッケル、硫黄等の順に多い。宇宙の平均だと水素、ヘリウム、酸素、炭素等の順で違いがある。全体で一番多い鉄は中心の核部分に集中、マグネシウムはマントルにたくさん含まれる。

地球の中と組成の調べ方

中の様子(構造)については、地震波の伝わり方で内部の状態がわかる。聴診器で私たちの体の様子を診るのと同じだ。内部の岩石の種類や組成は、掘ったり(ボーリング調査)、火山のマグマに含まれる成分を直接調べることでわかる。

〈地球とコンドライトの組成の関係〉

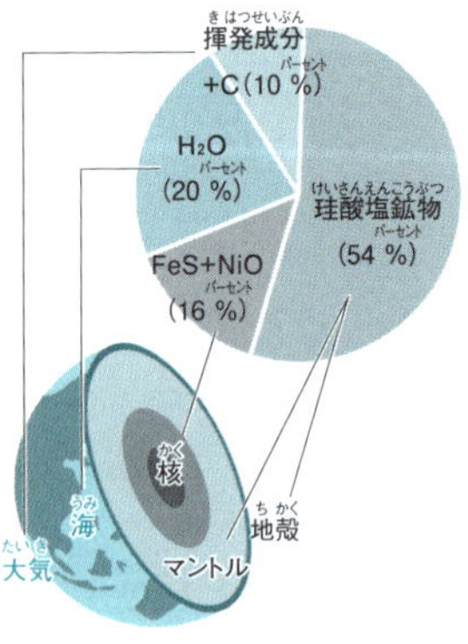

隕石の成分とほぼ同じ

地球は約46億年前に太陽ができた時にまわりにあった物質(微惑星＝コンドライト)からできたんだ。コンドライトの成分(多い順に酸素、鉄、ケイ素、マグネシウムとその他)は現在の地球の地殻、マントル、核をあわせて平均した成分に近いよ。

おまけ 太陽は宇宙によくある恒星だから元素組成の宇宙平均は太陽で調べるよ。

311日め

宇宙 「地球を地球にする元素」の週

月 火 水 木 金 土 日

読んだ！ 月 日

地殻の元素存在度はちがうの？

地殻の元素のお話

地球の表面は岩石でできていて、酸素、ケイ素が多いよ。

これでわかる！ 3つのポイント

地球全体と地球表層部の元素組成の割合はちがう？

地球は層構造になっていて場所によって元素の存在する量がちがうんだ。数10 kmまでの表層部を地殻とよんでいる。地殻で多いのは、酸素、ケイ素の2つ合わせて約75 %、そしてアルミニウム、鉄、カルシウムの順だ。

様々な岩石でできている

地殻は厚くても数10 kmほどで地球の大きさに比べたら数 %。地殻をつくる岩石にはいろいろ種類があるが、マグマが冷えて固まった火成岩が多い。マグマの主成分である二酸化ケイ素の含有量や冷える速度で岩石の種類、性質が変わる。

〈地殻の元素の割合（重さ）〉

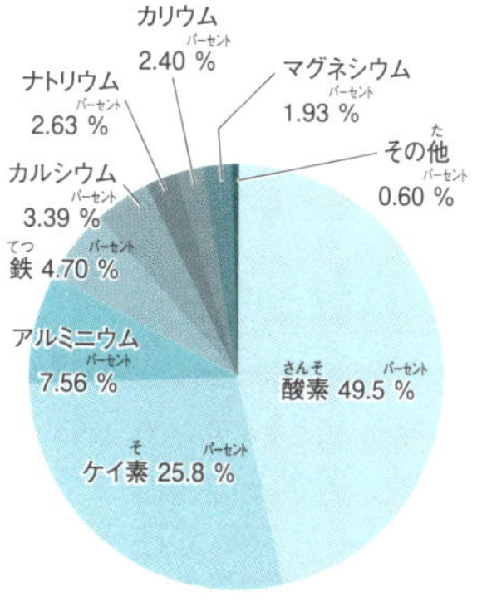

場所によって種類がちがう

地殻の場所によって、どのような岩石で構成されるかちがうんだ。大陸の地殻には花こう岩が多く、海底では花こう岩より比重が大きい玄武岩が多い。地殻全体を平均すると安山岩の組成になるらしい。富士山などでは黒い玄武岩が見られる。

おまけ 地表付近の元素の割合を重量パーセントで表した数字を昔はクラーク数とよんだ。

マントルに多い元素ってなに？

マントルの元素のお話

地殻と核にはさまれた厚い固体。地殻の成分と似ているけどちょっとちがうんだ。

これでわかる! 3つのポイント

地殻から続く岩石の層

地殻の下には、岩石の層が厚く続く。地球の表面から2,900 kmまではマントルとよばれる。厚みは地球の半径の約45 %だけど、体積では約80 %。地球の半分以上はマントルをつくる岩石なんだ。マントルは固体だけど、ゆっくり動いているよ。

地殻と成分は似ている

マントルも地殻と同じ、酸素とケイ素が多く、それらが全体の約67 %を占める。地殻とちがうのは、アルミニウム、カルシウム、ナトリウム、カリウムがかなり少ないことだ。鉱物の石英・長石類はほとんど存在しないよ。

〈マントルの元素の割合(重さ)〉

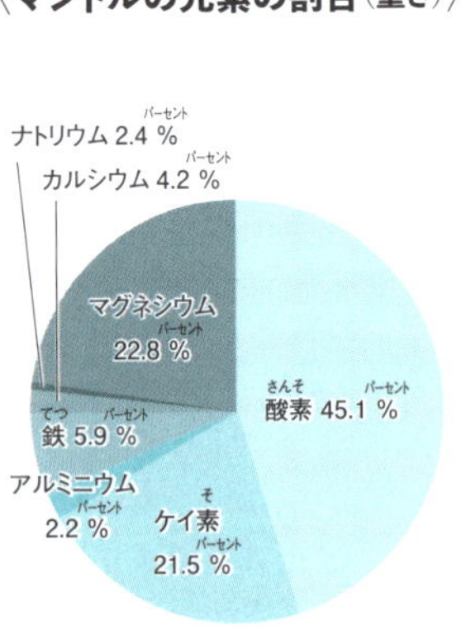

続・地殻と成分は似ている

マントルは地表に近い方と深い方で上部と下部がある。上部マントルは、かんらん石や輝石などのマグネシウムを主とする鉱物が多い。下部マントルは深くて圧力が高いから、鉱物の成分の原子はぎゅうぎゅう(密)に並んでいる。

おまけ 炭素は地殻では黒鉛など、地下180 kmより深いマントルではダイヤモンドになる。

核をつくる元素!地磁気のなぞ

地球の核の元素のお話

地球は大きな磁石!
その理由は「地球ダイナモ理論」が有力だ。

これでわかる!3つのポイント

謎の多い地球の地磁気

私たちが方位を調べる時、方位磁石を使い、北を示す方向を探すことができるのは、地球には磁界があるからなんだ。これを「地磁気」とよんでいる。地磁気は地球の内部にある核によって形成されている。

地球ダイナモで電磁石!

地球自身が発電機(ダイナモ)となって電流を生み出し、電磁石になっているという「地球ダイナモ理論」がある。地球内部の外核の液体の鉄とニッケルが熱による対流や自転でゆるやかに流れて磁界がつくられているという考えだよ。

〈地球の内部構造と磁界〉

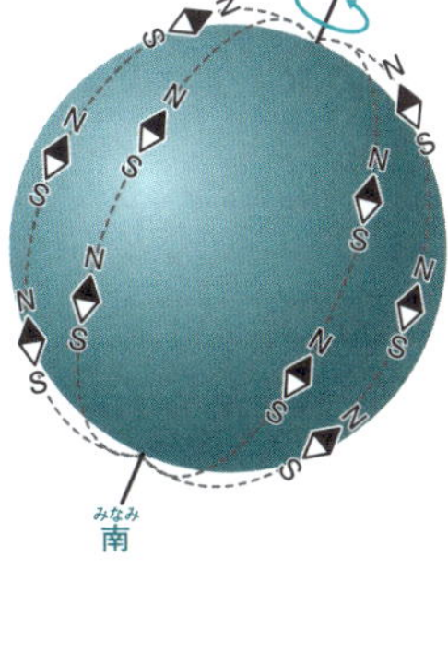

変化する磁界

地球の磁力線を調べると、地球の南極(磁石のN極)から出て、北極(磁石のS極)に入っていく。棒磁石と砂鉄の観察を思い出してみてほしい。ところがこの磁力はとてもゆっくりだけれど強さや向きが変化しているんだ。

おまけ 地磁気の逆転はここ360万年の間に11回あった。最近だと78万年前だよ。

原子
周期表
原子力
元素
科学史
宇宙
生物
光

原子
周期表
原子力
元素
科学史
宇宙
生物
光

空気の成分を教えて!

空気の成分のお話

空気は大気の一部。今と昔では組成がちがったんだ。

これでわかる! 3つのポイント

大気の大部分は対流圏にある

大気の層は、地表に近い順から対流圏、成層圏、中間圏、熱圏だよ。地上から100 km以上が宇宙とされているけれど、大気の約90 %は15 km以下の対流圏に存在する。私たちに身近な天気の現象(雲や雨、雪)は対流圏で起こるんだ。

44億年前に海が誕生。40億年前に生物が誕生

約46億年前の地球の大気は、高温・高圧で、主に水蒸気と二酸化炭素だった。水蒸気が冷えて雨になり海ができ、海に二酸化炭素が溶けて、大気中の水蒸気と二酸化炭素が減った。

27億年前にシアノバクテリアが出現

光合成をして酸素を放出するシアノバクテリアが出現するまで大気中に酸素はなかった。この出現によって海水中や大気中に酸素が増えたんだ。同じ食べ物からたくさんのエネルギーを得られる酸素呼吸の生物も出現した。4～6億年前には今と同じくらいの酸素濃度になったよ。

〈大気の中の各気体の移り変わり〉

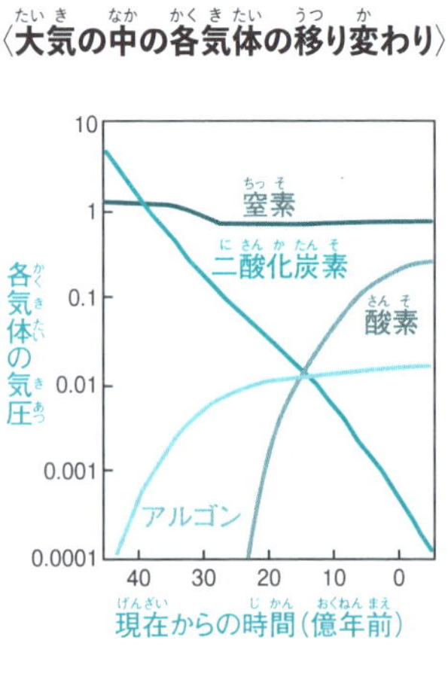

おまけ オーローラの緑や赤い光は酸素原子、ピンクは窒素分子、紫や青は窒素分子イオンだ。

海水がしょっぱいわけは？

海の成分のお話

海の水には私たちが使っている塩の成分が溶けているからだよ。

これでわかる！3つのポイント

しょっぱさの理由は塩化ナトリウム

海水には私たちが使う塩の主成分塩化ナトリウムが溶けている。今はしょっぱい海だけど、地球ができたばかりの頃、まだ海はなく、高温のマグマのかたまりだった。冷えていく間に、大気中にあった水蒸気が大量の雨となって降ったよ。

最初は塩酸の海だった

降った雨がたまってできたのが海のはじまり。当時の雨は大気中の二酸化炭素、窒素、塩化水素などのうち、塩化水素ガスが多く溶け込んでいた。酸性雨がナトリウムを含む地表面の岩石と反応し、できた塩化ナトリウムが海に増えていった。

〈海のコンベアベルト〉

表層（温かい・塩分濃度が低い）
深層（冷たい・塩分濃度が高い）

海洋深層循環 ―海のコンベアベルト―

海の塩分の濃度は3.4 %だけど、場所（海域や深さ）によって違う。この小さな濃度の差が地球規模で海水の循環をつくりだす。けれど、塩分の組成はどこでもほとんど変わらない。割合は塩化ナトリウムが約78 %、塩化マグネシウムが約10 %だ。

おまけ 地球が誕生したばかりの頃の海水はしょっぱいより酸っぱかった。

人の体はなにでできているの?

3大栄養素とミネラルのお話

人体は水の他に、タンパク質、脂肪、炭水化物、ミネラルでつくられているよ。

これでわかる! 3つのポイント

筋肉や臓器だけでなく、毛髪や爪、酵素なども主成分はタンパク質

タンパク質は20種類のアミノ酸がさまざまな組み合わせでたくさんつながってできている。タンパク質によって含まれるアミノ酸の数もちがうよ。英語の「プロテイン」はギリシア語で「一番大切なもの」の意味だよ。

脂肪は嫌われ者ではない

体脂肪は少ない方がよいといわれがちだが、脂肪は重要なエネルギー源だけでなく、ホルモンや細胞膜、核膜の材料になったり、皮下脂肪として臓器を保護したりする。でも脂肪はとりすぎると肥満などの原因になるため注意が必要だよ。

〈人体の構成成分〉

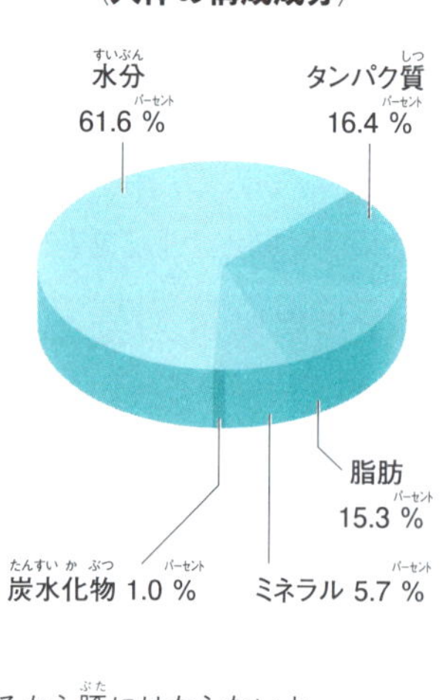

生きる上で欠かせない炭水化物

炭水化物、特にブドウ糖はエネルギー源として酸素とともに血液をとおして各細胞に送り届けられる他は、グリコーゲンとして肝臓や筋肉などに蓄えられる。脳がエネルギーとして利用できる物質はほぼブドウ糖のみだよ。

おまけ 豚肉を食べても体内で人のタンパク質に再合成されるから豚にはならないよ。

人の体に欠かせない元素はなに?

必須常量元素のお話

水、タンパク質、脂肪、炭水化物などをつくる主な元素は11種。

これでわかる! 3つのポイント

酸素、炭素、水素、窒素が基本になる

人体を構成している物質で一番多いのは水だから元素では酸素と水素が多い。次に多いタンパク質は炭素、水素、酸素、窒素そして硫黄からできているよ。脂肪はみな炭素、水素、酸素を含み、炭水化物もみな炭素、水素、酸素を含んでいる。

必須常量元素は11元素

酸素、炭素、水素、窒素の4つを合わせると約96 %の重さになる。さらにリン、硫黄、カルシウム、ナトリウム、カリウム、マグネシウム、塩素、ここまでが必須常量元素とよばれる11元素で、全部合わせると体重の99.3 %にもなるよ。

〈人体のミネラル〉

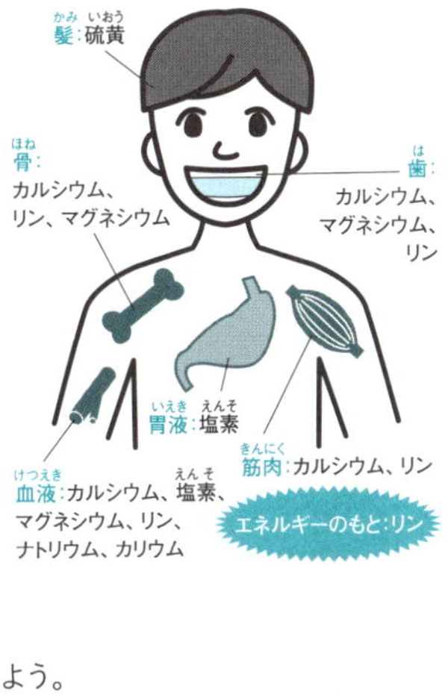

酸素、炭素、水素、窒素以外の必須常量元素はどこにあるの?

骨はカルシウム、リンとマグネシウムを含む。遺伝物質はリンを含む。髪の毛や爪をつくるタンパク質には硫黄が含まれる。血液中にはナトリウム、塩素、カリウム、マグネシウムが豊富だ。DNAやRNAの一部にリンがあるよ。

おまけ 必須常量元素はCHON Mg Ca P NaK Cl S で覚えよう。

ミネラル（無機物）は体のどこにあるの？

ミネラルのお話

水に溶けていないミネラルは骨と歯に多い。

これでわかる！ 3つのポイント

ミネラルとは

ミネラルとは生体を構成する主要な4元素（酸素、炭素、水素、窒素）以外の元素。代表的なものはカルシウム、リンだ。他にカリウム、ナトリウム、マグネシウム、鉄、亜鉛、銅、マンガン、ヨウ素、セレン、クロム、モリブデンなどがある。

カルシウムとリンは骨や歯の主成分

骨や歯の主成分はリン酸カルシウムとタンパク質のコラーゲン。骨は体を支える、臓器を守る、カルシウムを蓄える、骨髄で血液成分をつくる、そして体の中のカルシウムの調整係の役割をするよ。

各組織・器官の働きの調節

主なミネラルはカリウムとナトリウムで、水中でイオンとして存在。カリウムは神経伝達や筋肉の収縮、心臓の正常な機能、水分バランスの調整などの役割を持つ。ナトリウムは主に塩化ナトリウムの形で体に取り入れ、体内の水分の調整をする。酵素の働きを助けるなどの役割を持つものもある。

〈ミネラルの働きの例〉

カルシウム	骨や歯の形成
カリウム	血圧を調整する
リン	エネルギーの代謝
亜鉛	味覚を維持する
ナトリウム	体液の濃度を保つ
マグネシウム	骨や歯の形成
鉄	不足すると貧血に
マンガン	体内の酵素を活性化

このほか、筋肉の収縮の調整や皮膚の健康維持、糖質の代謝などミネラルによって様々な役割がある。

おまけ イギリスの磁器は骨の灰を混ぜてつくったのでボーンチャイナとよばれてるよ。

人体をつくる多量元素はなに？

多量元素のお話

体のほとんどはたった6種類の元素からできている。

これでわかる! 3つのポイント

多量元素は6種類

人体をつくっている元素は、その重さで、多量元素・少量元素・微量元素・超微量元素の4種類に分類されている。重さが体重の1 %以上ある元素を多量元素といい、多い順に酸素、炭素、水素、窒素、カルシウム、リンになる。

酸素がトップ

成人の体重の約60～65 %は水だから、当然酸素原子の数は多い。数としては水素原子のほうが多いけれど、酸素原子の重さは水素の約16倍あるから、重さで比べると酸素の割合が大きくなるんだよ。

〈人体を構成する元素〉

物質名	構成元素
タンパク質	C、H、O、N、S
脂肪	C、H、O
核酸	C、H、O、N、P
無機物	Na、Cl、K、Ca、Feなど

炭素は有機物の基本構造をつくる元素

タンパク質、脂肪、炭水化物は有機物。炭素は有機物の骨格になっているから、細胞や組織、器官など体の構造をつくるうえで欠かせない元素だよ。だから、これらをもとに体内でエネルギーをつくると水と二酸化炭素ができるんだよ。

おまけ 多量元素だけで体重の98.5 %にもなるんだよ。

年齢で変わる!? 体の水分量

体の水のお話①

人は年をとると体水分率が約80 %から50 %まで変化するよ。

これでわかる! 3つのポイント

体内の水分率は年齢で変わる

体内に含まれる水分の体重に占める割合を体水分率という。水分率は、新生児では約80 %、乳児では約70 %、幼児では約65 %、成人男性では約60 %、成人女性では約55 %、高齢者では約50〜55 %だよ。若いほど、みずみずしいね。

大部分の水は細胞の中にある

健康な成人の体内で体重の約60 %を占める水のうち40 %は各臓器の細胞内にあり、5 %は血液として血管内に、残りの15 %は細胞周辺にある。水分を取りすぎると、この細胞周辺の水が増えていくよ。

〈年齢による体水分率のちがい〉

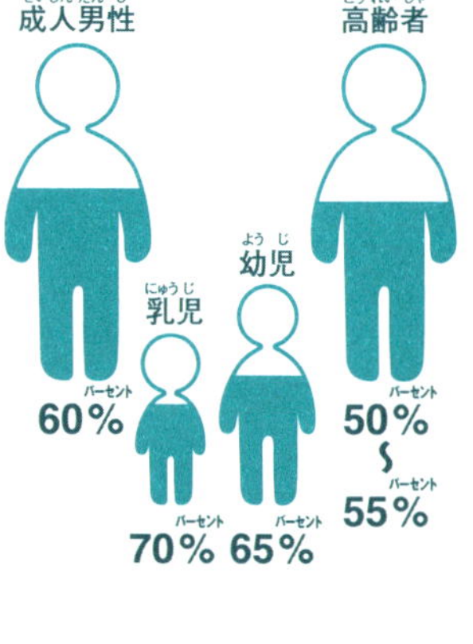

体内の水の役割

水は体内を血液などの体液として全身を循環しながら、各細胞に酸素と栄養分を渡し、不用物を受け取って尿として捨てるという働きをしている。他に体温が上がったとき、汗を出して熱を逃がし体温の調節をしている。

おまけ 液体の水がなければ体内で起きている化学反応が止まるので、生物は死んでしまう。

男女で変わる!? 体の水分量

体の水のお話②

体内水分率の男女の差は、筋肉と脂肪の差だよ。

これでわかる! 3つのポイント

体内の水分率は男女で変わる

体水分率というのは、体重に占める水分の割合のことなんだけど、女性は男性に比べると脂肪の割合が多いから、体水分率が少ないんだ。男性の体水分率が約50〜65 %なのに対し、女性の体水分率は約45〜60 %といわれているよ。

男女の体水分率は体脂肪率の差

脳、腸、腎臓、筋肉、肝臓などの臓器に含まれる水の量は80 %と比較的多いのに対し、皮下脂肪に含まれる水の量は約33 %と少ない。男性は体脂肪率が年齢をとわず16〜24 %だけど、女性は年齢によって20〜33 %と、男性よりつねに高めなんだ。

〈成人男女の平均的な水分の割合〉

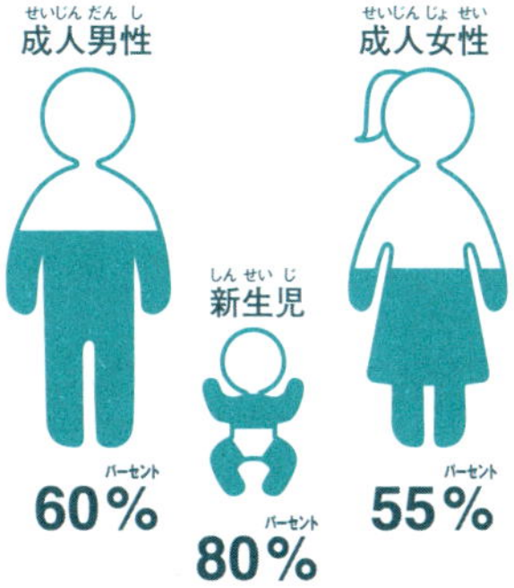

水を一滴も飲まないと死ぬよ

ヒトは食べ物をまったく食べないでも2、3週間生きられるが、水を飲まずに5日間過ごすか、気温32 ℃で水分補給なしで11時間走ったときは死ぬそうだ。

おまけ 筋肉は水分の貯水池ともいわれており、約75.6 %が水分でできている。

原子
周期表
原子力
元素
科学史
宇宙
生物
光

微量でも必須な元素はなに？

欠かせない元素のお話

人は多量元素の6種類だけでは生きていけない。少量でも不可欠の元素がある。

これでわかる！ 3つのポイント

少量元素

少量元素とは、体内の存在量が0.01 %～1 % のもので、多量元素と合わせて体内の99.4 %を占めているよ。硫黄、カリウム、ナトリウム、塩素、そしてマグネシウムの5種類ある。胃酸は塩酸、塩化カリウム、塩化ナトリウムからつくられている。

微量元素は0.01 %、超微量元素は0.0001 %しかない

微量元素は、成人（体重70 kg）の体内量で10 g未満の無機質（ミネラル）。超微量元素と合わせて23種があるけど、微量元素9種のうち鉄、亜鉛、銅、マンガンが必須。そして超微量元素14種のうちのクロム、モリブデン、セレン、ヨウ素、コバルトは必須なんだ。

〈鉄の存在部位とその働き〉

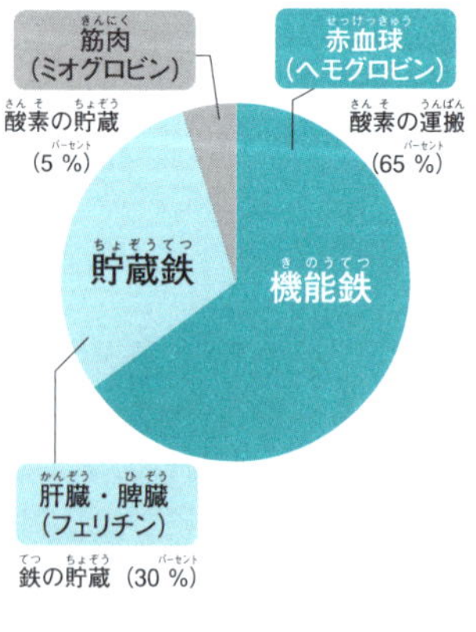

不足しても過剰でも病気になる

これらの元素が欠乏すると欠乏症になり、過剰だと過剰症や中毒になるので適量の摂取が必要だよ。亜鉛が欠乏すると味覚や嗅覚が鈍くなるよ。

おまけ 小児の微量元素欠乏として、セレン、ヨウ素、亜鉛が多いよ。

エネルギー工場! 光合成のひみつ

光合成のお話

光合成は、光のエネルギーを使って水と二酸化炭素からブドウ糖をつくる反応だよ。

これでわかる! 3つのポイント

動物は光合成でつくられる炭水化物（ブドウ糖やデンプンなど）がないと生きられない

動物が生きるためのエネルギーや自分の体をつくる栄養分は、主に炭水化物、タンパク質、脂肪だよ。特に生きるためのエネルギーは炭水化物から得ている。炭水化物は、光合成をする植物がつくっているんだ。

太陽光のエネルギーを取り込む光合成

植物の葉が緑色なのは葉緑素という緑色の色素を持っているからだよ。植物はこの色素を使って太陽光のエネルギーを捕まえる。そしてこのエネルギーを使って、二酸化炭素と水から炭水化物をつくっているよ。このとき酸素もできるんだ。

〈光合成のしくみ〉

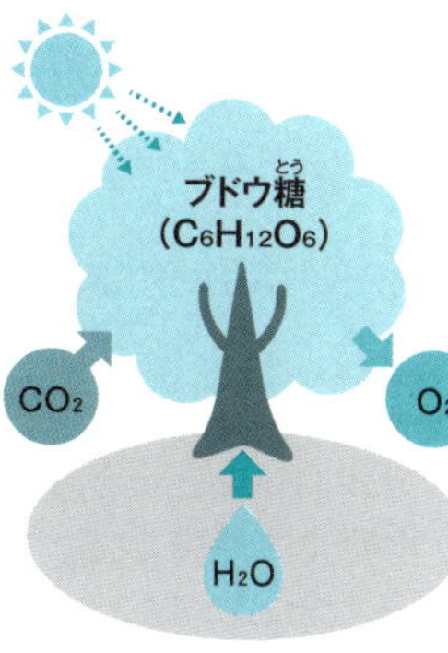

植物が光合成によってつくるブドウ糖

ブドウ糖は炭水化物の中でも、かなり小さな分子だよ。ブドウ糖を多数結合させてデンプンなどをつくる。植物は他にタンパク質や脂肪もつくる。動物はそれらを食べて生きているんだ。

おまけ 光合成生物には、植物の他にシアノバクテリア・光合成細菌・藻類がいる。

植物にぎっちり詰まっているものはなに？

植物体の成分のお話

水が最も多くて、次に多いのは炭水化物だよ。

これでわかる！3つのポイント

植物の体の、半分から80～90％が水なんだ

水は細胞内で化学反応の場になり、光合成の材料にもなっている。また根が土の中の窒素化合物などを取り入れて各細胞に運ぶ時や光合成でつくった炭水化物を葉から根に移動させる時も水に溶かして運ぶ。だから大量の水が必要になるんだよ。

デンプンはブドウ糖が200～数十万個結合

光合成でつくられたブドウ糖が長くつながるとデンプンになる。デンプンは水に溶けないから水に溶けるブドウ糖にして葉から種子・実・茎・根へ運ばれ、デンプンとして蓄えられるんだ。

〈デンプンとセルロース〉

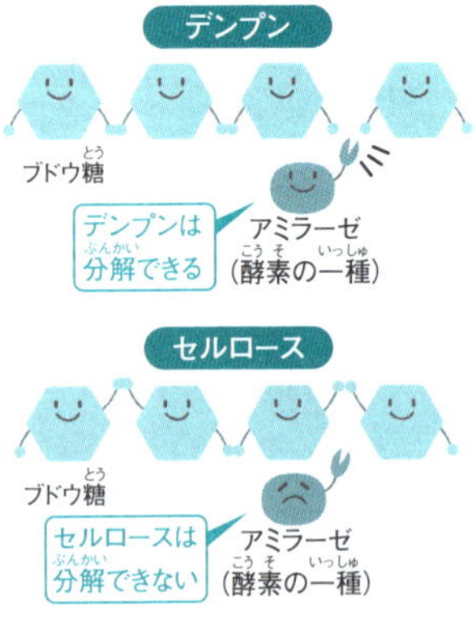

植物の細胞壁をつくるセルロース

骨格を持たない植物は一つひとつの細胞に細胞壁を持っていて、これで体を支えている。細胞壁はセルロースという、ブドウ糖がたくさん結合した物質でできている。だから植物の体で水の次に多く含まれているのはセルロースのような炭水化物だ。

おまけ 紙はセルロースの集まりだ。人はセルロースを消化する酵素を持っていない。

葉っぱを元気に！マグネシウムのパワー

クロロフィルのお話

マグネシウムはクロロフィル（葉緑素）の中心部にある重要な元素で光合成に欠かせない。

これでわかる！ 3つのポイント

クロロフィルがなければ光合成は起こらない

植物が光合成によってブドウ糖をつくるには、まず光を捕え、そのエネルギーで水を分解したり、水の分解でできた水素を二酸化炭素にくっつけなければならない。これができるのはクロロフィルを持っている葉緑体だけなんだよ。

クロロフィルの中心部にはマグネシウムがある

クロロフィルは炭素・水素・酸素・窒素とマグネシウムの5種類の原子からできていて、中心部に1つあるのがマグネシウムだよ。マグネシウムがなければ植物は光のエネルギーを捕まえることができない。クロロフィルは緑色だけど、マグネシウムが不足すると葉が黄色に変色したり色あせたりするよ。

〈クロロフィル（葉緑素）〉

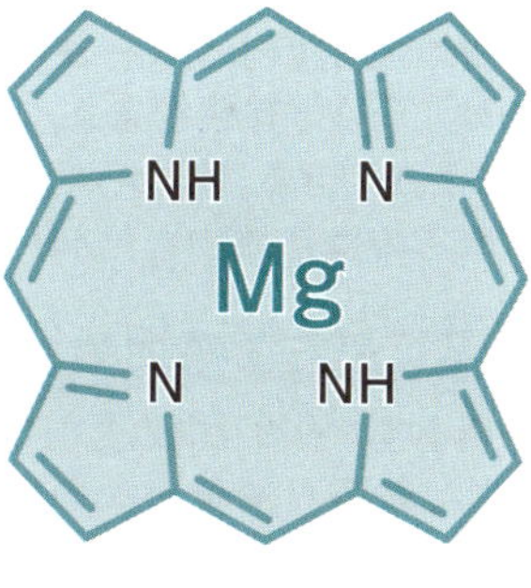

クロロフィルは血液の赤い色素とよく似てる

私たちの赤血球の中にあるヘムという赤い色素はクロロフィルと同じようなつくりをしているんだけど中心部にあるのは鉄分子なんだ。

おまけ 2004年に、マグネシウムではなく亜鉛を中心部に持つ光合成細菌が発見された。

植物の3大栄養素ってなあに?

植物の栄養素のお話

窒素とリンとカリウムだよ。植物の栄養素はすべて無機物なんだ。

これでわかる! 3つのポイント

植物の栄養と動物の栄養のちがい

動物の3大栄養素は、タンパク質と炭水化物と脂肪で、すべて有機物。でも植物の栄養素は無機物だよ。有機物というのは炭素原子を中心にして、これに水素原子や酸素原子などが結合してできている。加熱するとこげたり燃えたりするよ(89日めも見てね)。

植物は無機物から有機物をつくることができる

植物の体にも、セルロースやデンプンやタンパク質や脂肪のような有機物があるんだけど、植物はこうした有機物をすべて無機物から合成することができる。だから植物が外から体内に取りいれるのは無機物だけなんだよ。

〈植物の必須元素〉

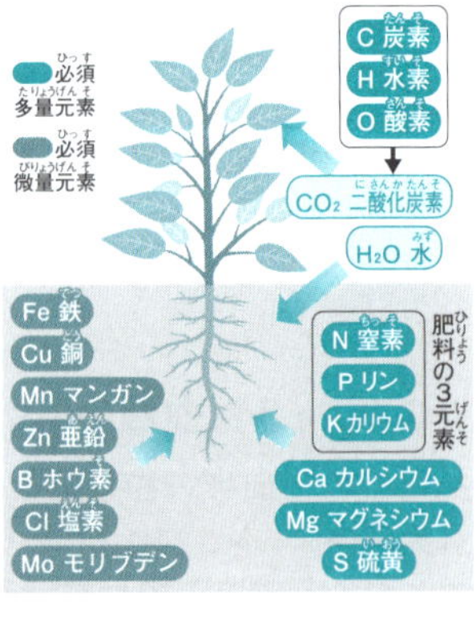

不足しがちな植物の栄養素

窒素もリンもカリウムも植物が生きていく上でたくさん必要な栄養素なのに、土の中に少なかったり、土中から吸収しにくかったりするよ。そこで肥料としてこれらを植物に与えるんだ。

おまけ 植物の3大栄養素に、マグネシウムとカルシウムを加えると5大栄養素になる。

どう役立つの？ 肥料の窒素

窒素肥料のお話

3大栄養素の中で最も重要で、植物がアミノ酸などをつくるために役立っているよ。

これでわかる！3つのポイント

生物の体に欠かせない酵素は、アミノ酸がたくさん集まってできている

生きている植物や動物の細胞の中では、たくさんの化学反応が起こっている。この化学反応を20 ℃～30 ℃という比較的低い温度で起こすことができるのは酵素のおかげなんだ。酵素はアミノ酸がたくさん結合したタンパク質でできているよ。

アミノ酸をつくるには窒素原子が必要

アミノ酸は主に炭素・酸素・水素・窒素の4種類の原子からできているけど、光合成でつくられるブドウ糖には炭素・酸素・水素の3種類の原子しかない。だから不足している窒素原子は外から取り入れなければならないよ。

〈2種類のアミノ酸〉

グリシン

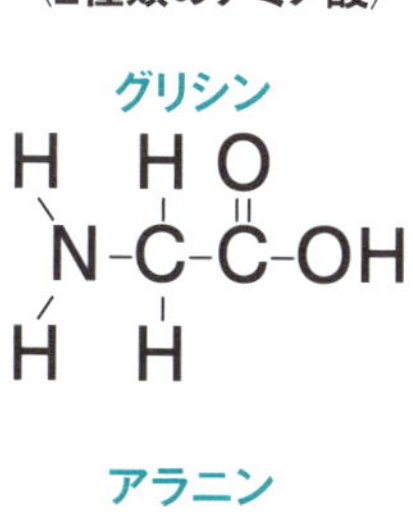

アラニン

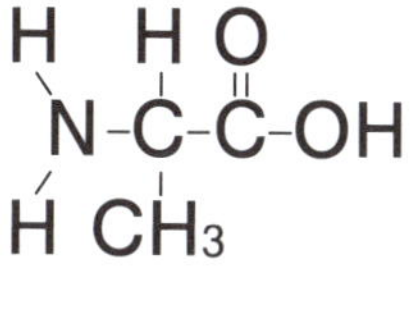

植物は空気中の窒素ガスを利用できない

植物が利用できる窒素は、アンモニウムイオン（NH_4^+）とか硝酸イオン（NO_3^-）に含まれている窒素なんだ。植物は根から、水に溶けたこれらのイオンを吸収して、アミノ酸をつくっているよ。

おまけ イオンというのは、電気を帯びた原子や分子のこと。

植物の元気はリン酸から!!

リン肥料のお話

細胞膜もDNAもATPも、リン酸なしにはできません。

これでわかる! 3つのポイント

細胞膜は、リン脂質の集合体

植物でも動物でも、細胞膜はリン脂質という分子がたくさん集まってできているよ。リン脂質というのは、リン酸（1つの酸素原子に4つのリン原子が結合）と脂肪酸（多数の炭素原子を中心にして多数の水素原子と酸素原子が結合）がくっついた分子なんだ。

ひも状のDNAは、リン酸で支えられている

生物の体の設計図ともいわれるDNAは、生物にとってとても重要な物質だけど、リン酸なしにつくることはできない。植物細胞は核の中だけでなく葉緑体にもDNAがある。

〈ATPの構造〉

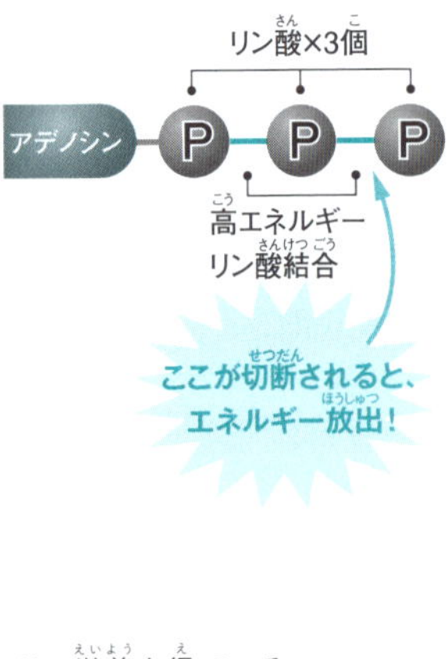

リン酸が3個つながってできているATP

すべての生物は、細胞の中でATPという分子のエネルギーを使って生きている。私たちが運動したり考えたりする時も、植物が根から必要な栄養分を吸収したり、デンプンをつくったりする時もATPのエネルギーが使われているよ。

おまけ 植物は葉緑体に蓄えた「たくさんのDNA」を分解してリン栄養を得ている。

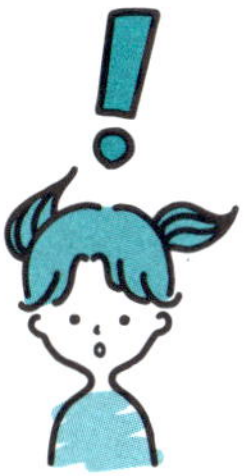

カリウムがないと気孔は開かない！

カリウム肥料のお話

気孔が開くのは、孔辺細胞にカリウムイオンがたくさん入って水分を吸収した時だよ。

これでわかる！3つのポイント

気孔をつくる2個の孔辺細胞

植物は主に葉の裏にある気孔から二酸化炭素を取りいれたり水分を蒸発させたりしている。気孔が開くのは、孔辺細胞がふくらんだ時だよ。孔辺細胞にカリウムイオンが流れこむとその濃度が周囲の細胞より高くなる。すると孔辺細胞の中に水が入ってきてふくらむんだ。カリウムイオンが不足すると気孔の開閉速度が遅くなるよ。

〈気孔の開閉〉

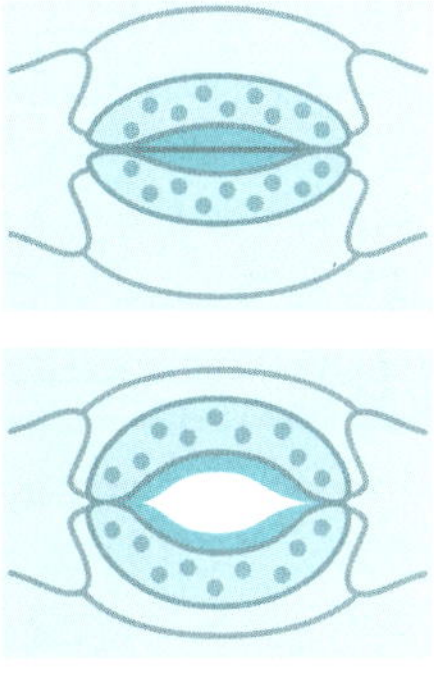

カリウムイオンは酵素の働きを活発にする

呼吸や光合成の時に働いている多くの酵素は、カリウムイオンがあるとその働きが活発になる。カリウムイオンがないと働かない酵素もある。

なぜ細胞内にはカリウムイオンが多いのか

生物の体をつくっているタンパク質や核酸（DNA をつくっている物質）などは、細胞内でマイナスの電気を帯びていることが多いんだ。だからそれを中和するための陽イオンとして、カリウムイオンが多くなったのではないかと考えられているよ。

おまけ シロイヌナズナでは、葉の裏側に1㎜²あたり約100個もの気孔がある。

公害って、なあに？

公害のお話

工場から出る廃液や煙が原因で、一般の人の体や生活に影響する害を公害というよ。

これでわかる! 3つのポイント

公害が起こった理由

1950～60年代、日本の経済は急速な成長をとげて各地にたくさんの工場が建設された。すると工場から汚れた水や煙が大量に工場の外へ捨てられたんだ。こうした排水や排気ガスの中には人体に有害な物質が含まれていることがあったから、多くの人が大変な被害にあったんだよ。

四大公害病

とくに大きな被害を出したのは、水俣病・新潟水俣病・イタイイタイ病・四日市ぜんそくの4つで、四大公害病と呼ばれているよ。これらの公害病によって多くの人が亡くなったばかりでなく、今も後遺症で苦しんでいる人がいる。

〈四大公害病〉

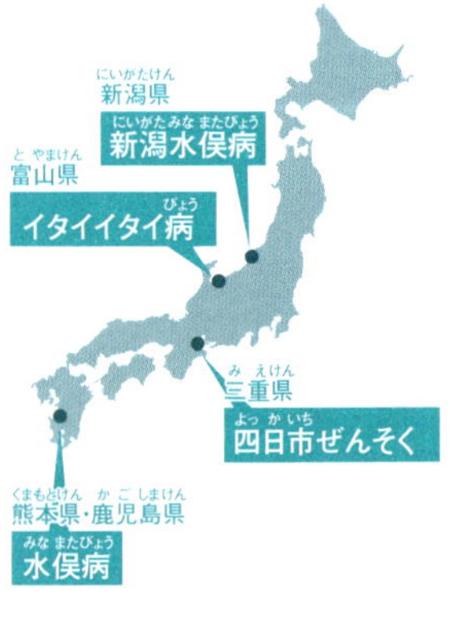

公害裁判

当時の国や企業は産業を優先して有害物質の追及を積極的に行わなかった。だから被害を受けた人々は裁判を起こして企業と闘ったんだよ。

おまけ 騒音・振動・地盤沈下・悪臭・車の排気ガスなども公害に含まれる。

メチル水銀と水俣病の悲劇……

水俣病のお話

工場排水に含まれていたメチル水銀によって1万3千人以上の水俣病患者が出たよ。

これでわかる! 3つのポイント

1953年～1960年にかけて熊本県水俣市で発生した世界的な公害事件

チッソ（日本窒素肥料、のち新日本窒素肥料に）が水俣市につくった工場の排水に「メチル水銀」が含まれていたんだ。メチル水銀は、これを体内に取りこんだ貝や魚の体に蓄積したから、それらを食べた人たちに中毒症状がおきたよ。

メチル水銀が脳の細胞を破壊する

水俣病になると手足のしびれやふるえ、うまく歩けない、うまく話せない、視野がせまくなるといった症状がおこる。これは、メチル水銀によって脳の細胞が破壊されるからなんだ。メチル水銀は水銀にメチル基CH_3が結合していて有機水銀ともよばれるんだけど無機水銀とちがって生物の消化管から体内に入りこみやすいんだ。

〈胎盤と胎児〉

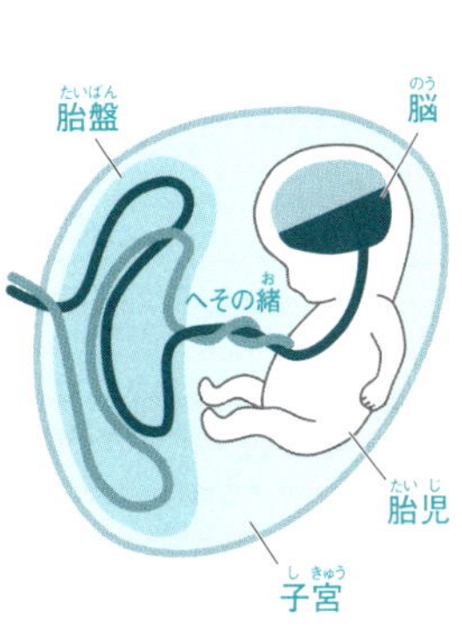

胎児性水俣病（患者数68人）

1962年、生まれながらに水俣病の症状を持った患者が確認された。母親の体から胎盤を通して胎児の体にメチル水銀が入ってしまったんだよ。

おまけ 1965年に水俣病と全く同じ原因、同じ症状の患者が新潟県阿賀野川下流域で集団発生。

カドミウムが引き起こしたイタイイタイ病って？

（イタイイタイ病のお話）

富山平野を流れる神通川の中流域に暮らす農家の女性に多発した病気だよ。

これでわかる！ 3つのポイント

1956～57年頃をピークに、激しい痛みを訴える患者が増加

腰痛や背痛から始まり、しだいに股関節の痛みのためお尻を振ってアヒルのような歩き方をするようになり、やがて歩くことができなくなる。全身何十カ所も骨折し、「イタイ、イタイ」と泣き叫びながら衰弱しきって死を迎える人も多かったんだよ。

原因は神通川上流にあった鉱業所の排水

1960年に地元の医師・萩野昇と岡山大学の小林純教授は、原因が神通川上流にある三井金属鉱業神岡鉱業所の排水が含むカドミウムだと突き止めたよ。中流域の人々は排水を含む川の水を、飲み水や調理に使っていたばかりでなく、カドミウムが多量に蓄積したお米を食べていたんだ。

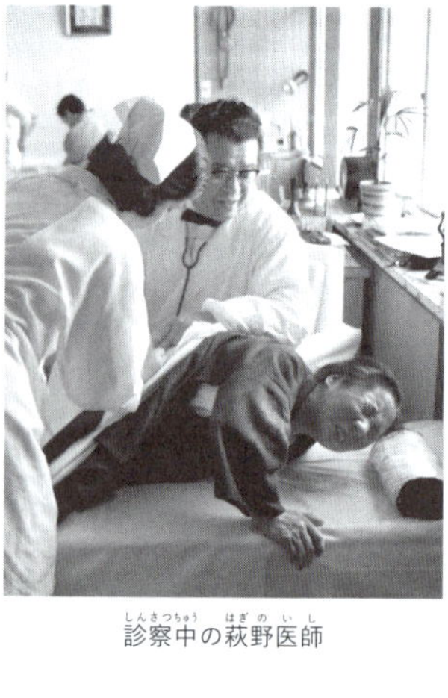

診察中の萩野医師

カドミウムは腎臓の働きを悪くする

腎臓は骨を丈夫にする物質を出しているから、腎臓が悪くなると骨折しやすくなるよ。また腎臓が悪くなると尿酸という物質が体中の関節にたまって強い痛みをひき起こすよ。

おまけ 腎臓は赤血球をつくるのを助ける物質も出しているから、悪くなると貧血にもなりやすい。

日本中が悲しんだ……森永ヒ素ミルク事件

ヒ素中毒のお話

粉ミルクを飲んだ赤ちゃんが、1年で130人も死亡した大事件だよ。

これでわかる! 3つのポイント

1955(昭和30)年6月頃から西日本一帯で奇妙な病気が広がっていた

赤ちゃんは高熱を出して下痢したりミルクを吐いたり腹部が異様にふくれたり全身が黒ずんだりしていたよ。岡山大学医学部付属病院には赤ちゃんを連れた母親が次々にやってきた。調べたら、赤ちゃん達はみんな、森永乳業の粉ミルクを飲んでいたんだ。

原因は粉ミルクの生産工程で混入したヒ素

8月末、岡山大学法医学教室が森永の粉ミルクからヒ素を検出した。そこで厚生省(現 厚労省)は粉ミルクの回収と販売停止、工場の閉鎖を命じたよ。

なぜ粉ミルクにヒ素が混入したの?

工場では粉ミルクをつくるとき、ミルクが水によく溶けるよう第二リン酸ソーダを加えていたよ。上質の一級品なら問題はなかったのに、森永徳島工場では、混じり物が多くて値段のやすい第二リン酸ソーダを使ったんだ。その中に猛毒のヒ素が含まれていた。

森永粉ミルクの缶

おまけ 被害者は約1万3千人。今も多くの患者が知的障害などの後遺症で苦しんでいる。

原子 周期表 原子力 元素 科学史 宇宙 生物 光

二度と起こしちゃいけない! 地下鉄サリン事件

サリン事件のお話

1995年3月、都内の地下鉄車内でサリンが流出し5千人以上が被災し13人が死亡。

これでわかる! 3つのポイント

「オウム真理教」の教祖麻原彰晃の指示によって起きた事件

麻原の指示を受けた幹部構成員らが、先端をとがらせた傘の先でサリン入りビニール袋を突き刺し、サリンを流出させたんだよ。

サリン

ナチス・ドイツで1936年12月23日に殺虫剤の合成中偶然発見された。リンを含んだ化学物質で色もにおいもないよ。常温（15～25 ℃）では液体だけど気体になりやすい。皮膚からも吸収されるからガスマスクだけではなく防護服を着なければ身を守れないよ。

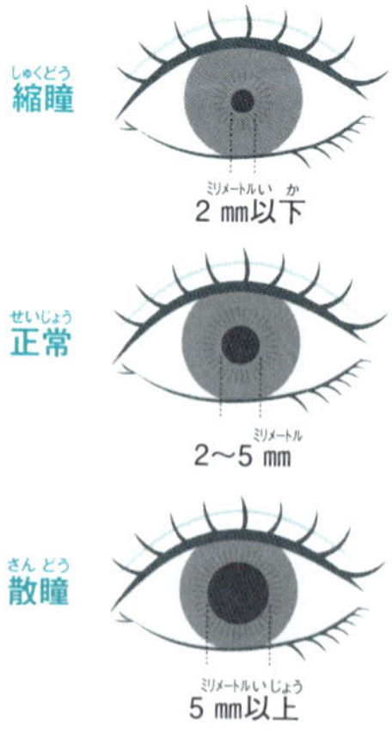

サリン中毒の症状

診断のポイントは縮瞳といって、瞳孔が鉛筆の芯の太さくらいしかない状態になることだよ。だから患者は昼間なのに周囲が夕方か夜のように暗く見えたりする。重症になると、意識不明になったり呼吸ができなくなって死んでしまうよ。

おまけ 1994年6月には長野県松本市内の住宅街でサリンがまかれ、8人が死亡した。

家族も被害者に……伝説の毒殺魔グレアム・ヤング

タリウムによる殺人のお話

1961〜1971年、グレアムはタリウムの化合物を使って殺人を繰り返した。

これでわかる! 3つのポイント

タリウム化合物は、無味無臭で食べ物や飲物に混ぜられてもわからない

白い粉末状のタリウム化合物は、毒性が強く、体内に入ると3〜8時間で腹痛・めまい・意識障害といった症状を引き起こし、さらに呼吸困難で死亡させることもある。これはタリウムが、筋肉や神経の働きを調整しているカリウムと入れ換わり、体内の化学反応を狂わせてしまうからだよ。

抜群の化学知識を持つ10代の少年

グレアムの興味は、毒物がどのように人体に影響を与えるかということだった。12歳の頃から自分のペットや親友に毒物を投与し、その症状を細かく観察していたグレアムは、14歳で継母を、22歳で職場の同僚二人をタリウム化合物で毒殺した。

日記をもとに書かれた本

毒物による症状が書きとめられた毒殺日記

24歳で逮捕されたグレアムの部屋からは、いろいろな毒物と薬瓶や試験管、そして日記も押収された。裁判の結果、彼は終身刑を宣告され、42歳のとき刑務所内で心臓発作を起こして死亡したよ。

おまけ 日本でもタリウムを用いた毒殺事件や毒殺未遂事件が、たびたび起きている。

家で発生!? 身近でこわい塩素

家で発生する塩素のお話

1987年1月徳島県で主婦がトイレと浴室を掃除中に倒れ、呼吸不全で死亡した。

これでわかる! 3つのポイント

家庭で発生した塩素ガス

日本では1980年代に家庭で塩素ガスの発生事故が何件か起きて、死亡したり失明した人が出た。「塩素系」と「酸性」の液体が混ざったからだよ。

「塩素系」と「酸性」、なぜ混ぜると危険?

衣類の漂白剤や風呂場のカビ取り剤は、次亜塩素酸ナトリウムNaClOが主成分で「塩素系」とよばれている。アルカリ性に調整されているんだけど、塩酸のような「強い酸性」の物質と混ざると反応して塩素ガスが発生するよ。

トイレ用洗浄剤には塩酸が入っている

トイレの便器についた黄色い尿石などを取る洗浄剤には塩酸が入った「酸性」のものが多い。だから黒っぽい汚れを落とすために「塩素系」の漂白剤をかけながら、尿石汚れを取る「酸性」の洗浄剤を使うのはとても危険だよ。

おまけ $NaClO + 2HCl \rightarrow NaCl + H_2O + Cl_2$（次亜塩素酸ナトリウム＋塩酸→塩化ナトリウム＋水＋塩素）

太陽からはどんな光がやってくるの？

可視光とその他の光のお話

色がついて見える可視光の他にもいろいろあるよ。

これでわかる！3つのポイント

プリズムで可視光線を分ける

可視光は、電波や赤外線、紫外線など電磁波（電界と磁界の波）の仲間だよ。人間の目で見ることができるものを、特に「可視光」という。太陽光はプリズムで赤から紫色に分かれるがそれが可視光。黄色あたりに強度のピークがあるよ。

光は波長によって名前がついている

光を波で表したときの、山と山の間隔を「波長」という。波長の短いほうからガンマ線、X線、紫外線、可視光、赤外線、マイクロ波、電波というんだ。可視光は波長が380～780 nmだよ。人は（目の網膜では）可視光以外を「見る」ことができない。

〈可視光とその周りの電界・電磁波〉

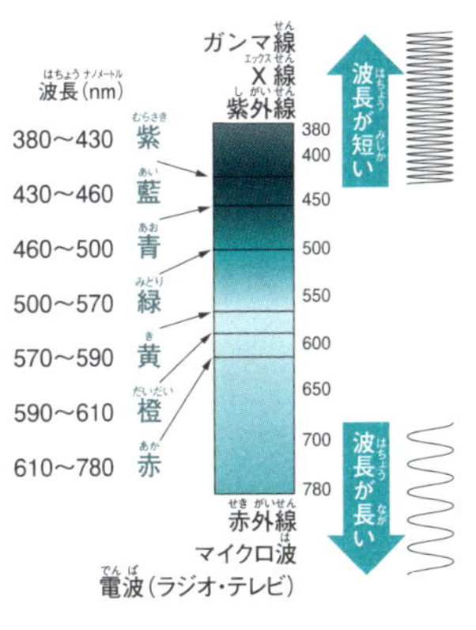

紫外線、赤外線

光は波長が短いほどエネルギーが大きいので、可視光より紫外線のほうがエネルギーが大きいよ。紫外線は、化学変化を起こしたり殺菌作用がある。赤外線は物を温める性質が強く、熱線ともよばれる。電気コタツやリモコンに利用されている。

おまけ モンシロチョウは紫外線が見えている。人間は「目に痛い」と感じることもある。

ネオンサインがあんなにきれいなのはなぜ?

ネオン発光のしくみのお話

高電圧で電子が飛び出し、原子内電子を励起状態に持ち上げて、戻る際に光る。

これでわかる! 3つのポイント

ネオン管を色々な形に組み合わせてネオンサインをつくる

ネオン管はガラス管内を低圧にして貴ガスなどを封入し、電圧をかけて発光させている。1910年発明、その2年後世界で初めての広告用のネオンサインがパリの理髪店に登場した。日本では1918年東京・銀座の谷沢カバン店が最初だよ。

ネオンサインが発光するわけ

ネオンガスなどを入れた低圧の放電管に高電圧をかけると高速電子の流れが生じる。この電子がガスの原子に衝突すると、原子内の電子がより高いエネルギーの軌道に移り元の状態に戻るときにそのエネルギー差に相当する波長の光を出すんだよ。

〈原子内の電子が光を出すしくみ〉

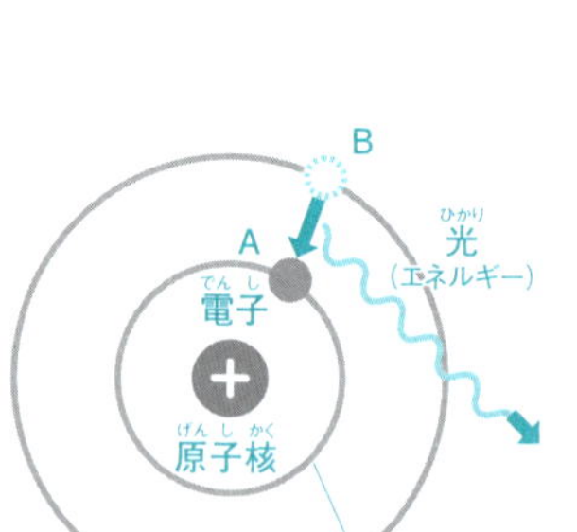

ネオンサインを分光すると線スペクトルに

プリズムで光を分けると1本の黄色の線と赤のあたりに密集した線とになる。これを線スペクトルといい、原子の種類によって決まった波長の光が切れ切れの線になって並ぶ。逆に線スペクトルを調べると、その光を出した原子の種類がわかるんだ。

おまけ ネオンは鮮明な赤色、アルゴンは紫色系、ヘリウムが黄、クリプトンで黄緑だ。

星からくる光を調べてなにがわかるの?

(スペクトル分光分析のお話)

星は様々な色の光を、発光したり、吸収したりしているよ。

これでわかる! 3つのポイント

ほとんどの元素は、ある特定の温度で光を出したり吸収したりしている

星が放つ光は、ネオンサインのように明るい線スペクトル(輝線)になる場合や、星の表面で吸収されて暗い線スペクトル(暗線。吸収線ともいう)になる場合がある。

太陽光には暗線がある

例えば太陽にはたくさんの水素があるから、光が表面を通るとき、水素によって赤い光の一部が吸収されて、赤い光のところに暗線ができる。太陽には他にも無数の暗線がある。これらはその暗線に相当する原子によってできるんだよ。

〈太陽光の暗線は元素を特定〉

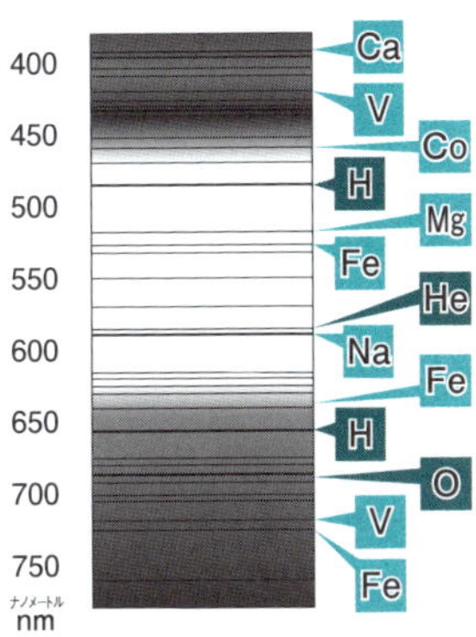

暗線と輝線は指紋のように元素特有

輝線と暗線は、元素に特有な波長の光を放出するか吸収するかのちがいなので、輝線と暗線の波長は同じだ。どちらになるかは温度条件などで決まる。分光分析では、輝線や暗線の波長からその元素を特定することができるんだよ。

おまけ この方法で太陽近傍でのH、He、Na、Mg、Ca、Feなどの存在がわかった。

光の3原色、補色ってなに？

色を重ねた際の変化や効果のお話

光は3原色でさまざまな色をつくる。2色をあわせて白になる関係が補色だ。

これでわかる！ 3つのポイント

光の3原色は赤（Red）、緑（Green）、青（Blue）のRGB

この3つの色を組み合わせることで、さまざまな色の光をつくることができる。これを色光の加法混色という。赤と緑で黄色、緑と青で明るい青緑色（シアン）、青と赤で明るい赤紫色（マゼンタ）ができる。三原色をすべて重ねると白い光になる。

物体の色は光の吸収と反射で生じる

私たちの身の周りにある多くの物の色は太陽や電灯などの光源から物に届いた光のうち、物が吸収せずに反射した光の色で決まる。このように物が特定の色の光を吸収・反射すると、色が生じる。

〈色相環の反対側同士が補色〉

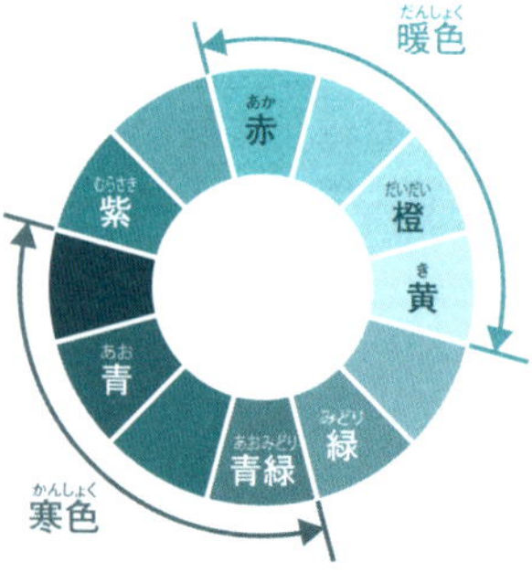

補色（余色）

光の加法混色で、橙と青のような2色光を混ぜて白ができる組み合わせを互いに補色という。橙と青の他にも、赤と青緑などいろいろある。連続的に変化する色光を波長の長さの順番に円形に並べた色相環で反対側同士になる。通常、物の色は吸収された光の色の補色になる。

おまけ 緑系の画面を見続けた後、白壁を見ると補色である赤っぽい残像が見える。

蛍光物質ってなに？

蛍光灯やLED電球内での蛍光物質のお話

高いエネルギーの光を吸収し、その後、低いエネルギーの光を出すんだ。

これでわかる！3つのポイント

蛍光物質（蛍光体）は他から短波長の光をあてると長波長の光を放つ物質

紫外線などの高いエネルギーの光を当てると、蛍光物質の電子は高いエネルギーの軌道に移る。それが、再びエネルギーの低い軌道に戻ってくる際に光を出す。実際の過程は複雑でエネルギーの一部が熱などに変わり、より低エネルギーの光を出すんだ。

蛍光灯に使われている蛍光物質

管内に塗られた蛍光体は、「光の三原色」の赤、緑、青に発光するもの。製造時に加熱されるので熱に強い無機蛍光体を使用。青はBa、Mg、Al、Oの化合物。赤はY、O、Sの化合物。緑はSr、Al、Oの化合物。どれにもEuイオンが添加。

LED電球に使われている蛍光体

現在、一番普及しているLED電球は青色LEDだけを使い、それによって黄色の蛍光体を発光させて、結果として「白色」にしている。LEDはインジウムガリウム窒素系だよ。

〈青色と黄色で白色になる〉

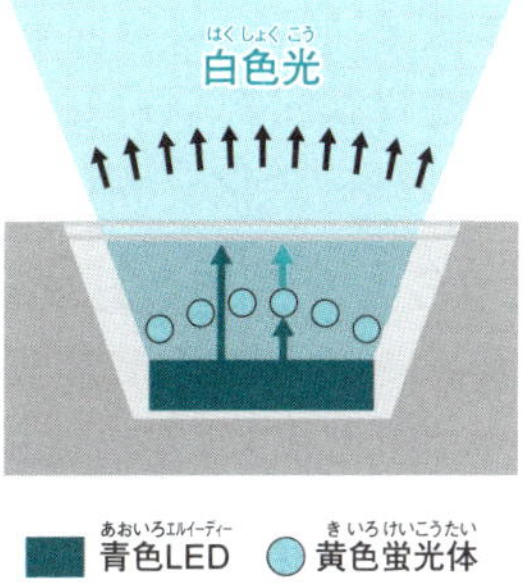

おまけ 蛍光灯では高電圧で出た電子を水銀原子にぶつけて紫外線を発生させている。

原子
周期表
原子力
元素
科学史
宇宙
生物
光

宝石の色を出す元素はなんだろう？

宝石の色のお話

宝石は「構造をつくる元素」と「色を生み出す元素」からなる。

これでわかる！ 3つのポイント

宝石の色は構造体としての元素と、色を出す元素に分けて考える

例えば水晶は二酸化ケイ素の結晶で構造をつくるのはケイ素と酸素。不純物を含まなければ無色だが、紫水晶は鉄を、煙水晶はアルミニウムを含んでいる。多くの場合、色は不純物として含まれる金属元素が生み出すよ。

ルビーとサファイア、ピンクサファイア

どれも無色のコランダム（酸化アルミニウム）が構造をつくる。ルビーは微量のクロムによって赤色を示す。サファイアは微量のチタンや鉄によって青色になっている。ピンクサファイアはルビーよりクロムがさらに微量でピンク色を示す。

〈コランダム系と宝石の発色元素〉

宝石(色)	発色元素
ルビー(赤色)	クロム
サファイア(青色)	チタン、鉄
ピンクサファイア(ピンク色)	クロム
バイオレットサファイア(紫色)	バナジウム

エメラルドとアクアマリン

ともにベリリウム、アルミニウム、ケイ素、酸素からできたベリルが構造をつくっている。エメラルドは、不純物として含まれるクロム、バナジウムが緑色をつくる。アクアマリンは微量の鉄（Fe^{2+}）で青色を示す。

おまけ ダイヤモンドは構造をつくる元素が炭素で、不純物を含まなければ無色だよ。

顔料に使われている物質（元素）はどんなものかな？

顔料のお話

無機顔料では金属の酸化物、水酸化物、硫化物などが多い。

これでわかる! 3つのポイント

人類はいつの時代も色を求め、使うことで生活・文化を育んできた

顔料とは水とか油に溶けないで物に色をつける微粒子状の固体である。絵の具や化粧品の着色剤などに使われ続けてきた。赤を例にとっても鉄、水銀、鉛の酸化物や硫化物がある。硫化水銀の「辰砂」はエジプト時代からのものだが、有毒だ。

顔料の工業的消費量は、白、赤、黒の順

一番が二酸化チタン（白色）だ。次が酸化鉄（赤色）で古くから「弁柄」とよばれて使われてきた。三番はカーボンブラック（黒色）だ。顔料の用途は、塗料、印刷インク、建材、文具、化粧品などで、機能は着色、錆止め、腐食防止など広い。

有毒性で消えていく顔料も多い

ヨーロッパで19世紀に流行した「パリグリーン」や日本で平安時代から使われていた「白粉」には、それぞれヒ素や鉛が含まれ、その毒性のため不使用に。現在も有害な重金属を含む顔料があり、規制や有機顔料への置き換えが進行している。

〈発色の色で分類した顔料〉

赤色	水銀、鉛、鉄の酸化物・硫化物
青色	銅やクロムの化合物
紫色	多硫化イオンの化合物
緑色	銅の化合物
黄色	カドミウム、ビスマス、クロムの化合物
橙色	カドミウム、硫黄、セレンの化合物
黒色	酸化マンガン、カーボンブラック
白色	チタン、ジルコニウム、亜鉛の酸化物やアルミニウム、鉛の水酸化物

おまけ カーボンブラックは生産量自体は多いが80％はタイヤなどの補強材として使用。

膨張する宇宙の発見!

ハッブルの発見のお話

宇宙は大昔とても小さく熱かった。

これでわかる! 3つのポイント

我々の銀河系以外にも銀河がある

アメリカのハッブルという天文学者は、ロサンゼルスの郊外にあるウィルソン山天文台で当時最新の望遠鏡で銀河の観測をしていた。そこでハッブルは星雲の中に銀河系以外の銀河も含まれていることに気づいたんだ。

それまでの宇宙観をひっくり返す発見

1929年、ハッブルは奇妙な発見をした。遠くの銀河はすべて地球から遠ざかっていた。しかも遠い銀河ほど速く遠ざかっていたのだ。これはとても重要な発見だった。今ではハッブル-ルメートルの法則とよばれているよ。

〈宇宙の膨張を風船でイメージ〉

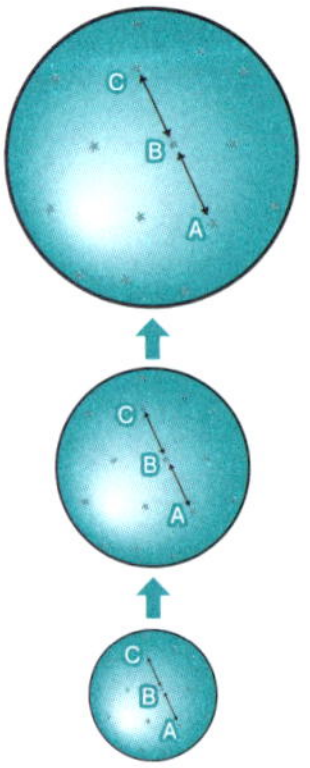

宇宙は今でも膨らみ続けている

それまで宇宙の大きさは不変だと思われていた。けれどハッブルの発見は宇宙が現在、膨張していることを示していた。そうであれば、過去にさかのぼって考えると、宇宙はとても小さく熱かったはずなんだ。

おまけ ハッブルは宇宙望遠鏡の名前にもなった。

宇宙は超ミクロから始まった！

陽子と中性子誕生のお話

宇宙の始まりでもう元素の材料ができた。

これでわかる！3つのポイント

宇宙の始まりは超ミクロの存在

今では、宇宙の始まりは顕微鏡でも見えない超ミクロの存在だったとされる。それがものすごく短い間で倍々ゲームのように急激に加速膨張した。これをインフレーションという。宇宙はインフレーションで数 cmまで大きくなったよ。

ビッグバン

急膨張が終わると、インフレーションを引き起こしていたエネルギーは熱のエネルギーになり、宇宙は超高温の火の玉になった。この時期がビッグバンだ。ビッグバン以降も宇宙はゆっくり膨張し続けているんだ。

〈ビッグバンの前のインフレーション〉

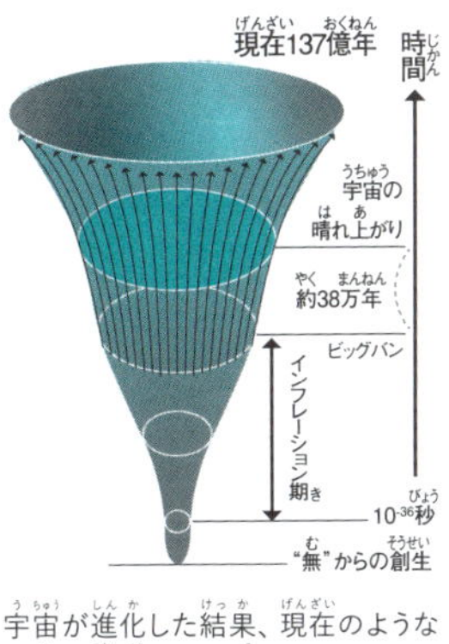

宇宙が進化した結果、現在のような星や銀河などが生まれてきた。

陽子と中性子ができる

超高温の火の玉宇宙の中では莫大なエネルギーから陽子や中性子のもとになる素粒子や電子などがつくられた。それらは自由に動き回っていた。宇宙の始まりから1万分の1秒後には素粒子から最初の陽子や中性子がつくられたんだ。

おまけ ビッグバンは爆発ではなく単に宇宙が超高温だった時期のことだ。

原子核しかない初期宇宙

〈最初の原子核のお話〉

1兆 ℃以上の火の玉がだんだん冷えて原子核ができた。

これでわかる! 3つのポイント

不安定な陽子と中性子

宇宙の始まりから1万分の1秒後、宇宙の温度は1兆 ℃以上だった。超高温のなかで最初の陽子や中性子が大量につくられたり壊れたりしていた。宇宙が膨張して徐々に冷えていくと、やがて陽子と中性子は壊れなくなった。

宇宙誕生3分で元素の材料が揃った

3分後までに、陽子と中性子は核力という力で結びつき、ヘリウムの原子核ができた。わずかなリチウムの原子核もできた。宇宙の温度は100億℃から1000万 ℃にまで下がったんだ。

〈宇宙誕生の歴史〉

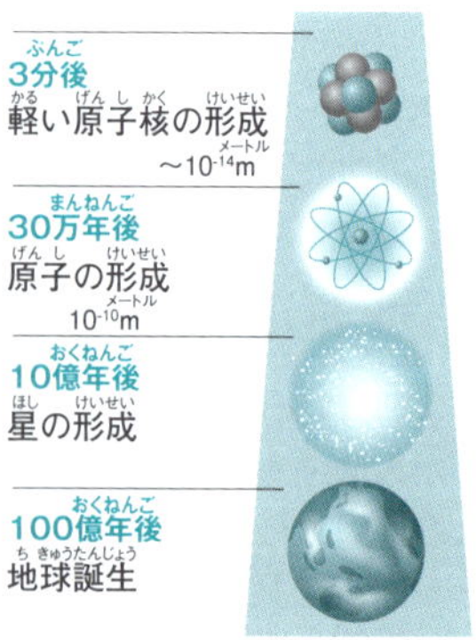

それでも光さえ通らない宇宙

そのとき、宇宙は水素やヘリウムの原子核の他に大量の電子が自由に飛び回っていた。金属が自由電子のせいで光が通れないのと同じように、その電子のせいで光の進路を邪魔されるので光が通れなかったんだ。

おまけ リチウム原子の起源は「宇宙リチウム問題」といって今も諸説が議論されている。

宇宙の晴れ上がりってなに？

最初の元素誕生のお話

宇宙誕生から38万年で水素とヘリウムが誕生した。

これでわかる! 3つのポイント

陽子（水素の原子核）と電子が結合し始めた

宇宙の始まりから約28万年後、温度は3500 ℃程度に下がった。温度が下がると飛び回っていた電子の勢いが弱くなり、次第に陽子が電子を捕らえていく。陽子（水素の原子核）と電子が一緒になったとき、最初の水素原子（元素）が誕生したんだ。

ヘリウム元素

宇宙の始まりから約38万年後、宇宙の大きさは現在の1100分の1ほどになり、温度は2700 ℃程度に下がった。原子核が電子を捕らえて原子になった。宇宙には水素、ヘリウム、わずかなリチウムができたんだ。

〈宇宙の晴れ上がりイメージ〉

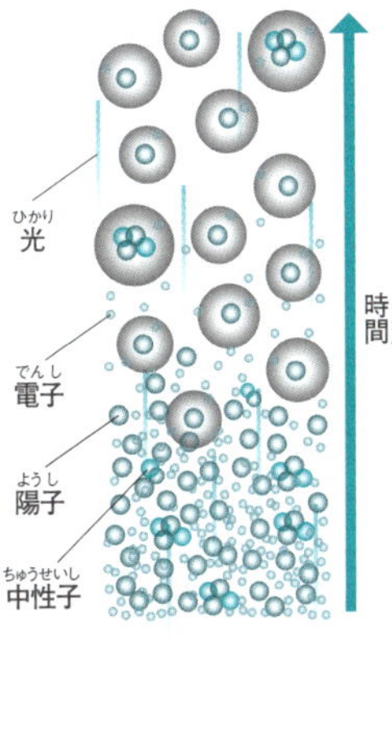

宇宙の晴れ上がり

原子核と結びついて、好き勝手に動く電子がなくなると、まるで空が晴れて太陽光が地上に降り注ぐように、ばらばらの水素原子やヘリウム原子の間を光が通り、宇宙の中を光が進めるようになったんだ。

おまけ ビッグバンではリチウムより重い元素はつくられなかった。

原子
周期表
原子力
元素
科学史
宇宙
生物
光

宇宙背景放射ってなに？

（ビッグバンの証拠のお話）

宇宙背景放射は宇宙が晴れ上がったときの光だ。

これでわかる！3つのポイント

ビッグバンは本当にあったの？

ビッグバンは今から138億年前のできごとだ。人類どころか地球も太陽もない昔の話だ。誰も見ていないのにどうしてビッグバンがあったといえるのだろうか？実はビッグバンの痕跡が今でも残っているんだ。

宇宙マイクロ波背景放射の発見

1964年、アメリカの物理学者が、宇宙のあらゆる方向から届く謎のマイクロ波を発見した。計算すると約－270 ℃の物体からでている光に相当した。これを宇宙マイクロ波背景放射というんだ。

最初の光がまだ残っている

宇宙が晴れ上がったとき、光は2700 ℃の宇宙に対応する波長を持っていた。その光は宇宙のどこにでもあった。けれども宇宙がその後も膨張するにつれて光の波長は間延びした。その結果が宇宙マイクロ波背景放射だったんだ。

〈宇宙の膨張で波長が長くなった〉

ビッグバンの超高温の宇宙が放っていた光

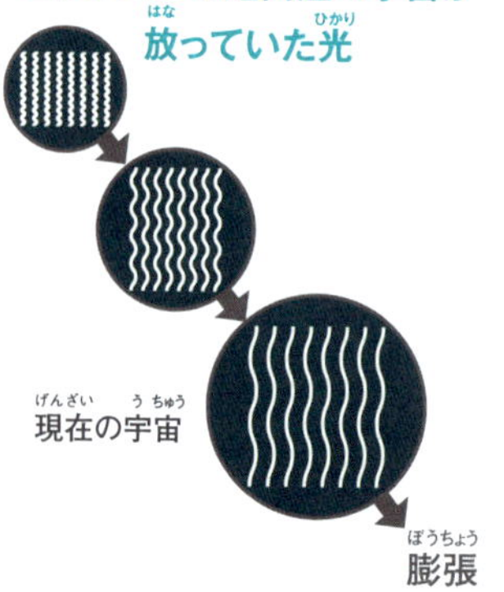

おまけ 宇宙マイクロ波背景放射を詳しく調べると宇宙の構造がわかる。

最初の恒星はどんなもの？

核融合開始のお話

宇宙誕生から数億年で最初の世代の恒星が誕生した。

これでわかる！3つのポイント

水素とヘリウムには濃いところがあった

宇宙にある水素やヘリウムは均一ではなく特に濃いところがあった。濃いと水素やヘリウム同士が重力で引かれて一層濃く集まった。やがてガスの塊になり、中心部分の圧力はどんどん高くなってきたんだ。

核融合の開始

ガスの中心が高圧・高温になり、1000万℃を超えると核融合が始まった。水素の原子核同士がくっついてヘリウムになるとき膨大な熱と光が出た。宇宙誕生から数億年で最初の恒星が輝き始めたんだ。

〈最初の恒星の核融合(p-p chain)〉

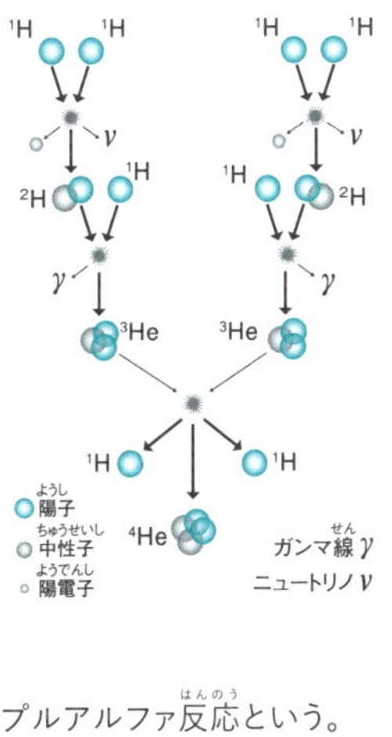

最初の世代の恒星

今のところ発見されていないが、コンピュータシミュレーションでは、最初の世代の恒星（初代星）は1万光年に一つくらいの割合で生まれ、太陽の10倍から100倍も重く、平均して約300万年くらいで核融合がとまったようだよ。

おまけ 初代星では三つのヘリウムから炭素がつくられた。トリプルアルファ反応という。

原子 周期表 原子力 元素 科学史 宇宙 生物 光

読んだ!　月　日

恒星に寿命があるの？

恒星の最後のお話

ヘリウム以外ができるかどうかは恒星の重さ・寿命による。

これでわかる! 3つのポイント

重い星ほど寿命が短い

恒星は質量が大きなほど急速に核融合が進むので寿命（核融合が停止するまでの期間）が短い。そして恒星は質量の大小によって最後の状態が決まる。ヘリウムから先、どんな元素ができるかも恒星の質量によるんだ。

ブラックホール

質量が太陽の約40倍より大きな恒星は最後にブラックホールになってしまう。それまで恒星でどんな元素がつくられてもすべてブラックホールになってしまって、絶対に取り出せないんだ。

〈太陽質量に対する割合〉

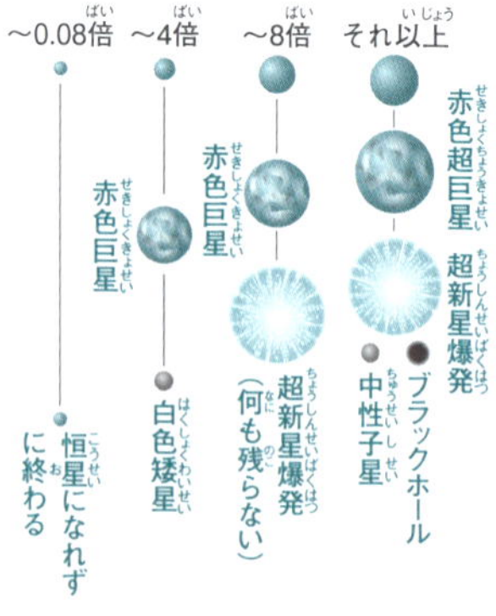

ヘリウムしかできない星

逆に質量が太陽の46 %以下の軽い恒星だと、水素が核融合でヘリウムになるだけで他の元素はできない。水素やヘリウム以外の宇宙にたくさんある元素の多くは、軽すぎず重すぎない恒星でつくられたんだ。

おまけ ブラックホールにならなくてもすべて中性子になってしまうこともある。

ヘリウムから直接つくられる安定元素

炭素と酸素のお話

ヘリウム同士が核融合することで炭素や酸素ができた。

これでわかる! 3つのポイント

炭素の誕生

2つのヘリウムからできたベリリウム原子核はすぐ壊れてしまうけど、周囲にたくさんのヘリウムがあれば、壊れる前にもう1つヘリウムが核融合して安定な炭素ができあがる。赤色巨星の中心では炭素がどんどんつくられるんだ。

酸素の誕生

炭素の原子核は壊れにくいので、さらにヘリウムが核融合でくっつき陽子8個の酸素もつくられる。大質量星の中では、炭素と酸素に窒素も使って効率よく水素からヘリウムを合成するサイクル（CNOサイクル）も存在するんだ。

〈ヘリウムから酸素ができる過程〉

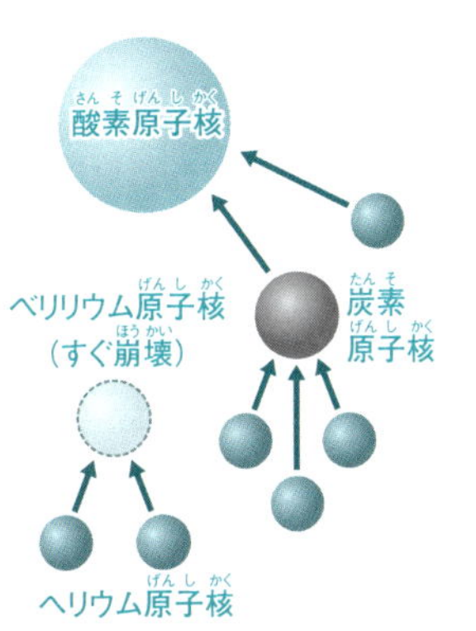

太陽系の構成元素

現在の太陽系にある元素は9割が水素、1割がヘリウムで、この2つだけで99.8 %を占めている。その他は酸素、炭素の順になっている。太陽のような軽い星は中心に炭素と酸素をつくって一生を終え、白色矮星になるんだ。

おまけ さらに酸素が二つ核融合するとケイ素とヘリウムが作られる。

ヘリウム同士が核融合!

赤色巨星のお話

太陽を含め、太陽の8倍までの重さの星は赤色巨星になる。

これでわかる! 3つのポイント

ヘリウムがたまってくると起こること

太陽質量の約8倍までの質量の恒星では、核融合とともに中心部にヘリウムがたまり、水素の核融合反応が中心より外側に移る。このとき星は膨張し、表面温度が下がって赤く見えるようになる。これを赤色巨星というんだ。

ヘリウム同士の核融合

赤色巨星の中心部ではヘリウムが重力で圧縮されて今度はヘリウム同士の核融合が始まる。2つのヘリウムの核融合で陽子と中性子が4つずつのベリリウム原子核になる。でもこれはすぐ壊れてヘリウムに戻ってしまうんだ。

〈太陽系の元素組成〉

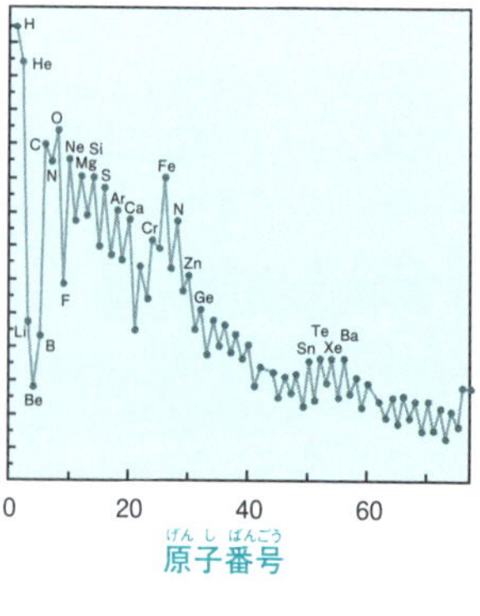

原子核のイメージ

原子核のイメージは陽子と中性子が単にくっついているのではなく、全体として一つの水滴のように丸くなっていると考えるとよい。これを液滴モデルという。陽子と中性子が4つずつだと丸くなりにくいから壊れやすいんだ。

おまけ 液滴モデルからのずれには中性子や陽子の数による魔法数というパターンがある。

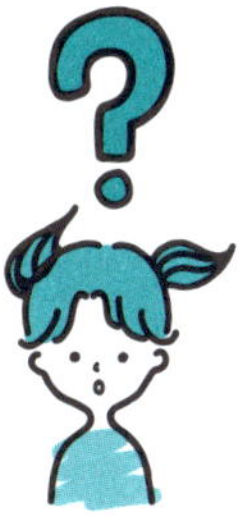

陽子と中性子の変化ってなに？

ベータ崩壊と電子捕獲のお話

陽子と中性子は互いに変換して環境に応じた数のバランスをとっている。

これでわかる! 3つのポイント

ベータ崩壊

原子核の中では陽子と中性子の数に最適な比率がある。中性子が多いと電子を放出して陽子に変化するし、陽子が多いと陽電子という粒子を出して中性子に変化してしまう。これらをベータ崩壊というんだ。

炭素や酸素以外の元素

炭素や酸素以外の元素はベータ崩壊でつくられることが多い。水素の原子核（陽子）が他の元素と核融合すると陽子が多すぎて不安定になり陽子が中性子に変化し、原子核の電荷が変わって新しい元素になるんだ。

電子捕獲

ベータ崩壊の逆もある。電子捕獲といって、強い重力のもとでは陽子が電子を吸収して中性子に変化することがある。超重力下で中性子だけの中性子星ができたりする。星が爆発するときにも中心でこの反応が起きるんだ。

〈ベータ崩壊と軌道電子捕獲〉

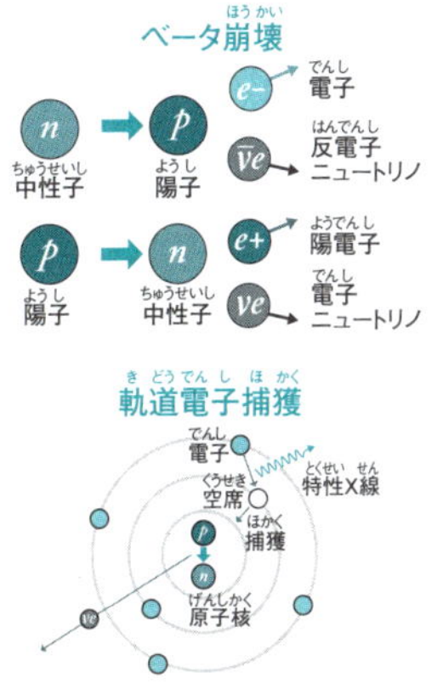

おまけ ベータ崩壊のときにでてくる電子がベータ線の正体だ。

鉄やケイ素も合成される星？

赤色超巨星のお話

質量が大きな星では最後に鉄（の仲間）までの様々な元素が核融合で生まれる。

これでわかる! 3つのポイント

質量が太陽の10倍以上の星

質量が太陽の10倍以上あって中心部分の圧力が大きな星では酸素の先の核融合も起きる。酸素同士の核融合ではケイ素とヘリウムができる。さらにケイ素同士の核融合でもっと原子番号が大きな元素ができるんだ。

鉄より重い元素はできにくい

鉄より小さな原子核では核融合でエネルギーが放出されるが、鉄より重い元素では外からエネルギーを与えないと核融合が起こらない。だから水素から核融合でつくられる安定した元素は鉄までなんだ。

〈赤色超巨星の玉ねぎ構造〉

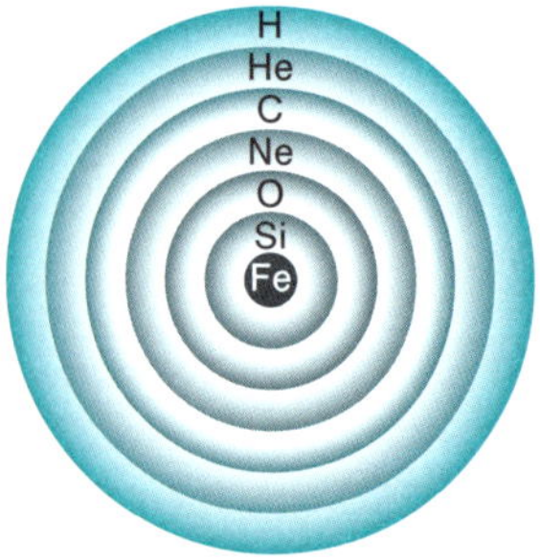

赤色超巨星、崩壊寸前の姿

赤色超巨星の中心では鉄やケイ素や酸素や炭素が層になって積み重なり、核融合は衰えてくる。半径は太陽の数百倍、光度は太陽の数万倍以上。明るさが振動する脈動変光星になっている星も多いんだ。

おまけ 蠍座のアンタレスやオリオン座のベテルギウスは赤色超巨星の有名な例。

赤色超巨星が起こす! 重力崩壊型超新星爆発

超新星爆発のお話

赤色超巨星は超新星爆発で中性子星とガス雲になる。

これでわかる! 3つのポイント

最後に超新星爆発

中心に鉄が増えて核融合が衰えてくると赤色超巨星は自身の巨大な重力を支えきれなくなって急速につぶれていく。つぶれると今度は急激に中心の温度が上がり大爆発を起こす。これを重力崩壊型超新星爆発というよ。

爆発で吹き飛ばされる元素たち

超新星爆発は瞬間的に星の中心を強烈に圧縮する。急激な電子捕獲で赤色超巨星の中心にある鉄などはブラックホールか中性子の塊になる。さらに星の中心以外にあった様々な元素が爆発で宇宙空間に撒き散らされるんだ。

〈星のライフサイクル〉

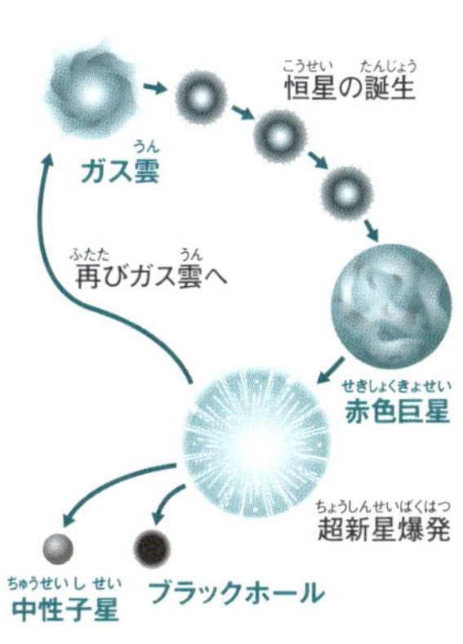

次の星の材料へ

宇宙は広大だから、赤色超巨星が吹き飛ばしたものは宇宙全体から見ればごく近くにとどまっている。だから再び重力で集まりやすい。水素などが十分濃くなれば再び恒星になる。宇宙はもう何度もそれを繰り返してきたんだ。

おまけ かに星雲は平安時代の超新星爆発の名残。藤原定家の『明月記』に書かれている。

白色矮星の爆発がIa型超新星をつくる?

鉄の起源のお話

白色矮星が衝撃的な核融合をして鉄類が誕生した。

これでわかる! 3つのポイント

チャンドラセカール限界

赤色超巨星になるほど質量の大きくない恒星は核融合が止まると白色矮星という炭素と酸素の塊になる。白色矮星の質量は太陽の1.4倍を超えられない。これを提唱者の名をつけてチャンドラセカール限界というんだ。

白色矮星が他の星から質量を得て爆発

白色矮星がたまたま連星など他の星から質量を得ると、チャンドラセカール限界を超えて数秒程度で一気に炭素同士の核融合が進む。それは鉄まで進んでいきなり数十億℃に達して大爆発する。これがIa型超新星だ。

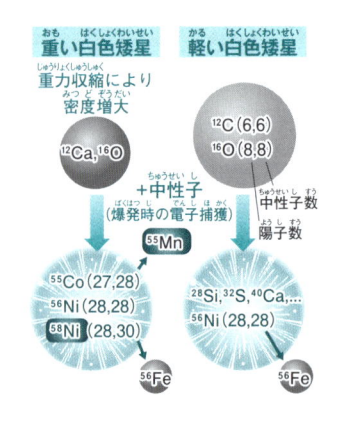

〈白色矮星の重さでできる金属が異なる〉

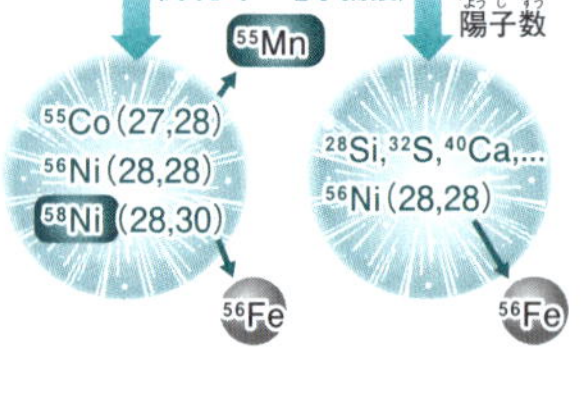

Ia型超新星は鉄類の起源

爆発の際によく出てくるのがニッケル56だ。半減期6.08日で電子捕獲を起こしコバルト56に、77.3日の半減期で安定な鉄に変化する。他にクロム、マンガンなども生成され、Ia型超新星では白色矮星の質量の半分以上が金属になるんだ。

おまけ 銀河系にある恒星の97 %以上は白色矮星になる。

太陽の今後は？

太陽の未来のお話

50億年後から太陽は膨張して巨大な赤い星（赤色巨星）になる。

これでわかる！3つのポイント

太陽は誕生して46億年

太陽は宇宙の中では比較的新しくできた恒星だ。重い恒星ほど寿命は短い。太陽の質量では核融合に使える水素を使い果たすまであと約50億年くらいだと考えられているんだ。

50億年後から次第に巨大化

50億年後から、太陽は中心にヘリウムや炭素や酸素が溜まった赤色巨星となって今の200倍くらいにまで膨らむ。60億年後には中心温度が3億℃に達し、ヘリウムが核融合を起こして炭素や酸素ができるよ。

〈太陽の明るさを1としたときの光度〉

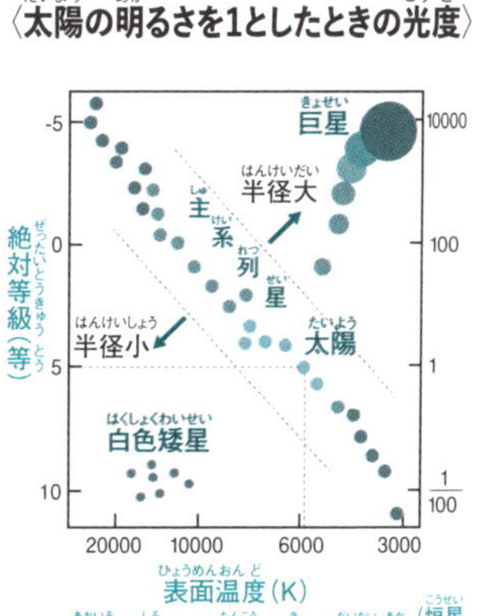

白色矮星として終わる

太陽の中心部分はヘリウムもなくなって高密度の炭素と酸素からなる白色矮星になる。白色矮星は地球程度の大きさで太陽程度の質量を持つ超高密度の天体だ。表面重力は今の太陽の100万倍にもなるといわれているんだ。

おまけ 赤色巨星になった太陽は、現在の地球軌道近くまで膨張することになる。

鉄より重い元素の起源①

s（スロー）過程とr（ラピッド）過程のお話

重い元素同士の核融合には中性子の供給が必要。

これでわかる！3つのポイント

鉄族より重い元素は恒星内部の核融合ではつくれない

鉄族までは主に恒星内部の核融合でつくられた。しかし、重い元素同士が核融合しようとすると原子核が大きくなりすぎて不安定になり、高エネルギーの光で原子核が分解されてしまうんだ。

s（スロー）過程とr（ラピッド）過程

中性子は電気を持たず反発されないから核融合しやすい。しかし中性子だけでは約10分の半減期でベータ崩壊してしまう。解決策は2つ。いつも中性子をつくってゆっくりと核融合するs過程と、一気に大量の中性子を用意して速やかに核融合するr過程だ。

〈Ag からSnまでのs過程〉

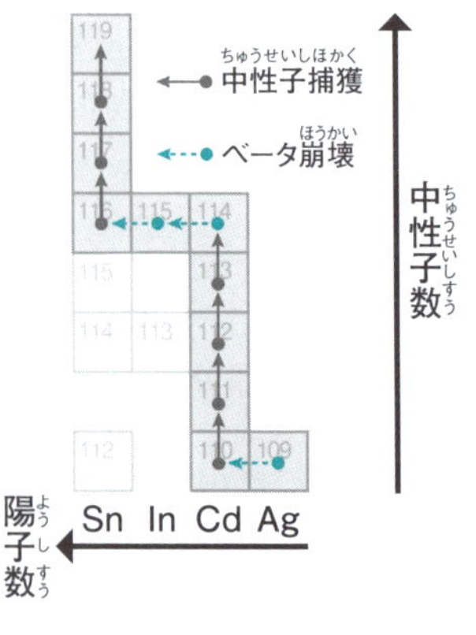

s過程は赤色巨星の中で起きる

s過程の舞台は赤色巨星の内部だと考えられている。そこでは中性子が過剰な炭素13等が常につくられていて過剰な中性子が周囲の原子核と核融合する。これを中性子捕獲というんだ。

おまけ 正確には炭素13等が崩壊するときに出る中性子が周囲の原子核に捕獲される。

ゆっくりすすむ核融合で元素合成

s過程のお話

s過程では鉄より重い鉛やビスマスまでがつくられる。

これでわかる！ 3つのポイント

鉄から始まるs過程

鉄56は中性子を3つ捕獲して鉄59になる。すぐにベータ崩壊して安定同位体のコバルト59になる。さらに中性子を捕獲してコバルト60になりベータ崩壊してニッケル60になる。こんなふうにしてだんだん重い元素がつくられていくんだ。

金属欠乏星のほうが重い元素をつくる

s過程では鉄56が少ない金属欠乏星のほうが、一つの鉄原子核に対して多くの中性子捕獲が発生するので、より重い元素ができるといわれている。金属欠乏星は宇宙の初期にできた星であることが多いんだ。

〈s過程は赤色巨星で起きる〉

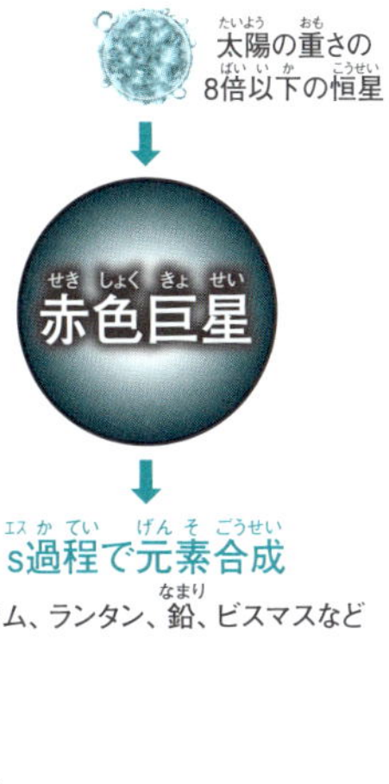

s過程でできる元素

s過程でできる元素はベータ崩壊の頻度と中性子捕獲の頻度のバランスで決まる。実際には鉛やビスマス209までの元素がs過程でつくられる。でも金や白金、ウランやトリウムなどs過程では生成が説明できない元素もたくさんあるんだ。

おまけ s過程で生成が説明できる元素は鉄より重い元素の約半分。

原子
周期表
原子力
元素
科学史
宇宙
生物
光

鉄より重い元素の起源②

中性子星のお話

ベータ崩壊するまもなく中性子捕獲が起こることでつくられる元素がある。

これでわかる! 3つのポイント

s過程では説明できない元素

金やウランなどの重い元素は中性子捕獲がベータ崩壊するより速く大量に起こらないとつくられない。昔はこれらが超新星爆発の時にできると考えられていたけれど、それだけでは説明つかないほど実際の宇宙には金やウランが多いんだ。

大量の中性子があればいい

最近のコンピュータシミュレーションから新しい説が出てきた。大量の中性子がある環境で急激な重力の変化があれば金やウランなども合成できることがわかったんだ。宇宙でそれが可能な環境は中性子星だと考えられているよ。

中性子星

中性子星は超新星爆発のあとにできる、高速で回転している中性子の塊だ。密度は1 ㎤あたり1兆 kg。ブラックホール一歩手前の超高密度・超高重力の球体で、すべての種類の原子が電子捕獲で中性子になってしまっているんだ。

〈太陽と地球と中性子星の密度比較〉

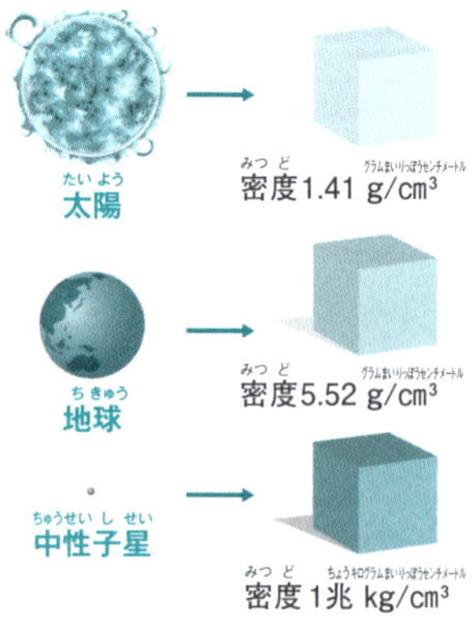

おまけ スプーン1杯の中性子星で地球全体の重さ。密度は地球の100兆倍。

中性子星合体ってなに？

中性子星合体のお話

連星になっている中性子星がぶつかるとき重い原子核ができる。

これでわかる！3つのポイント

連星となる中性子星

中性子がただあるだけでは元素はできない。しかし中性子星は連星になっていることが多く、そうした中性子星同士は数千万年もかけてだんだん近づいていき、最後には合体してしまうことがあるよ。

中性子星の一部がちぎれて飛び出す

中性子星が合体する直前の重力変化は凄まじく、中性子星の一部がジェットとなって吹き飛ばされる。するとその部分の重力は急に小さくなってベータ崩壊が始まって、中性子がどんどん陽子と電子に分解していくんだ。

〈中性子星合体では先に重力波が出る〉

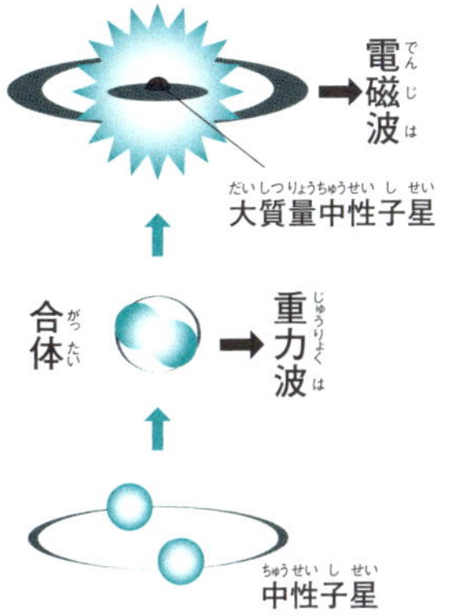

電気的な反発力で核崩壊

陽子同士はプラスの電荷を持っていて反発する。原子核が大きすぎると反発が強くて原子核は核分裂してしまう。陽子が増えていくと中性子星のかけらはどんどん壊れていくんだ。

おまけ マグネターは宇宙最強の磁気を持つ中性子星。なんと地磁気の1000兆倍。

原子 周期表 原子力 元素 科学史 宇宙 生物 光

金や白金、ウランはどう生まれた？

r過程のお話

ベータ崩壊と急速な中性子捕獲で重い元素が生まれた。

これでわかる！ 3つのポイント

急速な中性子捕獲

中性子星のかけらは壊れながらも周囲にはまだ大量の中性子があるから中性子捕獲も同時に進む。この中性子捕獲はベータ崩壊する間もなくどんどん進むから早い過程（r過程）とよばれているんだ。

金や白金、ウランの誕生

中性子星のかけらは大部分が再び中性子星に落ちていくけれど、宇宙空間に飛び出すものもある。飛び出したものは最終的に10^{-12} cmくらいの大量の原子核になるんだ。これらがs過程ではできない重い原子核になるよ。

〈中性子から重い元素が生まれる過程〉

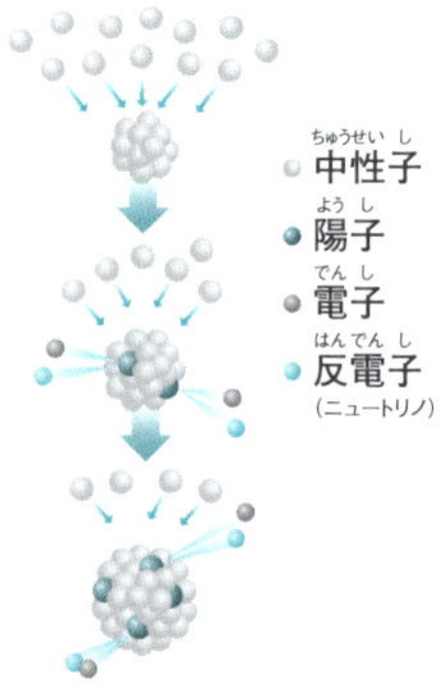

重力波観測による中性子星合体発見

2017年8月には世界で初めて中性子星合体で放出された重力波が検出された。重力波と電磁波の検出が同時に行われたことで、実際にr過程で元素が合成された可能性が高まったんだ。

おまけ 重い元素の成因としてニュートリノの吸収で中性子が陽子になる寄与もある。

地球のまわりでも元素合成？

宇宙線元素合成のお話

炭素より軽い一部の元素は宇宙線による核破砕で生まれた。

これでわかる！ 3つのポイント

軽い元素の起源は謎だった

今までビッグバンの時の水素やヘリウム合成、赤色巨星の核融合、s過程やr過程による重い元素の生成を見てきたが、それでも説明のつかない元素があった。意外にもベリリウムやホウ素がそうなんだ。

宇宙線

宇宙線は宇宙の中を高速で飛んでいる粒子だ。特に太陽などの恒星から飛び出したヘリウム原子核は重くて高速だから他の原子に当たると、その原子核を壊してしまうこともある。これを核破砕という。

〈核破砕のイメージ〉

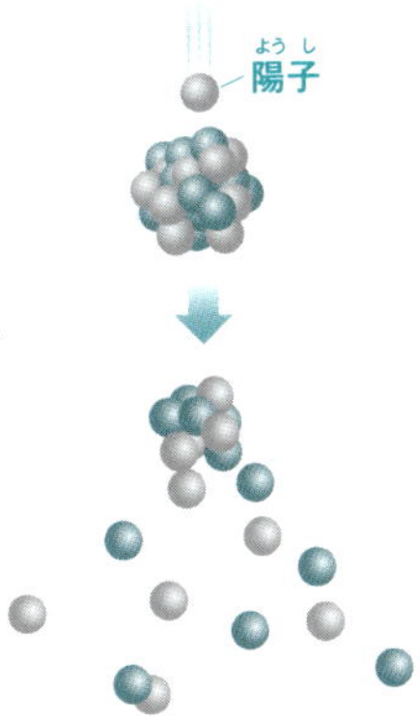

ベリリウムやホウ素の誕生

宇宙線が惑星の大気や、宇宙空間にただよっているガスに当たると核破砕を起こしてベリリウムやホウ素をつくり出した。これらの元素は宇宙線でつくられたといわれているよ。

おまけ 窒素の核破砕で、不安定な酸素と、次の核破砕のもととなる陽子ができる。

私たちは星くずからできている！

〈太陽系の由来のお話〉

宇宙誕生からの歴史が太陽系と地球の元素につながっている。

これでわかる！ 3つのポイント

どうして地球には様々な元素があるの？

今まで見てきたように元素の起源は様々だ。しかし、どの元素も身近にあって私たちの生活を形作っている。どうして地球には様々な元素があるのだろう？　元素はどこからやってきたのだろう？

重い元素も星間ガスに含まれていた

宇宙で最初の時代の恒星は300万年程度で超新星爆発を起こして消えた。その残骸から次の世代の恒星ができた。再び星間ガスが集まって太陽系ができたのは46億年前。その頃には既に様々な元素が宇宙空間に漂っていたんだ。

〈人体も水素以外は恒星の核融合由来〉

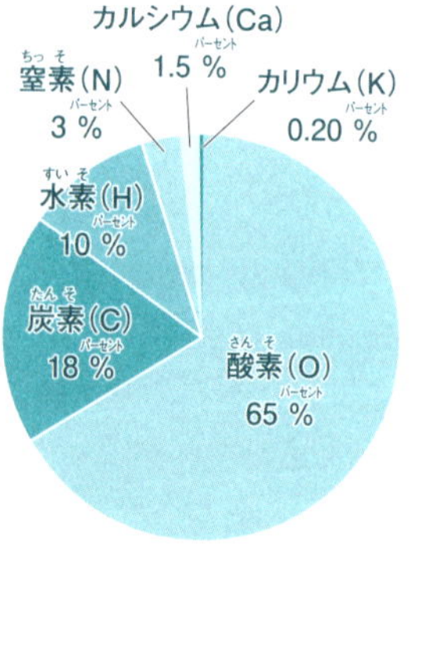

形を変えて続いていく元素

宇宙の歴史の中で恒星の誕生と終焉は何度も繰り返され、元素は形を変えて再利用されてきた。この先も形を変えて再利用されていくだろう。私たちは元素とともに宇宙の歴史の一部に立っているんだ。

おまけ 現在の宇宙にある原子は10^{80}個程度であるといわれている。

ダークマター（暗黒物質）ってなに？

ダークマターのお話

重力で恒星や銀河に影響を与えている、目には見えない未知の物質。

これでわかる！ 3つのポイント

元素は宇宙を構成するものの約5 %でしかない

私たちが知っている元素は宇宙を構成するものの約5 %で、光（X線、可視光、赤外線など）で直接調べることができるが、ダークマターはそれができない。残りの約95 %のうちダークマターが約27 %でダークエネルギーは約68 %と考えられている。

ダークマターが見つかった理由

銀河団の中の銀河の動きを観測すると、見えている銀河による重力だけでなく、何か他の重力の影響も受けているとしか説明できなかった。元々は行方不明の質量（ミッシングマス）といわれていて今はその未知の物質をダークマターとよんでいる。

〈宇宙の構成物の割合〉

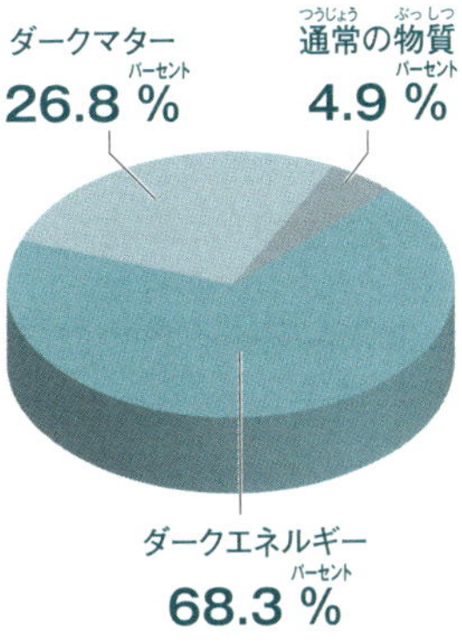

恒星や銀河ができたのもダークマターのおかげ

宇宙初期、ダークマターの密度のゆらぎが重力の影響で成長していった。その時、できたダークマターのかたまりの重力に引き寄せられて集まった水素やヘリウムが恒星や銀河になったんだよ。天の川銀河もそうやってできたんだ。

おまけ 私たちのまわりにも1 Lあたり、1個ほど存在する未知の素粒子と考えられている。

ダークエネルギーとは?

ダークエネルギーのお話

宇宙の約68 %を占めるダーク(暗黒)エネルギー、加速膨張を促す謎だらけの存在。

これでわかる! 3つのポイント

宇宙は加速膨張している

私たちの宇宙は猛スピードで膨張していることが、観測結果（遠くの超新星が理論の予想よりも速く遠ざかっている）からわかっている。元々、宇宙膨張は空間にある物質の重力によってブレーキがかかり、将来は減速していくと考えられていた。

宇宙地図をつくって膨張の原因を見極める

天文学者たちはこの不可解な加速膨張を説明するために、宇宙空間にはなんらかの成分が満たされていると考えた。その成分をダークエネルギーとして正体を解き明かすために、エネルギーの性質などを調べる宇宙地図をつくろうとしているよ。

ダークエネルギーとダークマターの関係

ダークエネルギーによって起こる宇宙の加速膨張（お互いが離れていく、斥力）と、ダークマターによって起こる宇宙の構造形成（物質と及ぼし合う重力、引力）は表裏の関係にある。宇宙がどのような終わりをむかえるのか、研究は続いていくよ。

〈宇宙の加速膨張とダークエネルギー〉

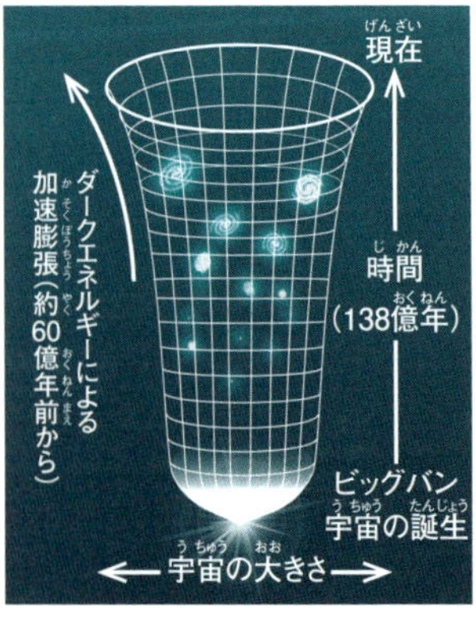

おまけ ダークエネルギーの正体の解明は、現代天文学・宇宙物理学の大きな課題だ。

＿＿＿＿＿＿＿＿＿＿＿＿さん

やるじゃないか!
おつかれさまでした!
よくできました!
おもしろかった?
すごいぞ!
たいへんよくできました
すばらしい!!
がんばったね
えら～い

さいごまで読んでくれて、ありがとう!

さくいん（数字はページ数を表す）

執筆者一覧（五十音順） ※数字は執筆担当ページを示す ※肩書は原稿執筆時点のもの

青野裕幸（あおの・ひろゆき）	札幌日本大学中学校・高等学校教諭	162-168,176-182
浅見奈緒子（あさみ・なおこ）	星槎大学准教授	78-84,323-329,379,380
井上貫之（いのうえ・かんじ）	八戸工業大学非常勤講師	15-49
坂元新（さかもと・あらた）	埼玉県越谷市立中央中学校教諭	57-63,169-175,246-252
左巻恵美子（さまき・えみこ）	株式会社SAMA企画代表	337-350
左巻健男（さまき・たけお）	東京大学非常勤講師	225-238,260-266,288-294,309-315
シ（し）	暗黒通信団	358-378
関崎秀一（せきざき・しゅういち）	長野県篠ノ井高等学校	127-140
相馬恵子（そうま・けいこ）	北里大学准教授	295-308,316-322
髙野裕恵（たかの・ひろえ）	日本分析化学専門学校名誉校長	197-203,239-245
田崎真理子（たざき・まりこ）	小学生向け科学教室講師	267-287
田中一樹（たなか・いつき）	学習院中等科教諭 学習院大学兼任講師、法政大学兼任講師	183-196
仲島浩紀（なかじま・ひろき）	帝塚山中学校・高等学校教諭	211-224,253-259
長戸基（ながと・もとい）	関西大学初等部相談役	92-112
夏目雄平（なつめ・ゆうへい）	千葉大学名誉教授（理学系物理学専攻）	64-70,204-210,351-357
安居光國（やすい・みつくに）	室蘭工業大学シニアプロフェッサー	141-147,330-336
山田洋一（やまだ・よういち）	宇都宮大学名誉教授	50-56,85-91,113-119,148-154
横内正（よこうち・ただし）	長野県松本市立波田中学校教諭	71-77,120-126,155-161

編著者略歴

左巻健男（さまき・たけお）

東京大学非常勤講師。東京大学教育学部附属中・高等学校、京都工芸繊維大学、同志社女子大学、法政大学生命科学部環境応用化学科教授、同教職課程センター教授などを経て現職。東京学芸大学大学院教育学研究科理科教育専攻物理化学講座を修了。『Rika Tan（理科の探検）』誌編集長、中学校理科教科書（新しい科学）編集委員。法政大学を定年後、精力的に執筆活動や講演会の講師を務める。これまででに300冊以上の著作がある。

●参考図書・資料一覧
https://www.kizuna-pub.jp/lp/genso-fushigi-bunken/

検討委員

一色健司（いっしき・けんじ）	高知県立大学非常勤講師・同名誉教授
久米宗男（くめ・むねお）	私立大学・私立高校非常勤講師、公立中学時間講師
佐々木司郎（ささき・しろう）	きのくにサイエンスラボ
平賀章三（ひらが・しょうぞう）	奈良教育大学名誉教授

1日1ページで小学生から頭がよくなる！

元素のふしぎ366

2025年5月10日　初版第1刷発行

編著者　左巻健男
発行者　櫻井秀勲
発行所　きずな出版
東京都新宿区白銀町1-13　〒162-0816
電話03-3260-0391　振替00160-2-6333551
https://www.kizuna-pub.jp/

印刷・製本　モリモト印刷

ISBN978-4-86663-277-3